U0047052

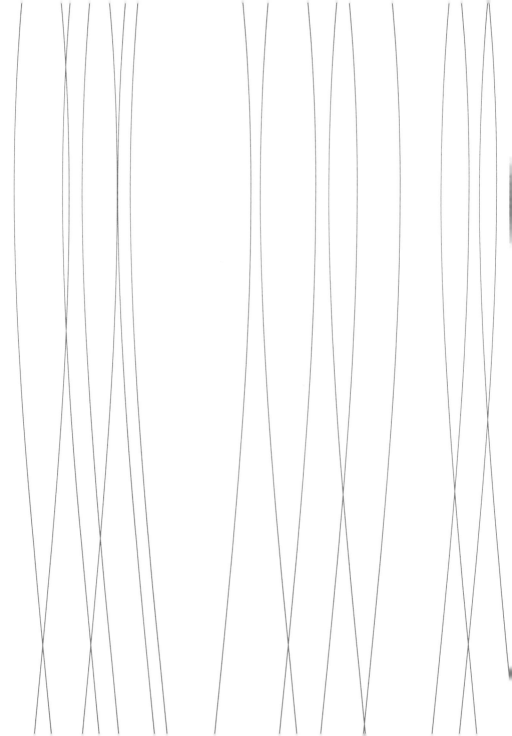

黃金之葉

行進於知識的密林裡，
途徑如此幽微。
我們尋覓一些參天古木，作爲指標，
我們也收集一些或隱或現的黃金之葉，引爲快樂。

黃金之葉
23

Net and Books 網路與書

文明的躍昇：人類文明發展史
The Ascent of Man

This book is published to accompany the television series entitled The Ascent of Man, first broadcast on BBC in 1973.
Series Editor : Adrian Malone
Producer : Richard Gilling

作者：布羅諾斯基（Jacob Bronowski）
譯者：漢寶德
責任編輯：江灝
編輯協力：王姿云、李穎琦、游騰緯、楊詠翔、聞若婷
封面設計：兒日設計　排版：薛美惠　　校對：呂佳眞

出版者：英屬蓋曼群島商網路與書股份有限公司臺灣分公司
發行：大塊文化出版股份有限公司
臺北市 105022 南京東路四段 25 號 11 樓
www.locuspublishing.com
TEL：(02)8712-3898　　FAX：(02)8712-3897
讀者服務專線：0800-006689
郵撥帳號：18955675　戶名：大塊文化出版股份有限公司
法律顧問：董安丹律師、顧慕堯律師
版權所有　翻印必究

總經銷：大和書報圖書股份有限公司
地址：新北市 24890 新莊區五工五路 2 號
TEL：(02)8990-2588　　FAX：(02)2290-1658
製版：中原造像股份有限公司

初版一刷：2021 年 3 月
定價：新臺幣 480 元
ISBN：978-986-97603-6-2

Printed in Taiwan

國家圖書館出版品預行編目 (CIP) 資料

文明的躍昇：人類文明發展史 / 布羅諾斯基 (Jacob Bronowski) 著 ; 漢寶德譯 .
-- 初版 . -- 臺北市 : 網路與書出版 : 大塊文化發行 , 2021.03
336 面 ; 14.8 × 19.5 公分 . -- (黃金之葉 ; 23)

譯自 : The Ascent of Man

ISBN 978-986-97603-6-2(平裝)

1. 文化史 2. 科學

713　　　　　　　　　　　　　　　　109000015

文明的躍昇

人類文明發展史

The Ascent of Man

布羅諾斯基 Jacob Bronowski

著

漢寶德

譯

目次

編校說明

編輯部

　　本書原出版於一九七三年，英文原名 *The Ascent of Man*，直譯即「人類的躍昇」，與達爾文之作《人類的源流》（*The Descent of Man*）相互呼應。一九七六年，學者漢寶德於景象出版社出版其繁體中文譯本《文明的躍昇》，成為許多中文世界讀者的科普啟蒙讀本，也就是本書所採用的中文版本。

　　無論原書或譯本，年代均已久遠，期間均因大受讀者歡迎經歷多次再刷、改版，以致兩書內容比對下略有差異，兩者配圖與圖說的落差尤大。四十多年中二書各自更迭的改動、校訂，因早先出版作業不如今日電子化而難以追溯。編校團隊遂繕打手邊可得之中文版三版譯稿（一九七六年三月三十日出版），對照二〇一一年英文新版書稿校訂，並將原譯本文中夾註與書末參考《大英百科全書》與《韋氏字典》人地名註釋整理列入隨頁註解中。

　　為盡量呈現漢寶德教授經典譯稿的原汁原味，也為帶給讀者與英文新版相近的閱讀感受，本書校稿謹依從譯者遣詞用句，唯遇別字、與最新英文版本有出入、單詞與現今臺灣繁體中文慣用譯法不符時，才加以修改或增刪、補譯、更新資訊。註解除特別標示為編註者外，均為譯註。

代序

理查・道金斯 [1]

　　「最後的文藝復興人」這個比喻已成為陳腔濫調；不過在極少數的情況下，這詞彙若能完美描繪事實，我們也願欣然接受。說到「最後的文藝復興人」，大概非本書作者布羅諾斯基莫屬了。擁有同等深厚人文知識的科學家並不難找，或者，舉實例來說，就有學者享有科學界的聲望，同時又是中國史權威。但有哪位科學家能和布羅諾斯基一樣，不僅能天衣無縫地在作品中交織自身的科學知識與歷史、藝術、文化人類學、文學、哲學等豐厚人文素養，同時又闡述得如此輕盈，毫不費力，且不淪於自我誇耀？錦上添花的是，布羅諾斯基書寫的語言還是英文，這甚至不是他的母語，如同一位技藝精湛的畫家，運用他的畫筆，一路從巨型帆布揮灑到精細的微型肖像畫。

　　名畫〈蒙娜麗莎〉使布羅諾斯基如此點評創作者達文西——他堪稱是史上第一位、也是史上最偉大的文藝復興人，而他筆下

1　〔編註〕理查・道金斯（Richard Dawkins, 1941-）為著名演化理論學者、英國皇家學會會士，也是一位知名作家，一九七六年出版《自私的基因》（*The Selfish Gene*）後聲望大起，對科普知識傳播貢獻良多。本文為楊詠翔譯。

的人類胚胎，也催生了《文明的躍昇》電視紀錄片版：

> 人之獨一無二，並不在於他有科學，或他有藝術，
> 而是因為科學與藝術同樣地表達了心靈令人驚異的可塑
> 性。〈蒙娜麗莎〉是很好的例子，因為達文西一生究竟做
> 了些什麼？他畫了些解剖圖，如同溫莎城堡中皇家收藏的
> 嬰兒在子宮中的圖解。腦部與嬰兒卻正是人類行為的可塑
> 性所開始之處。

接著布羅諾斯基話鋒一轉，馬上不著痕跡的從達文西的畫作談到塔翁嬰兒，也就是人類古老祖先南猿的模式標本，[2] 兩百萬年前成了巨型猛禽的爪下亡魂（我們現在已知其死因，但布羅諾斯基在一九五○年測量分析這個迷你頭骨時，還沒聽說過此推論）。[3]

本書每一頁都有值得引述的格言，值得好好珍藏，也可以貼在門上昭告天下，甚至能夠當成偉大科學家的墓誌銘，例如：「知識……是一種向不確定邊緣的無盡的探索。」如此格言當然讓人振奮，也無庸置疑令人深受啓發，但在行文中閱讀，更能理解其震撼人心之處，因為我們接著會發現墓碑下埋著的，其實是歐洲世世代代傳承的學術智識，在希特勒和他的黨羽迫害下近乎

2　〔編註〕模式標本（type-specimen），指的是學者發表新物種時作為形態特徵描述依據的標本。

3　〔編註〕該推論為二○○六年由南非古人類學家李・柏格（Lee Berger）提出，其依據為塔翁（Taung）嬰兒眼部的爪痕與頭部凹陷，這些都是靈長類動物受驚鷹科鳥類攻擊而亡後身上常見的特徵。

毀於一夕：

> 歐洲對想像力再也不歡迎了，不只是對科學的想像
> 力如此，整個文化的觀念在撤退中：人類的知識原是個人
> 的、責任的，一種向不確定邊緣的無盡的探索的這觀念都
> 被揚棄了。大家啞口無言，如伽利略大審後之情形，偉大
> 人物都逃到受威脅的世界中。波恩、薛丁格、愛因斯坦、
> 佛洛伊德、托瑪斯·曼、布萊希特、托斯卡尼尼、華爾
> 特、夏卡爾。

如此震撼人心的文字，不需要依靠提高的聲調，或是浮誇的
眼淚裝飾，布羅諾斯基筆下文字的魅力，是來自他冷靜、仁慈、
樸實的語調，以及他直直望向鏡頭時，口中發出的迷人捲舌 R
音，耀眼的閃光燈如同無垠黑夜中的烽火。

上述的段落，是這本充滿光明、振奮人心的書籍中，少數晦
暗的段落，閱讀本書時，我們不僅能在文字中聽見布羅諾斯基獨
特的嗓音，也能看見他豐富的手勢起起落落，劃開複雜的脈絡直
取重點。布羅諾斯基站在亨利·摩爾偉大的雕塑作品〈刀刃〉之
前，向我們娓娓道來：

> 手乃心之刀刃。文明不是一堆已完成的製品的集
> 合，而是過程的精煉。到頭來，人類文明之邁進就是手的
> 行動的精進。在人類的成長中最有力的推動力是他對自
> 己的技巧感到樂趣。他喜愛他能做好的工作，他喜歡做得
> 更好。在科學上就是如此。在他雕刻、建造的富麗中是如

此：那種愛護、歡欣、誇耀的心情。這些紀念建築原是為懷念國王、宗教、英雄、教條而建，但到頭來它們憶念的是那建造者。

布羅諾斯基是一位理性主義者，從不盲從傳統，也並不沉溺於科學既有的成就之中，而是一直試圖質疑、挑戰、推進知識的疆界。

這就是科學的真髓。問一個有效的問題，你就可以得到一個有效的答案。

這個道理不只適用於科學，也能擴及所有學科，而對布羅諾斯基來說，則是體現在世界上最古老也最著名的德國哥廷根大學校園中：

大學是那些沒有確定信仰的學生的麥加。學生帶來些與他們的學習無關的無賴漢、赤腳漢，是很重要的；他們來此不是對已知者崇拜，而是懷疑。

布羅諾斯基以同理心和全然的理解，來詮釋原始人最初如魔術般靈光乍現的想像力，但最後：

……魔術只是一個字眼不是答案。魔術不能解釋什麼。

科學中確實存在魔術，能爲人類帶來幫助的那種魔術，同時也存在詩意，而這本書的每一頁都洋溢著這種魔術般的詩意。自然是眞實的詩歌，如果布羅諾斯基沒有說過一模一樣的話，他也很有可能說出類似的話。布羅諾斯基是一位能言善道的博學之士，同時也是一位溫和的哲人，而他展現的智慧與聰穎，恰恰代表人類在文明躍昇的過程中，所淬煉出的最美好本質。

譯序

漢寶德

多年來我一直從事一點專門性的翻譯，而且出版過幾本譯書。憑良心說，並不是自己的英文好、中文好，或對翻譯有特別的興趣。而是很拙笨的辦法，逼自己精讀一點自己喜歡的東西，然後把自己在智識的大海裡揀來的這一點東西，與國內本行的朋友們共賞。

翻譯這本《文明的躍昇》在心情上略有不同。這是一本在美國暢銷了半年多，到今天仍在暢銷書單子上的著作，而其內容又是很嚴肅的人類文化的宣言。這一點說明原作者不但是有心人，而且是能深入淺出，又能廣徵博引的寫作家。我隨便翻翻原著的內容，立刻發生濃厚的興趣，迫不及待的動筆了。因為我覺得在我國，像這樣跨越專門知識的界域，廣面的以人類文化的成就互相闡釋、互相發明的著作實在太需要了。所以我翻譯這本書的目的是給國內大多數人看的，我希望在讀書的青年朋友能看看這本書，對人類文明的成長，及年輕一代的文化責任有一全面的了解。

我特別提到青年朋友，因為我國現階段的教育是非常偏頗的，整個中學與大學在一種膚淺的專門教育的觀念籠罩之下，在

職業主義的支配之下，青年朋友要長成為有眼光、有識見，以天地為心，對人類之前途有見解的胸襟廣闊的知識分子，是相當困難的。在專門教育之上，如果沒有廣大的人文精神的準備，知識與人都是一些工具，都會為野心家所利用，或為自身的欲望所驅策，渾渾噩噩的在社會裡鑽營而不知所為。

我國的文化原是一種安心立命的文化。非常使人感動的是，通過科學的發展，西方的文明也要走上這一步。布羅諾斯基是一位大數學家，是一位科學的人文主義者，由他來解釋這一觀點，不但生動、鮮活，而且有一種悲壯的生命的感覺。在二十世紀七十年代的今天，我毫不猶豫的說，中國知識分子應該接上西方的追索精神，自傳統、退縮的人文精神，走上樂觀、進取的人文主義精神；自知識中、自知解中了解人生之意義，以求心安命立。我覺得自這一方向看，未來的世界就不再是東方、西方世界的對立，而是全球一致努力於人文精神的發掘。讀了這本書，使我回想王陽明先生格竹致病的故事。也許我們的先賢不能自外在的現象中求得生命之意義，乃缺少了顯微鏡，缺少了認識生命的基本知識，缺少了自外界知識中認識自我的信念：一種更堅強的信念。

通過這種角度來觀察人類文明的成長，實即知識領域的擴展，精神領域的開拓。所以科學只有在藝術、生活背景的襯托下，才能顯出它的光輝，才能成為人類成長的支柱。所以無可諱言的，科學知識是一種人類精神的脊椎。布羅諾斯基在這裡發揮他的想像力，在多方面為我們於藝術、文學與科學間建立了橋梁。所以我誠心的希望，我國在文藝界的朋友也能抽暇讀讀這本書。因為在現時代中，我覺得知識界的隔閡不是單方面的。有時

候，科學孤立於社會的情況，尚不如文藝界自絕於科學知識那樣嚴重。文藝界必須負起知識界與廣大社會間媒介的責任。

也許由於這是一本暢銷書，一本稀有的主題嚴肅的暢銷書，我在翻譯時，盡量使用字通俗，希望不會有難於盡讀的感覺。這一點我只能盡力，卻有點力不從心。同時，為了盡量減少歐化的文法，我沒有逐句推敲，雖然自信尚能傳達原意。我希望一般的讀者，即使對科學與文化這等大題目沒有興趣，至少可以自通俗的解說中，了解人類進步的艱苦歷程，把它當作一種故事來看。希望讀者能分享我在翻譯中所得到的樂趣。這本書涉及的範圍很廣，自考古學到生物學幾乎無所不包，雖然談問題都在一般了解的範圍內，在翻譯工作上，仍不能不有一些困難，為此曾請教幾位教授先生在名詞與僻字的翻譯上幫忙，特別在這裡表示謝意，但譯書中仍有甚至為專家所不能首肯的翻譯方法，自然仍由我負責，因時間與才學所限，錯謬難免，尚請讀者賜教。

本書翻譯期間，內人中行不但曾不斷給我鼓勵，而且譯出了圖版的說明，讀過了大部分的譯文。出版期間，高上秦兄曾多方協助，提供意見，並實際幫忙編排了版面。辛勤與盛意，感激之情非言辭所可表達。

一九七五年冬，於東海大學

前言

　　《文明的躍昇》最早的大綱是一九六九年七月寫成的，而最後的一呎膠片是一九七二年十二月完成。這樣一件龐大的工作，雖極使人興奮，卻不能輕易為之。它需要不斷的智慧，強壯的體魄，及全心全力的投入，我自然需要確定自己能滿懷喜樂的從事才成。比如說，我必須把已經開始的研究工作擺開，我得找個堅強的理由說服自己。

　　在過去二十年中，科學界的氣氛有深刻的改變。重點已自物理科學改為生命科學。其結果，科學漸漸向對個體的研究方面發展。然而滿懷興趣的觀察者很難察覺這個效果在科學所模鑄的人類形象的改變上，有多大的影響。我是一個受物理學訓練的數學家，若不是自中年以後，有些幸運的機會使我接觸到生命科學，我也不會覺悟到這一點。我的運氣不錯，在一生中竟能優游於兩種基本科學之中。我不知這運氣那裡來的，就構想了《文明的躍昇》表示我發自內心的感激。

　　英國廣播公司邀請我製作的，是用電視節目向觀眾報導科學的發展史，如同克拉克爵士的《文明史》。[1]電視在很多方面是很有效的傳播媒介：有力的直截呈現在觀眾眼前，能把觀眾如身臨其境的帶到所描寫的境地與過程裡，能夠表達得很清楚，使觀眾知道他們看到的不是一些事件，而是人們的作為。最後一件優

點以我看來是最有力的，是因為這個條件使我同意了用電視散文的形式表演出個人思想的傳記。原因是，不論為一般的知識或特殊的科學知識，並不是由抽象的觀念而是由人為的觀念所構成，自原始至於現代，與個別的模式，無不如此。因此，我要在此提出來說明，打開自然之謎這一根本的觀念，自人類極早的最簡單的文化中即已發生，自其基本的特定的官能中發生。而科學的發展，越來越以複雜的交結加入了人類世界，必須同樣以人性視之：發現是人為的，不只是來自心靈，因此發現是活的，而富於個性。如果電視不能把這些思想具體化，就等於浪費了。

思想的闡釋，不管怎樣說，是一種親切而個人性的工作，在此，我們覺得電視與書籍有共通之處。與演講或電影不同者，電視不是為面對一群人所製作的，而是對一個房間中兩、三個人說話，如同面對面說話一樣——與書籍同樣是一種單面的談話，但卻是很安適的，很蘇格拉底式的。我覺得，浸淫在知識的哲學的暗流中，乃是電視最吸引人的特長，使用這種長處，電視就可以與書籍一樣成為具有說服力的知性的力量。

書籍比電視的自由更多一些：不需受一直前進的時間的嚴格限制。讀者比電視觀眾自由些：可以停止，可以回想，可以翻回複習，可以思辨，可以比較，而且可細心欣賞細節而不為所惑。我取此優點，悠閒的讓心靈奔馳，並把當時在電視上說過的寫在紙上。電視節目花了不少精力研究過，而研究中發現了不少沒有

1　〔編註〕即英國藝術史學家肯尼斯·克拉克（Kenneth Clark, 1903-1983），《文明史》（*Civilisation*）為其撰寫腳本、主持的藝術史電視節目，一九六六年於BBC播映，一九六九年出版成書。

想到的枝節與異事，如在本書中不予包羅，難免又是一件憾事。以我的習慣，我寧把書文予以廣徵博引，但顧及本書不是爲學者寫的，而以一般讀者爲對象，故未便那樣做。

在潤飾螢光幕上的稿子時，我仍以口語爲準，其理由有二。第一，我想保留口語中思想的即時性。這是我不論到那裡都盡可能想做到的。（同理，在可能的範圍內，我老是選一個我自己與觀眾都不熟習的場所。）第二個較重要的理由，我同樣希望保存論題的即時性。口語述評是隨意的、啓發的；它把問題的核心找出來，表達出何以這一點是要緊的、新鮮的；它指出方向及解決的路線，因之在極簡化的情形下，邏輯仍正確無誤。以我看，這種哲學式的論述法乃科學的基礎，故應盡其可能加以彰顯。

本書之內容事實上超過了科學的範圍。如果不是我早有心意包括些科學之外的其他文化演進的步驟，我也不會以《文明的躍昇》命名了。我對此書的野心與對他書一樣，不論是文學還是科學：乃爲二十世紀創造一完整的哲學。所以本書所表達的是哲學而不是歷史，是自然的哲學而不是科學。其主題是過去所謂的「自然哲學」換用今天的眼光來看。在我看來，我們今天的思維框架比過去的三百年間任何時間爲佳。這是因爲最近在人類生物學上的發現爲科學的思考提供了新方向，自一般轉向到個體，自文藝復興以來第一次打開了自然世界的大門。

若沒有人文，不可能有哲學，甚至不可能有良好的科學。我希望本書中可明示此一肯定感。以我看來，對自然的了解乃以對人性之了解爲目標，以了解在自然中的人類情態爲目標。

在本書的規模下表達對自然的此一觀點，既是實驗性的，又帶點冒險味，我很感激那些使此想法實現的朋友們。感謝沙克生

物研究所[2]長期的支持我在人類特性方面的工作，並予我一年休假以拍攝此電視節目。對英國廣播公司及其附屬單位亦深致謝意，特別是奧布利‧辛格（Aubrey Singer），提出這個大題目，催促我兩年，我才同意。

協助節目完成的人員名單很長，此處無法俱載，願對他們深致謝意，與他們共事令人深感愉快。在此不能遺漏的是製作人，特別是亞德連‧馬龍（Adrian Malone）、狄克‧吉令（Dick Gilling），他們二位具有想像力，把文字轉變為有血有肉的故事。

與我為本書共事的二人，約瑟芬‧格萊士登（Josephine Gladstone）與瑟維雅‧費茲傑羅（Sylvia Fitzgerald），操勞尤多，在此為彼等長期工作致謝。格萊士登自一九六九年就負起一切研究的責任，而費茲傑羅則為我在每一段落中籌畫並準備文稿。與二人共事，對我啟迪良多。

J. B.　加州拉荷雅　一九七三年八月

2　沙克生物研究所（Salk Institute for Biological Studies），美國南加州，近聖地牙哥市之高深生物學研究所。

一、
天使之下

動物的適應

　　人是獨一無二的造物，他有一些異稟使之在眾生之中超然特立。所以不同於萬物者，他不是大地中的一物——他是大地塑造者。在生理上、心理上，他都是自然的開拓者，是無所不在的動物，在各大洲生存，不是覓處棲身，而是造屋而居。

　　據說在一七六九年，西班牙人來到太平洋岸，加利福尼亞的印地安人常說每到月圓，魚類會在海灘上跳舞。誠然，當地有一種魚，一類銀漢魚，跳出水面在高潮線之上生蛋。雌魚先把尾部埋在沙中，然後生蛋，雄魚則繞行四周，使卵受精。為什麼要滿月？因為最高潮水的時間間隔為九至十天，使在沙中受精、孵育不受干擾，等到第二高潮時，海水可把孵化的小魚帶回大洋中。

　　在天地間，每一個景象無不充滿了此種準確而優美的適應，動物與環境之適應如同齒輪之相契合。冬眠的刺蝟等到春天再行新陳代謝，而回到生命中。蜂鳥拍擊著空氣，把針樣尖的嘴伸到花蕊中去。蝴蝶模仿樹葉，即使有毒的動物也欺騙其掠食者。地鼠鑽洞，好像有人把牠設計成機械往復的零件一樣。

因此數百萬年的演變，使此類銀漢魚準確地配合著海潮生育著。但是自然——生物的演化——並沒有把人類配合到某一特定的環境中。相反的，與魚類比較起來，他的生存裝備粗陋；然而——這是人類情態的矛盾——卻給了他一個適合一切環境的裝備。在成千成萬的動物中，爬的、飛的、行走的、游泳的，只有人不為環境所侷限。他的想像力，推理的能力，他情感的敏銳度及堅韌度，使他不接受環境，而要改變環境。而人類世代以來再造環境的一連串發明，是另一種演化——不是生物的，而是文化的。我把這一系列的光榮文化的頂點稱為「文明的躍昇」。

人類的途徑

我使用「躍昇」一字有特別的意思在。人類與萬物之不同在於其想像力的稟賦。他計畫、發明、發現，結合各種天才，他越學著用繁複與親密的方法結合天才，他的發現越發精妙而深入。因此，各個時代各個文化的偉大發現，在技術上、科學上、藝術上，越來越表現出一個更豐盛更繁密的人類造詣的結合，表現他的稟賦上登的梯階。

當然，對於一般人，尤其是科學家，總希望人類心靈最有創造力的成就是最近完成的。我們確實有理由為現代的成就感到驕傲。想想在 DNA 螺旋中遺傳密碼的闡釋，乃至正進步中的對人類腦子機能的研究，想想自相對論或在原子中物質的微小活動中所得到的哲學識見！

但若只欣賞當代的成就，忽略了過去（或信賴未來）乃是對知識的諷刺。因為人類的成就，特別在科學上，不是已完結的

博物館，而是一種進程，煉金師們的初步實驗也有其了不得的地位，而中美洲馬雅的天文學家竟為自己發明了很精密的算術，與歐洲文化無關。安地斯山[1]中的馬丘比丘[2]，與摩爾人治下的西班牙在阿爾罕布拉宮[3]的幾何，在五百年後的今天看來，乃裝飾藝術中的精美作品。但如果我們欣賞至此，則我們難免把構成這些作品的二大文化的原創性遺漏了。在那個時候，那些文化對當時的人們是非常重要而顯明的，就像今天我們看到 DNA 的構造一樣。

　　每一時代均有一轉捩點，一種觀看與肯定這世界整體性的新方法。這一觀點被凍結在止住了時間的復活節島[4]的雕像上，也凍結在歐洲中世紀的鐘錶上，那些鐘錶當時似乎要為天體下一個定論。對自然或人類的觀念改變時，每一文化都會試圖修正對未來的願景。但回顧起來，同樣引起我們注意的是連續性——那些在文明與文明間流動移轉的思想。在現代化學中沒想到合金會產生新性質，卻是早在基督時代的南美洲就已經發現了，而在亞洲的發現更早。原子的分裂與融合在概念上是自史前的發現中導出來的：石頭及所有物質都有分裂然後重新組合的構造。而人為的生物學發明大約同樣久遠：農業——如野麥的種植——及馴馬騎馬的大膽想法。

1　安地斯山脈（Andes），為中南美洲南北走向之主要山脈。
2　馬丘比丘（Machu Picchu），美洲印地安人古城。
3　阿爾罕布拉宮（Alhambra），西班牙南部摩爾王國的城堡，在格拉納達（Granada）。
4　復活節島（Easter Island），太平洋東南部之小島，以有原始大石雕聞名，屬智利轄下。

在討論轉捩點與文化的連續性時，我大體而不嚴格地遵照時間的順序。因為使我感到興趣的乃人類心靈，展開其多方面天才的歷史。我要把他的思想，特別在科學上的思想，連到人類獨稟的天賦的來源上。我所要寫的，即多年來使我沉潛其中的，乃人類表達思想的方法，而其本然，原是屬於人的。

因此這些章節是貫穿知性歷史的過程，是我個人到達人類成就之高點的旅程。人之成長乃因發覺了自己天賦的完整，他的天才與造詣，在此過程中他所創造的，是他了解自然，了解自我的階段中所留下的紀念碑——就是詩人葉慈[5]所說的「不會蒼老的智力的紀念碑」。

開始於非洲

從何說起？要自創世紀始，自創造人類時始。查爾斯·達爾文[6]在一八五九年以《物種起源》（*The Origin of Species*）一書指出了方向，又於一八七一年出版了《人類的源流》（*The Descent of Man*）。人類最早在非洲的赤道處發生大約沒有多少疑問了。標準的人類演化始生之地乃魯道夫湖[7]附近，自北肯亞[8]到西衣索比亞[9]南部一帶的大草原地帶。此湖在沿東非大裂谷（Great Rift

---

5 葉慈（William Butler Yeats, 1865-1939），愛爾蘭詩人及劇作家。

6 查爾斯·達爾文（Charles Darwin, 1809-82），英國大生物學家。

7 魯道夫湖（Lake Rudolf），非洲肯亞西北部之湖。〔編註〕現名圖爾卡納湖（Lake Turkana）。

8 肯亞（Kenya），東非洲國家。

9 衣索比亞（Ethiopia），地名、國名，在非洲東北部，近紅海出口，蘇丹之南。

Valley）南北向的長帶狀地形中，封閉在有四百萬年歷史的厚沉積層中；這裡在早先原是更寬廣的湖面所形成的盆地。水量多來自曲折、緩慢的奧莫河。[10] 這可能是人類之起源地：魯道夫湖附近衣索比亞的奧莫河谷。

　　古代的故事常把人類之創生安置在一個美好的時代，美妙的神話風景中。如果我今天講創世紀的故事，我現在應該站在伊甸園裡。但是這裡無疑的不是伊甸園，但我是站在世界的臍眼上，在人類的誕生地上。這裡是東非大裂谷，靠近赤道。奧莫河盆地的突然陷落的地層，絕壁，那貧瘠的三角洲，記錄了人類歷史的過去。若這裡曾是伊甸園，則不知何故，幾百萬年以前就枯萎了。

　　我選了這裡，因為它的結構很獨特。在此峽谷中，在過去四百萬年中，層層疊積，有火山灰，夾著泥岩與頁岩。深的積層乃多代積成，均可依年代劃分：四百萬年，三百萬年，二百多萬年前，在二百萬年以下的時代。然後峽谷把它扣住，立起來，今天才有這指示時間的地圖，在時、空兩向度展開來。在地層中的時間記錄，通常是深埋地下的，卻已經在奧莫河兩岸的斷崖處被墊撐起來，像一把扇子的骨一樣展列著。

　　這些斷崖是地層的邊緣，在近處的是最低層，四百萬年，再過去是次低的，超過三百萬年。近似人類的生物遺跡在這一層之後，同時也有些動物遺跡出現。

　　這些動物的樣貌令人意外，因為從古至今牠們的變化極少。當我們在二百萬年前的淤泥中發現近人的化石時，他們的骨骼與

10 奧莫河（Omo），衣索比亞境內南流入肯亞之圖爾卡納湖（舊名魯道夫湖）。

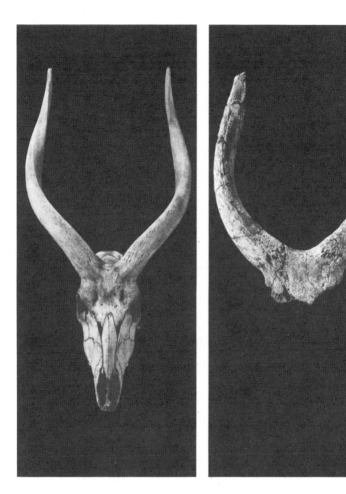

這些動物的樣貌令人意外，因為從古至今牠們的變化極少。從奧莫河發掘出的現代化石羚羊角。此化石角已超過兩百萬年。

一、天使之下

25

今人的骨骼比較，其差別令人吃驚：比如頭骨的發展。很自然的，我們預期大草原上的動物亦有極大的變化。但在非洲的化石記錄卻不是這樣。今天仍有人在獵取塔比羚羊（Topi antelope）。當年獵取羚羊祖先的二百萬年前人類的祖先，會毫不懷疑地認出今天的羚羊，但當年的羚羊是認不出今天的獵人來了，不論是白種的後裔或黑種的後裔。

但不是打獵（或其他單獨的事功）把人改變了。因為我們發現在動物中，打獵的與被獵的同樣沒有什麼改變。藪貓（serval cat）至今仍凶猛如昔，劍羚（oryx）仍躍奔如飛，但兩者均保存了物種間的相互關係未變。人類的演變始於非洲氣候的乾燥；湖面收縮，森林萎縮而為草原。很明顯的，原始人類很幸運不能適應這種情狀。因為環境要求適者生存的代價；環境會套住他們。當動物如格利威斑馬（Grevy's zebra）適於乾燥草原生活時，草原成為時間、空間上的牢籠；千年如一日。所有的動物中最理想的適於草原生活的當然要算葛氏瞪羚（Grant's gazelle），然而其美妙的跳躍再也不能跳出草原一步。

化石之證據

在令人乾渴的非洲大地如奧莫河岸，人剛開始以腳著地。這似乎是以步行道開始人類的攀升，然卻是很緊要的一步。二百萬年前，某一位人類的祖先用一隻與現代人分不出來的腳走路。因為他以腳著地而直立以後，人類對於新生活的完整性擔負了承諾，對他的肢體關係亦然。

最重要的一部分自然要算腦袋，因為一切器官中，只有腦袋

經歷的變化最深遠。很令人高興的，腦袋保留了耐久的化石，雖然不見得在腦方面提供多少資料，至少可供我們量一下其大小。過去五十年中，在南非發現了很多頭骨化石，又可推斷為近人類的頭骨結構。29 頁圖所示是兩百萬年前的模樣。此為一歷史性的頭骨，不是在奧莫河岸發現的，是在赤道以南的地方稱作塔翁 [11] 的由一位解剖學家雷蒙·達特 [12] 所發現。是一個兒童頭骨，五或六歲，大體齊全，但部分頭骨不幸消失。在一九二四年，這是一件很令人迷惑的發現；因為是第一次，雖由達特做了開拓性研究，大家卻很小心，不肯遽予接受。

但達特立刻發現兩大不平常的特點。其一它的枕骨大孔（*foramen magnum*，脊髓連通大腦處頭骨上的穿孔）是直向的；因此這孩子抬著頭。這是人的特點，因為猿猴類的頭是掛在脊椎的前面，不是直放在上面。第二個特點是牙齒。牙是一個證物。此處牙齒很小，呈方形——不過是孩子的乳齒——不是猴子大而尖的犬齒。這表示這種生物用手撕裂而不用嘴巴。牙齒的證據也指出此一生物可能吃肉，吃生肉；因此這一用手的動物幾乎必然是用工具的，卵石工具、石碎器，能割切、行獵。

達特稱之為「南猿」（*Australopithecus*），我不喜歡，因為這一非洲生物並不是猿。達特是澳洲人，大約故意在選名字時加點惡作劇的趣味吧！[13]

十年後才有更多的頭骨發現——現在是成人頭骨了——直到

---

11 〔編註〕塔翁（Taung），南非西北省的一個小鎮。
12 雷蒙·達特（Raymond Dart, 1893-1988），發現南猿化石的人類學家。
13 拉丁文中「南」（austral）與澳洲（Australia）一字通。

一九五〇年代，「南猿」的故事才算大體連結起來了。自南非開始，遷移到坦尚尼亞的奧杜瓦伊峽[14]，最近又在魯道夫湖盆地發現了豐富的化石與工具。這一段歷史是二十世紀科學界最大的喜慶事之一。每一點發現都使人興奮，與一九四〇年以前物理學上的發現及一九五〇年以來生物學上的發現一樣。在對人類本性的了解上，其效能與前二者比較一點也不遜色。

對我而言，這個小「南猿」孩子與我個人有淵源。在一九五〇年，當其為人類的說法被大家接受時，有人要我做一點數學工作：我能不能計算一下塔翁孩子的齒型大小，把它們與猴齒分開呢？在此以前，我沒拿過化石頭骨，又不是牙齒專家，但我做得不錯。今天回想起來仍感受到當時傳給我的興奮感覺。我年逾四十，半生花費在抽象物理數學上，忽然看到自己的智識回到二百萬年前，點著了研究人類史的光亮，真是令人難忘！

自此開始，我完全沉醉在想像人之為人的理由上面：自斯而後的科學工作，所學所讀，均不出此。這些靈長類怎麼成為我所尊崇的人類了呢？怎麼會兩手機巧，觀察銳敏，有思想，可感受，能在心中用語言與數學的符號運算，且有美術、幾何、詩歌、科學的眼光呢？這人類心靈上升的梯階如何把他自動物性的開始，帶到追求自然奧祕的境地、智識的狂熱中呢？我不知道塔翁孩子怎麼開始其生命的，但對我而言，它仍然是最早的嬰兒，人類自它開始了冒險的歷程。

14〔編註〕奧杜瓦伊峽谷（Olduvai Gorge），東非的峽谷，位於坦尚尼亞北部。

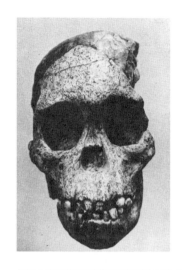
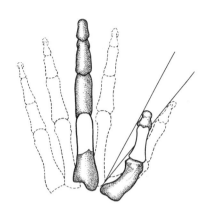

左圖：我不知塔翁嬰兒如何開始有生命，但對我而言，他仍屬最早的嬰兒，人類自他開始了冒險的歷程。圖為塔翁嬰兒的頭蓋骨。

右圖：人類祖先的大拇指很短，因此無法靈活操作。自奧杜瓦伊峽谷的最底河床所發現的南猿的手指和拇指覆疊於現代人手骨之上。

先見之天賦

　　這人嬰，人類，乃是野獸與天使的拼湊。比如說，嬰兒踢腳的反應在子宮中已經有了——做母親的無人不知——所有脊椎動物都有的。反應是自動的，但卻是更複雜的運動的開始，後來的運動要練習才能自動。十一個月後，這反應催促嬰兒去爬。這樣就帶動了新的運動，在腦子裡安置了固定的路線（特別在小腦，控制肌肉活動與平衡的統合），終於形成一整套細緻、繁複的運動綱目，並成為他的第二個本性。現在由小腦控制一切，心智只要下命令就成了。十四個月後的命令是「站起來！」這孩子進入

人類對直立行走做承諾的階段。

　　人類的每一行動都可部分的回溯到動物的來源；如果把這一血脈相連的關係切斷，我們應當是既冷酷且孤單的生物。然而尋求突出的特色是很對的：我們要知道那些稟賦是我們與動物共有的，那些是我們獨享的。舉一個很直截而易明的例子：運動家賽跑或跳高這簡單的動作。起賽的槍聲一響，賽跑者聞聲而動，與羚羊逃跑飛奔的反應一樣。人類與所有的動物沒有兩樣，心跳增快，在奔速最快時，心臟輸血量五倍於平時，而百分之九十是為肌肉而輸送。每分鐘需要二十加侖空氣以供血液足夠的氧氣，帶到肌肉裡。

　　這種血液急遽流動，猛然吸入空氣等可以自紅外線攝影中看出來。（藍色或光亮帶是最熱的；紅色或陰暗帶是冷的。）我們在影片上看到是紅光，及紅外線攝影機的分析所看到的一種副產品，可看到肌肉活動的極限。因為主要的化學作用是把糖分燃燒化為肌肉的力量，但四分之三都成為熱能而失掉。另有一種限制是賽跑者與羚羊都受其約束的，則比較嚴重。在這種速度下，肌肉中的化學燃燒快，不能盡燃，不完全的燃燒有剩餘的產品，大都是乳酸，把血液弄渾。這就是疲倦，也就是肌肉活動不靈的原因，直到新鮮氧氣把血液洗淨方能恢復。

　　到此為止，運動家與羚羊間並無分別。這些都是快速奔跑的動物正常的新陳代謝現象。但兩者之間有重大的差異：運動家並非在逃跑。使他起跑的是發令員的槍聲，他所經驗到的不是恐懼，而是有意造成的興奮。賽跑的人如同遊戲中的兒童，他的行動是自由中的探險，他那急喘化學作用的唯一目的是發覺自己力量的極限。

頭部是促生文化演變的動力。電腦圖像呈示了頭部發展的演變。

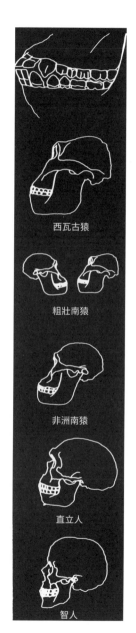

西瓦古猿

粗壯南猿

非洲南猿

直立人

智人

自然，在人類與動物間有很多生理上的差異，人與猿間亦然。在撐竿跳中，運動家抓著竿子，其抓握的方式猿猴是無法做到的。但這點差別與更重要的差別比還是次要的。運動家是充分成長的人，其行為不像動物受四周環境的迫促。在運動中他的行動沒有實際的意義；不過是些與現實無關的練習。運動家的心靈是前瞻的：鍛鍊其技巧，他在想像中撐竿而進入未來的境地中。

進入跳越的位置時，撐竿跳高者是人類能力的縮形。手的掌握、腳的拱起、肩胛與骨盤肌肉突出──竿子本身儲藏了力量，又放散出力量，好像箭之出弦。此一複雜行動最顯著之特色是前瞻的意識，亦即擁有訂定一未來之目標，然後全力從事的能力。運動員的表演說明那是一個連續不斷的計畫，自一個極到另一個極，發明了撐竿，又在跳躍之前集中精神，都說明了人之為人的特點。

頭部之發展

頭部不只是人類象徵的意象，也是前瞻之所由發，並因此，是促生文化演變的動力。因此如果我把人類的成長推回到野獸的起源，則頭部與頭骨的演變應加以查究。可惜在五千萬年之間，我們掌握的頭骨能看出演變之階段來的只有六、七個。埋藏在化石中的，必然有更多屬於中間各時代的，將來可能有所發現，可是目前我們只能就所知的頭骨推測一番。用電腦來計算這些頭骨之間幾何上的轉變是用電腦分析；為了追溯其間的連續性，我用電腦影像步步呈現其發展。

開始於五千萬年前，有一體小而樹棲的生物，狐猴（lemur），羅馬文中意為死者之靈。有一化石頭骨屬於狐猴的同類兔猴屬（*Adapis*），是在巴黎市郊的白堊沉積層中發現的。把頭骨翻過來看，可看到枕骨大孔遠在後面，這表示頭部是自脊椎上懸下來，不是由脊椎撐持著的。大約以昆蟲、水果為食品，牙齒數目超過人類及多數靈長類的三十二枚。

但此狐猴的化石擁有靈長類（如猴類、猿類和人類）的部分主要徵號。骨骼所留下來的有指甲而不是爪。有一大拇指可把手相對的分開。而在頭骨中有兩大特徵指出是人屬的開始。口鼻部短小，兩眼大而分開，這表示在選擇感官時，較偏好視覺，放棄了嗅覺。眼窩仍分居頭骨的兩側，在鼻骨的兩翼，但與早期吃昆蟲的動物比較，狐猴的兩眼開始向前移動。漸有立體的視覺。這是人類面孔組織演變發展的一個信號，而自此，人類方有其源始。

這是五千萬年前左右的事。在以後的二千萬年中，這條譜系

線自猴類中分出了人與猿，在主系線上所發現的頭骨爲三千萬年前在埃及法尤姆（Faiyum）出土的，名爲埃及猿（*Aegyptopithecus*），口鼻部比狐猴爲短，牙齒近猿，體型較大，仍棲於樹上。但自此而後，猿與人的祖先開始在地面上花一部分時間。

再過了一千萬年，到距今二千萬年間，在東非、歐洲、亞洲發現了類人猿。一個典型的發現是路易士・李基[15]的原康修爾猿（*Proconsul*，此一命名爲人類學的小巧思，意指牠是一九三一年倫敦動物園裡一隻知名黑猩猩康蘇爾〔Consul〕的祖先）；同屬的尚有其他的發現：森林古猿（*Dryopithecus*）。類人猿腦子已顯著的擴大，兩眼向前有立體的視界。這一發展說明猿與人的主系線怎樣向前移動。但如果當時已經分枝，這一頭骨則應屬於猿系。牙齒明顯的屬猿，因爲大犬齒在牙齦相鎖緊的情形是不同於人類的。

是牙齒的變化使人、猿之間分道揚鑣的。我們所見的最早的先驅是在肯亞與印度發現的拉瑪類人猿（*Ramapithecus*）。這生物大約是在一千四百萬年以前，我們只有部分下顎。但明白的顯出牙齒是平的而比較屬人。類人猿的大犬齒沒有了，面孔變得更平，明顯的到了系譜的分枝處。有些人類學家更大膽的把拉瑪類人猿放在原始人中。

人類之拼湊

自此後在化石記錄上爲五百到一千萬年的空檔。無可避免的

---

15 路易士・李基（Louis Leakey, 1903-72），英國人類學家。

這段時間正隱藏了自原人到人類之主系從猿類分開的奧祕。至今沒有發現堅定不移的記錄，然後在五百萬年之後，我們看到真人的親族了。

真人的親族，卻不是我們的直系祖先者，為體型笨重的「南猿」，是素食類。「粗壯南猿」（*Australopithecus robustus*）更接近人，但其系族不知何所屬，已經絕種。他的牙齒證明他依植物為生，現存的牙齒上出現咬齧根類時留下的細砂。

與真人接近的同類體型較輕 —— 可自下顎看出 —— 可能是肉食類，名為「非洲南猿」（*Australopithecus africanus*），大約最接近我們常說的「缺少的那一環」[16]。她是在川斯瓦共和國（Transvaal）的史德克方頓（Sterkfontein），及非洲其他地區挖掘出的一具頭骨化石，是女性，已成年。前文中所說的塔翁嬰兒長大後可能就與她一樣。完全直立，用腳行走，腦子重約一磅到一磅半。這大約相當於今天一隻大猿的腦重。但全身不過四英尺高。而近來由里察・李基[17]發現的頭骨指出，大約在一百萬年前的腦子要比之前更為碩大。

有了這個大腦袋，人類的祖先完成了兩大發明，其一已有了可見的證據，另一則有了推論上的證據。先說可見的證據。二百萬年前「南猿」製作了粗石器，把圓卵石敲開造成一個刃。後來的一百萬年內，人雖繼續演化，卻未曾改變過此一工具。他創下

16 〔編註〕缺少的那一環（the missing link），生物演化研究的非學術術語，用以指稱兩物種的化石記錄中間缺失的、使得演化記錄不完整的關鍵物種，譬如介於猿與人之間的物種。

17 〔編註〕里察・李基（Richard Leakey, 1944-），肯亞人類學家，路易士・李基之子。（路易士・李基生於英屬東非〔British East Africa〕，故亦有肯亞國籍。）

了很基本的發明，並有儲備的行為，收集圓石作為後日之用。由於這一技巧與前瞻上的衝刺，一種指向未來的象徵性行動，他等於把惡劣的環境加到一切生物身上的剎車放鬆了。同一工具竟用了那麼久可見這一發明的力量。拿起來很簡單，只把原來較厚的一端握在掌心。四指抓緊。（人類的祖先拇指較短，因此操作不太靈活，但可以緊握。）當然，這幾乎無疑的是食肉者的工具，可用來攻擊及割切。

另一個發明是社會性的，我們做此推論因由細心的算計得來。目前發現的相當多數的「南猿」，其頭骨與骨骼顯出大都死在二十歲之前。這說明必然有不少孤兒。因為「南猿」必與一切靈長類一樣有一很長的童年期。十歲尚在世的應該還是孩子。因此必然有一種社會組織可照顧這些孩子，或予以收養，使他們成為社會的一分子，施以教養。這是文化推演的一大步。

這些人類的先驅何時才變成真人呢？這是一個很微妙的問題，因為這樣的改變不是一夜間完成的，如一定要把它看成突變是很笨的，故實沒必要把轉捩點定得太尖銳，或對名稱爭論得很多，二百萬年前我們還不是人，一百萬年前我們是人，因為約一百萬年前有一種稱之原人或直立人（*Homo erectus*）的生物，散布在非洲之外，最有名的例子是在中國發現的原人，即北京人，約四十萬年前，他是最早確定使用火的生物。

自原人推演到我們足足有一百萬年，但演化的過程比早先的發現更為循序漸進。後繼者最有名的是十九世紀在德國發現的尼安德塔[18]人。他的腦已為三磅，與現代人相同。也許尼安德塔

---

18 尼安德塔（Neanderthal），德國地名，以發現舊石器時代猿人聞名（1857）。

人有些後裔絕了種，但相當可能是他在中東的支族直接傳到智人（*Homo sapiens*）的我們。

在最後的一百萬年中，人類對工具的品質曾加以改良——大約可以說明在這階段他的手發生了生物性的改善，特別在腦部中心控制手部動作方面。最後的五十萬年，在生物上、文化上更為老練了的生物，不必再抄襲自南猿以來就使用著的石斧。他製造了一種新工具在製作與使用上都需要更精細的操作。

這一靈活技巧的發展與火的運用都不是孤立的現象。相反的，我們一定要記住演化的真實內容，不管是生物的還是文化的，都是新行為的不斷修改。只因為在化石中留不下行為的痕跡，我們才不得不自牙齒與頭骨上動腦筋。骨與牙本身並無意義，對它們所屬的生物也沒有什麼意義，它們不過是他們行動的工具，我們對牙齒和頭骨感興趣，是因為它們揭露了他的行動，而工具的改變揭露了行為與技巧的改變。

由於這個原因，人類演化中的改變不是片斷的。他不是自此一靈長類的下顎，另一個的頭蓋骨湊起來的——這種錯誤的觀念太幼稚了，只幫忙造成了偽造的皮爾當人頭骨。[19] 任何動物，特別是人類，是一種高度統合的結構，行為改變，各部分都跟著改變。頭腦、雙手、兩眼、雙腳、牙齒、骨骼等之演化是多種特殊稟賦的結合，本書中的各章，也可以說是討論了人類的某些異稟。這些稟賦構成了人。使之比其他動物的演化程序迅速，行為

---

19 〔編註〕皮爾當人（Piltdown Man）為二十世紀著名化石偽造事件中的偽古人類名稱。皮爾當為地名，二十世紀初，查爾斯·道森（Charles Dawson）宣稱在此地發現古人類化石，直到一九五三年才被確認作假。

豐富而多變化。其他生物（如昆蟲）上千萬年不變，而人在短短時間內變得認不出來了。人類不是生物中最雄壯的，在哺乳動物產生之前很久，恐龍要壯偉得多。但他有其他動物所沒有的拼湊的能力。使之在三十億年的生命中，能具有創造力。每種動物只留下牠自己的痕跡，只有人類留下他的創造物的痕跡。

獵人的文化

在漫長的五千萬年中，飲食的改變在物種的改變上是重要的。人類系譜上最早的生物是眼光敏銳、指甲尖細的昆蟲與水果的食用者，如同狐猴。早期的猿類與人猿類，自「埃及猿」、「原康修爾猿」到笨重的「南猿」，被認為整天搜撿荣蔬果腹。但輕型的「南猿」則改掉了遠古靈長類素食的習慣。

自素食到雜食，自是而後到直立人、尼安德塔人及智人而未經改變。自古代之輕南猿以來，人屬吃些肉類：開始時是小動物，後來改食大動物。肉的蛋白質較植物集中，吃肉把吃食的時間省下了三分之二。其後果非常深遠。他的自由時間多了，可以花在間接的覓食方法上，餓著肚皮的蠻幹所不能達到的目的，現在可以設法了。（比如對付大動物。）顯然的，這一點幫助所有的靈長類產生了腦部刺激、反應之間的時距，推演到後來的人類有充分的能力壓制欲望的即時滿足。

但是用間接的計謀增加食品供應的後果，最值得注意的當然要算鼓勵了社交行為與溝通。人是運動緩慢的生物，要追逐、圍堵、擒捉草原上的善奔動物，端賴合作。狩獵需要周密的計畫與組織，要使用語言以及特殊武器。我們使用語言時確實有點近似

打獵計畫的性質，不像動物，打獵時我們用可調動的單詞串成語句互相叮嚀。圍獵是一種公眾行動，其高潮，也只有其高潮才是殺戮。

跨越了冰期

單憑打獵並不能在一地養活一個日益茁壯的種族；在草原上，一平方哩不能養活兩人以上。以這密度來說，整個地球的表面只能養活加州一地之人民，即二千萬人，養不活全體英國人民。這對獵人的選擇很殘忍，若不餓死就要移動。

他們長距離的遷移。一百萬年前，他們在北非。七十萬年以前，他們到了爪哇。在四十萬年前，他們散開，向北進軍到了東方的中國，西方的歐洲。這種不可思議的疏散式移民使人類自極早期就成為散播甚廣的種族，雖然整個人數尚甚少，大約一百萬左右。

但更為險惡之處乃人類向北移動時，正遇上冰天雪地的氣候。在極寒之下，冰自地上長出來。北方氣候自不可計算的歲月以來都是溫和的，大約有數億年吧。但當直立人在中國與北歐定居前，竟接連來了三個冰河期。

在四十萬年前北京人住在洞穴裡時，第一冰河期已度過了最嚴重的階段，所以首次在洞穴發現火並非奇事。冰向南移動又退縮回去三次，環境每一次都歷經重大改變。冰帽含蓄了大量的水分，使全球海平面下降了四百呎。在二十萬年前第二次冰河期之後，大腦袋的尼安德塔人出現了，在最後一次冰河期中，他占了重要地位。

我們所知之人類文化在最後一次冰河期開始形成，大約在十萬或五萬年前。此時，我們發現了改良的工具，顯示出打獵的方式大有進步了：比如說標槍，以及直棍，可能是懲罰的工具，有倒刺的魚叉，以及不可少的燧石母工具，用以製造獵具。

　　很明顯的，古今同理，發明不多但隨文化的傳播卻很快。比如南歐馬格達連[20]的獵人在一萬五千年前發明了魚叉。在發明的早期，魚叉沒有倒刺，然後是有倒刺而只有單排魚鉤，到本期的末尾，洞穴藝術流行的時候，倒刺布滿了魚叉且有雙排魚鉤。馬格達連的獵人喜歡裝飾他們的骨製工具，故可自其修飾的風格算出準確的時間及其地理位置。實在說，他們是化石，并然有序的記錄了人類文化的演進。

　　人類能經得住冰河期最嚴格的考驗，就是因為心靈的適應性，承認了發明，並把它們作為公有的財產。很顯然，冰河期深刻的改變了人類的生活方式，使他少靠植物，多靠動物。在冰河的邊緣，因酷寒改變了行獵的策略。對捕捉單一動物，不論其多大，都引不起興趣了。比較好的辦法是亦步亦趨的跟著動物群移動，開始時學著預測動物的習慣，後來就學上這種習慣，跟著牠們到處遊蕩。這是一種特殊的適應，一種獸類季節性遷移的生活方式。還有些早期行獵的意思在；因為這是一種追逐，地點與移動速度全由供食的動物決定。也有了後來畜養的意思，因為動物群受到照顧，好像活動的食物庫藏。

---

20 馬格達連（Magdalenian），歐洲西部與北亞一帶舊石器文化。

化石井然有序的記錄了人類文化的演進。狩獵馴鹿的洞穴畫——出自於東西班牙卡斯特詠（Castellon），巴托爾塔峽谷（Valtorta Gorge）的馬岩洞（Los Caballos Shelter）。人類在最後冰河期末期發明了弓箭。

季節移牧的文化：拉普人

　　季節性遷移的生活方式本身已是文化的化石，依稀尚存至現代。北歐極北的拉普人 [21] 是今天僅剩的冰河期以來即追隨馴鹿以求生存的人。這些人的祖先可能來自庇里牛斯山 [22] 的法蘭克—坎塔布連山洞區（Franco-Cantabrian cave area）北部，在一萬兩千年前，冰帽自南歐後退時跟著馴鹿來到北方。人口三萬，有馴鹿三十萬。即使如此，這種生活方式亦將結束。鹿群自管自的遷移。越過峽灣，尋覓長滿地衣的冰原，而拉普人跟著牠們走。但這些人並不是牧人，他們既不控制鹿群，也不飼養，只是跟著鹿群遷移而已。

　　雖然鹿群仍是野鹿，但拉普人也發現了其他文化中存在的控制單一動物的方法。比如，他們閹割雄性動物，使牠們易於操縱，用以拖拽。此一關係非常奇特。拉普人，完全依賴馴鹿，食其肉，每日每人一磅，飲其奶，寢其毛，衣其皮，用其骨及角。但是拉普人比鹿自由，因為其生活方式是一種文化的適應，而不是生物性的。拉普人在冰天雪地中隨季節而遷移是他們選擇的，是可以改變的，而生物性突變則不能轉換。因為生物性的適應是天生的行為方式，文化則是學習的行為方式 —— 是公眾選擇的形式，與其他發明一樣為全社會所採用。

　　在文化適應與生物適應間有根本的不同，可自拉普人之生活中表現出來。用鹿皮做帳幕是可以改變的一種選擇，現在他們

---

21 〔編註〕拉普人（Lapps）為北歐地區的原住民，歐洲最大的原住民族群之一。
22 庇里牛斯山（Pyrenees），介乎法國與西班牙間之山脈。

在改變中。相形之下，拉普人或其人屬的祖先，也經受某種程度的生物性適應。但人類的生物性適應不大；我們是相當一致的種族，因為我們自一個中心很快的散布了全球。然而我們知道人種與人種之間是有生物性差別的。我們稱之為種族差別，無法因改變習慣或住所而改變。比如膚色無法改變。為什麼拉普人的皮膚是白的？人類開始時皮膚是深色的。日光在皮膚中製造維他命D，如在非洲時為白皮膚，會製造太多的維他命D。而在北方，人類需要讓陽光全部進入才能製造足夠的維他命D，因此自然選擇是傾向於白皮膚的人。

不同的社會間生物性的差別不過如此。拉普人不是因生物性適應而生存的，而是因發明而生存。是富於想像力的使用了馴鹿的習慣及其產品，把牠們用作拖拽畜，又使用了製品與雪橇。在冰雪中生存不是靠膚色：拉普人生存下來，人類活過冰河期，乃因一項大發明：火。

洞穴藝術之想像力

火是家爐的象徵，自從三萬年前，智人開始用手製作物品時，家爐就是洞穴。有一百萬年的光景，人類構木為巢，打獵為生。在這段漫長的先史期，我們幾乎毫無紀念物可言。只有在那個時期之末，在歐洲冰層的邊緣，在阿爾塔米拉洞（Cave of Altamira）及南法與西班牙等地區發現了行獵的人類腦筋裡淨想些什麼。我們看到了他的世界，及他心神之所繫。這些洞穴畫，約有二萬年，為他的文化永久的基礎定了影，也可以由之看出這些獵人對他賴以生存及捕捉的動物懂得多少。

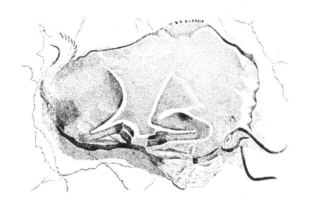

我們在阿爾塔米拉洞等洞穴中發現了行獵的人類腦筋裡淨想些什麼。我想我們在此看到表現出來的力量是最早的期望的力量；前瞻性的想像力。圖為橫臥的野牛。

　　洞穴藝術如此生動，比較上又如此年輕而稀少，初看上去有點奇怪。爲什麼人類視覺想像力的紀念物沒有發明的紀念物那麼多呢？又那麼少呢？可是如加以回憶，令人驚奇的不是太少，倒是爲什麼它會存在。人是一個軟弱、遲鈍、膽怯又沒有武器的動物──他必須發明圓石、燧石、刀、矛等，以求生存。但他爲什麼要在這些求生所需的發明上，自最早期就用令人吃驚的藝術加上動物的形象爲裝飾呢？尤有甚者，他們爲什麼來到這樣的洞穴中，住在裡面，卻又不在他的住處畫動物畫，而要在黑暗、隱祕、遙遠、潛藏、不得其門而入的地方作畫呢？

　　很明顯的，可說在這裡，動物是魔術的。這無庸置疑。但魔術只是一個字眼不是答案。魔術不能解釋什麼。這說明人相信他有一種力量，什麼力量？我們仍不知道這些獵人相信他們能自這些畫上得到什麼力量。

在此我只能告訴你我個人的看法。我想我們在此看到表現出來的力量是最早的期望的力量；前瞻性的想像力。自這些繪畫中，獵人熟悉了行獵時的危險，但尚未遭遇到這危險，把獵人帶到此一隱祕的所在，用光亮突然照亮這些繪畫，他看到他將面對著野牛，他看到群鹿在奔馳，他看到轉身而來的野豬。他感覺孤單的與牠們在一起，如同未來行獵時一樣。要他經驗到恐懼，同時要他練習彎起執矛的手臂，不需感到恐懼。這些畫家乃把那一瞬間固定起來，獵人進入畫中，宛如穿過一間阻隔室。

洞穴畫為我們再現了獵人的生活方式，似歷史的一瞥，我們經過它看到過去，我以為，對那些獵人而言，洞穴是看到未來的門縫。他向前看。向過去或向未來，洞穴畫都是一種想像力的望遠鏡：他們把心靈自所看到的導向所推想的或猜測的。在繪畫的行為的本身也是如此：不管觀察力多優越，這平坦的繪畫不過是眼前的東西而已，心靈早已把它們立體而生動的填滿了。這是推想的現實，不是能看到的，而是想像到的。

藝術與科學都是人類所獨有的行為，超過野獸之所能，在這裡我們看它們是自相同的人類智能導出來的：人類看到未來的能力，預測未來可能發生的一切而計畫預期它的來臨。並用影像投射在腦子裡，或在洞穴的黑壁上投射一角光線，或在螢光幕上再現給自己。

我們在這裡也是經由想像力的望遠鏡觀看的。想像力是時間的望遠鏡，我們向後觀看過去的經驗。那些畫這些畫的人，那些在場的人，通過望遠鏡向前看。他們沿著人類躍昇的途徑觀看。因為我們所謂文化的演進實際上是人類想像力不斷的成長與擴展。

造武器的人與繪畫的人所爲並無不同——推想未來，自目前猜測即將來臨的未來。人類有很多獨特的稟賦，但在核心處，一切知識成長之根源，乃自我們所見對我們所未見下結論的能力，在時、空中使心靈飄蕩的能力，與看出我們自過去到現在邁步前進的能力。在洞穴裡處處都有手印，意味著：「這是我的記號，我是人。」

二、
季節的收穫

文化演進之步調

　　人類史很不勻稱的分成兩段。第一段是生物的演化：包括了猿、人分途的各步驟。這就占了數百萬年，然後是他的文化史：漫長的一段文明發展把我們從非洲僅存的漁獵為生的部族及澳洲的摭拾為生的種族分開了。這第二段一切的發展，文化的鴻溝，是在一、二萬年內完成的。其間不過一萬二千年，絕不足二萬年。後文中我只談發生在這一萬二千年中人類心靈生長的經過。但在生物的時序與文化的時序之間的差異實在太大，我不能不回頭略加審視。

　　前文說過，自能握住石頭的矮小、膚黑的生物，中非洲的南猿，到現代的智人之間至少有二百萬年。這是生物學演化的步調——雖然人類的生物性演化比起其他動物來已經算是快的了。但智人只花了二萬年就變成你、我所渴望變成的那種生物：藝術家、科學家、城市建造家、未來的計畫家、讀者與旅行家、熱誠於自然現象與人類感情的探險家；經驗之豐富，想像之大膽，為過去任何時代的祖先所不及。這是文化演進的步調。一旦起飛，

就像一與二的倍數樣的差別，至少比生物性演化快了一百倍。

　　最要緊的一句話是「一旦起飛」。為什麼使人類掌握全世界的文化變遷的行動開始得這樣遲？二萬年前世界各地的人類都是構木為巢、漁獵為生的，最進步的技術不過是拉普人追隨鹿群的那一套。但到一萬年前就已經變了；有些地方開始畜養動物，培植穀物，這是促成文明起飛的改變。只要想到在最近的一萬二千年文明才起飛，就覺得很特別。在紀元前一萬年時必然有一個大爆炸——一種寂靜無聲的爆炸。那就是最後一段冰河期的結束。

　　我們今天尚可以嗅到這種冰河景觀改變時的氣味。冰島的春天每年重演一次，但在歐亞大陸只有在冰退的時候表演過一次。人類在最後的一百萬年中已經歷了令人難以相信的艱苦歲月，闖過了冰河期，自非洲遊蕩而北上，忽然發現四周都是花木、動物，因而進入一種全然不同的生活境界。

　　通常大家稱之為「農業革命」，但我把它看得廣闊得多：這是一種生物的革命。是蛙躍式的畜牧與耕種的結合。在這裡面人類有了很關鍵性的覺悟，他覺悟到他已經能在更重要的動物、植物的層面上支配環境。同時又帶來了同樣有力的社會革命。因為到此人類不但有定居的可能，而且必須定居下來。這個生物已遊蕩、飄忽了上百萬年，現在要做一個重要的決定，他要不要不再飄蕩而甘心為村民呢？在人類學上有證據說明人類在做此抉擇時心靈的掙扎：舊約聖經就是那記錄。我相信文明是由決策決定的。決策錯誤的人種生存的機會很少。至今還有候鳥式的部落在廣大區域中隨處流浪，如伊朗的巴提雅里族（Bakhtiari）。你要親身與他們相處共行，才能了解這種動盪的生活中文明是無法成長的。

游牧文化：巴提雅里族

在游牧生活中沒有一件事是保存久遠的。巴提雅里族單獨旅行，不爲人知。而游牧民族總把全族看成一家，有一共同祖先。（好像猶太人自稱爲以色列或雅各[1]的子女。）巴族的名稱是自蒙古時代的神話人物巴提雅（Bakhtyar）來的。神話上該種族的來源是這樣提到他的：

> 我族的父親是山地人巴提雅，是來自古代南方山中的堡砦中。他播下的種子如山上的石頭一樣多，他的後裔乃極繁盛。

這個故事的後面影射很多聖經上的記載。族長雅各有兩位妻子，並爲她們各牧羊七年。族長巴提雅是這樣：

> 巴提雅的第一個妻子生了七個兒子，是我族七大兄弟支派的祖先，第二個妻子生了四個兒子。我們的兒子要從這些祖先的「兄弟」的帳幕裡，娶他們的女兒為妻，除非羊群及帳幕分散了。

與以色列的兒女一樣，羊群最爲重要，牠們是說故事的人（或婚姻顧問們）無時或忘的。

在紀元前一萬年，游牧民族隨著野獸自然遷移而遷移。但羊

1 雅各（Jacob），亞伯拉罕之孫，以色列人之祖先。

類沒有自然的遷移。牠們是在一萬年前才被馴養的，只有狗更早就跟著帳幕走了。人類馴養牠們之後，要取代自然的責任，游牧者要領導這無助的羊群。

游牧民族中的女性責任太狹窄。女人最重要的任務是生產兒子。太多女兒立刻就有麻煩，長遠了還會帶來災難。除此之外，她們準備衣食。比如說，巴族的婦女用聖經上的方法烤製麵包，在熱石頭上烤無酵餅。母女要等男人吃完後才吃。婦女之生活與男人同樣以羊群為中心。擠奶，然後倒在簡單木架撐著的羊皮袋中攪拌，製成酸乳。能於旅行時隨身攜帶的技術很簡單。單純並不浪漫，而為生存所必需。輕巧以便於攜帶，每天晚上安裝，早上收藏，女人所用最簡單的皮織器，是為旅途中立即補綴之用，如此而已。

在游牧生活中不可能製作幾個禮拜內不會用到的東西。他們帶不了那麼多。實際上巴族也不知道什麼製作方法。他們需要金屬鍋，就向定居的種族交換，或與專門從事金屬工作的吉普賽工人交換。釘子、馬鐙、玩具、兒童的鈴子都是向族外人買來的。巴族生活太狹窄，無法也無時間在遊蕩中有所創造。早晚忙著走路哪有時間思索、發明，連新調子都想不出來。以流傳的習慣為習慣，父親永為兒子的表率。

生活毫無特色，每夜是一日之末，如同昨日。天破曉時大家思索同一個問題：羊群過得去下個高山頭嗎？一旦啟程，怎樣的高山都要跨過，札格洛斯（Zagros）上的薩地古關（Zadeku）有一萬二千呎高，羊群要苦撐而上，甚至側身沿山緣而上。因為羊群天天要動，每天都要發現新草原；因為在這種高度，草苗一天就耗光了。

巴族每年出外旅行，跨越六座山脈（並跨越再返回草原）。他們穿越雪地及春天的氾洪，只有一點比一萬年前的生活為進步。當年的游牧人要步行，而自負行囊。巴族人用以負重的牲口：馬、**驢**、**騾**，都是後來馴養的，其他生活中無一為新，無一值得記憶。游牧人無紀念碑，對死人亦如此。（比如巴提雅葬在那裡？雅各葬在那裡？）他們所建造的墳只有在為他們道路做號誌的地方才看得到，如「女人關」，曲折難尋但比高山隘口易為羊群登渡。

　　巴族春天的遷移真有英雄的冒險性。但他們不如苦行者那樣有英雄氣概。他們被捨棄乃因探險沒有目標。夏天的草原不過是歇腳的地方，不像以色列的兒女，他們沒有應許地。一家之主工作了七年，與雅各一樣，畜養起五十隻山羊、綿羊的牧群。如一切順利，他預料在遷移中喪失十隻。如有意外則可能損失二十隻。年來年往，游牧生活中有的是料想不到的事。而且在旅程結束時，除了傳統的不能抗拒的被捨棄之外，一無所有。

　　誰知道在那一年內，在他們穿越那些隘口時，老人能不能經得住最後的考驗，而渡過巴祖富特河（Bazuft River）？化雪後三個月的河水即把河岸吞沒。族人、女人及騾馬、羊群都疲憊不堪。把羊群趕過河要一天，但這一天是考驗的一天。這一天年輕人就要成人，羊群與家族之生存依賴他們的力量。過巴祖富特河等於過約旦河，是人類的洗禮。對於青年人，生命在這時活躍起來。但對衰老的人，生命就結束了。

　　老年人過不了最後的一條河怎麼辦？沒辦法。他們在河那邊等死。只有狗覺得把人留在後面使牠困惑。這是游牧部落的風俗；他已到了旅程的終點，而終結沒有地點。

農業的開始：麥

　　人類成長中最大的一步是自游牧生活改變爲村居農業。怎麼發生的？當然是人類的意志，外加自然界神奇而祕密的行動，在冰期之末的中東，有一種新的植物，混種麥，繁殖起來。到處可見，而典型的是古代耶利哥[2]的燕麥。

　　耶利哥的存在比農業早。最先來此荒涼地區沿溪邊定居的人懂得收割麥子，但不知下種。我們知道這些乃因他們使用收割野物的工具，而那是很高明的有前瞻性的工具。他們用燧石做鐮刀，是約翰‧加斯唐（John Garstang）在一九三〇年代挖出來的。古代的鐮刀可能是用瞪羚的角或骨做成的。

　　在山頭山坡上這種先民收割的野麥已不復存在。但那邊的草看上去很像當年他們首次發現的那種麥。他們開始撿拾成把，後來就用鐮刀收割，至今一萬年而未變。那是納圖夫（Natufian）的前農業文明。當然它不能持久，只是接近了農業發展的邊緣。這是在耶利哥高地上發生的下一件事。

　　在歐亞非大陸農業傳播的轉捩點無疑是兩類大穗子的麥種相交而成的。在紀元前八千年麥不是今天這樣豐茂的作物，只是中東到處可見的野草之一。由於某種遺傳的偶然，野麥與一種天然的山羊草交配而成爲多子的混種。這類偶然的交配在冰期之後蔓生的植物中必然曾多次發生。在指導成長的遺傳因子上，它結合了野麥及山羊草各十四種染色體，所得到的混種二粒小麥（Emmer）有二十八個染色體。故種子圓潤得多。混種自然的散

────────────
2　耶利哥（Jericho），兩河流域之古城，古代兩河流域文化之發源地。

二、季節的收穫

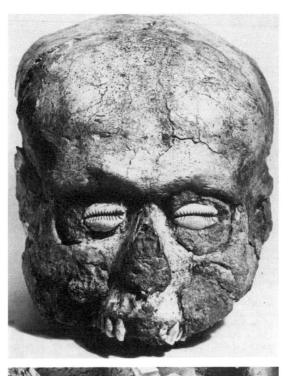

耶利哥是規模大的城市，比聖經還古老，有一層又一層的歷史。來自耶利哥廢墟：灰泥裝飾的頭顱上嵌以貝殼；在耶利哥山坡上的塔，石塊是紀元前七千年以燧石製成的。現代的格網封住了塔內部的空心豎井。

播開來，因爲種子與穀結合的方式可隨風飄蕩。

　　這種多子的混種機率雖小卻亦非植物中的孤例。但是豐富的植物生活的故事自冰期以後越發驚人了。第二次遺傳的意外事件發生在二粒小麥已經爲人培植後，又與另一種天然山羊草交配，產生出更大的混種，有四十二個染色體，就是麵包麥。這已經很稀奇了，而今天我們知道麵包麥若不是由於在一染色體上發生某種遺傳的突變，也不會如此多產。

　　但還有更怪的事呢！我們已有了很漂亮的麥耳，但在風中無法傳播，因爲結實很緊，破不開。如我把它破開，穀就隨風而去，穀實只能墜落原處。我是提醒你，這些野麥與早期的混種二粒小麥不同，早期的麥實較鬆，把它破開，後果完全不同：它會隨風飛去。麵包麥失掉了這一能耐。突然間人與作物分不開了。人有一種麥生長在附近，但麥也以爲人爲它而存在，因爲只有如此它才能繁殖。因爲麵包麥只能由人相助才能繁殖，人要收穫其結實，散布其種子。兩者相依爲生。這是遺傳學上眞實的神奇故事，似乎文明之到來爲孟德爾院長 [3] 早先已祝福過了。

耶利哥

　　自然與人類幸運的偶然事件的結合創造了農業。在舊大陸發生於一萬年前，中東的肥沃月彎（Fertile Crescent）。但一定不只發生一次。在新大陸必然單獨有所發明。至少我們相信玉蜀黍與麥子一樣要依賴人力。在中東，農業在山坡上散布開，其中自死

3　孟德爾（Gregor Mendel, 1822-1884），奧地利遺傳學家。

海到猶地亞（Judea），耶利哥的腹地，至多不過是其中的一椿。實在說，農業在肥沃月彎耶利哥之前似乎在多處開始了好幾次。

然耶利哥幾個特點在歷史上很突出，有其獨有的象徵性地位。它不同於其他已被人遺忘的村落，是規模大的城市，比聖經還古老，有一層又一層的歷史。古老的甘泉城耶利哥，坐落在沙漠邊緣的綠洲上，其泉水自先史時代一直流到現代。在此，麥與水相遇，人類的文明開始。在此，來自沙漠中的深膚色半包裹著臉的阿拉伯流浪者，嫉妒的瞧著這種新生活，這就是耶和華把以色列人帶去應許地時停留在此處的原因——因爲小麥與水能製造文明：它們能使一地充滿了牛奶與蜂蜜。小麥與水把荒涼的山邊化爲世界上最古老的城市。

當時耶利哥幾乎立刻變了樣，來此定居的人們很快成爲鄰人嫉妒的對象，因此城市要設防，故在九千年前建造了城牆與龐大的高塔。塔基部橫跨三十尺，近三十尺高。在塔的旁邊發掘出層層的過去文明。前陶期的人，次前陶期的人，然後是七千年前陶器的來臨；早期銅器，早期青銅時代，中期青銅時代。每一文明來到，征服了耶利哥，加以埋葬，再在其上建城，因此這座塔雖不過埋在土下四十五呎，卻無異是在四十五呎的逝去的文明之下。

耶利哥是歷史的縮影。未來會有新址發現（已有若干重要的發現）以改變我們對文明開端的認識。然而站在這座塔址上，感到一種力量，可以回視人類成長的過程，在思想與感情上同樣的深刻。當我年輕時，我們都以爲支配權是自人類控制了實質環境而來的。現在我們知道眞正的支配權乃來自對生活環境的了解與塑造。這就是在肥沃月彎人類如何栽植植物、畜養動物，學習與

它們共存，並把世界改變以適應他的需要。當一九五○年代古塔被發現時，肯揚女士[4]覺得它是空的，但我覺得那座樓梯等於一種直根，一個可供窺視的小洞，直通到文明的基部。而文明的石基不是實質的世界而是活生生的東西。

約紀元前六千年，耶利哥是一個大型的農業聚落，肯揚估計約三千人，城牆內面積是八到十英畝，女人們用沉重的木製工具種麥，是當時聚落社會的共通特色。男人則塑造黏土為建築用磚，是已知最早的建築用磚之一，造磚工人的拇指紋仍留在磚上。人類與麵包麥一樣，定居下來了。聚落社會對死人的態度亦不同。耶利哥的居民保留了一些頭骨，並加以繁瑣的裝飾。若非是尊敬的行為，又是為什麼呢。

地震的國度

自幼熟稔舊約聖經的我們，要丟開耶利哥的故事前有些不解。一、約書亞終於把那城摧毀了嗎？二、城牆確實倒塌了嗎？這兩大問題使考古學家回到那裡把神話復生起來。對第一個問題，答案是簡單的「是」。以色列人為進入肥沃月彎而戰鬥。這肥土自地中海岸，沿安納托利亞（Anatolia）山脈，下達底格里斯與幼發拉底兩河流域。耶利哥是進入地中海沿岸肥沃地帶前，出猶地亞山脈的關鍵，所以他們一定要加以征服；事在紀元前一千四百年前，至今約三千三百到三千四百年前。聖經故事寫於紀元前七百年。即二千六百年前的記錄。

---

4 〔編註〕凱瑟琳·肯揚（Kathleen Kenyon, 1906-1978），英國考古學家。

但城牆是否倒塌？我們不知道。考古學上沒有證據暗示在風晴日朗的一天，一段城牆倒下來了。可是有些段城牆的確倒過，只是在不同時間倒塌的。在青銅時代的一段牆至少再建了十六次。因爲此處多地震。至今天尚有輕微震動，一世紀內有四次大震。直到近年我們才明白爲何地震沿此一山谷發生。紅海、死海連著東非的大裂谷。在這裡就像兩個盤子，負載著兩大洲，漂浮在地球的岩漿上。每順著這縫隙產生摩擦，地球的表面就石崩地裂起來。這是死海一帶地震發生的原因。我認爲這也是聖經上充滿了自然神蹟記錄的原因：古代洪水、紅海顯出陸地、約旦河乾涸、耶利哥城牆倒塌都不過如此。

聖經是一部奇怪的歷史，由部分民間傳奇與一部分記錄組成。歷史當然是由戰勝者以色列人來寫。他們自此闖入，就成爲歷史的載負者了。聖經就是他們的歷史，一個不得不自游牧改營農業的民族留下來的記錄。

農村的技術

栽種與畜養似乎是簡單的工作，但納圖夫鐮刀是一種信號，向我們表示人類正繼續進步中。農牧生活的每一階段都要有所發明，自日用的工具開始，但帶來了科學的原理。大家不留意的，那些基本的精巧的小心思，世界各地的村落裡都有。花樣繁多的纖小、精巧的造物，深刻的看來，在人類成長的過程中與核子物理裝置一樣的精彩而有價值。針、罐、鍋、鏟、釘、鑽、袋、繩、結、織機、馬鞍、掛鉤、鈕扣、鞋子等，說不完。這種豐盛是多種發明相激盪而造成的。文化是構想的乘積，每一個新發明

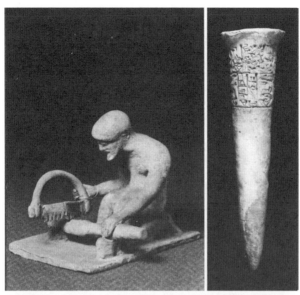

花樣繁多的纖小、精巧的造物，深刻的看來，在人類成長的過程中與核子物理裝置一樣的精彩而有價值。木匠正在使用鋸子。希臘，紀元前六世紀。刻了合約的陶釘，蘇美人，紀元前二千四百年。麵包師的烤爐與烤好的麵包，陶製模型，希臘群島，紀元前七世紀。

都使其他發明更見有力。

　　定居於農村所創造的一種技術，使一切物理與科學起飛。只要看鐮刀的演變即可知其大概。頭一眼看去似乎沒有多大差別：一萬年前的食物收集者的鐮刀與九千年前割麥的鐮刀很相似。但仔細看，割麥的鐮有鋸齒狀的刀刃，因為若碰撞太用力，麥實就落到地上，慢慢鋸它，種子可留在殼裡。鐮刀從來就是這樣，直到我童年時代的第一次大戰。這類的技術與科學知識，在農業生活的每一面都同時表達出來，使我們感覺好像是構思發現了人，而不是人發明了構想。

　　農業中最有力的發明當然是犁。犁是一種楔形把土分開，而楔是早期重要的力學上的發明，但犁子的含義要基本得多。它是槓桿，可把土撬開，是最早使用槓桿原理的工具之一。很多年以後，阿基米德[5]對希臘人解釋槓桿原理，他說若有一個支點，他可用槓桿把地球抬起來，但好幾千年前，中東的耕田人就說：「給我一個槓桿，讓我來『餵養』全世界。」

輪子

　　前文提到農業至少在美洲重新被發明過一次。但犁子、輪子則否，因為只有舊大陸靠牲口幫忙。中東在簡單的農業發展之後，步入牲口的飼養。新大陸未能在這方面有所行動，就永遠沒能脫離握棒、背包的程度。連製陶器的輪子也沒發現。

　　車輪是在紀元前三千年發現於南俄。早期的輪子是實心的木

5　阿基米德（Archimedes, c. 287-212 B. C.），希臘物理學家、數學家及發明家。

弓床就是很古典的把線型轉變為旋轉運動的方法。十九世紀中葉木匠以弓床工作，中印度。

輪，裝在更古老的筏子或雪橇上，用以拖重，就成爲車子了。自此而後，輪與軸成爲發明成長的二大支柱。比如說，把它變爲碾麥的工具，然後使用自然力：先用畜力後用風力、水力來推動。輪子成爲一切旋轉運動的模型，闡釋現象的原則，在科學與發明上成爲超人力的神聖象徵。太陽是有車輪的馬車，天空是一個大輪子，自從巴比倫與希臘人開始繪製天體星宿旋轉圖時就是這麼說了。在現代科學中自然而不受干擾的運動乃是直線，但希臘人則認爲大自然的運動形式，完美的形式是圓周運動。

　　大約是耶和華懲罰耶利哥的時代，紀元前一千四百年左右，蘇美[6]與亞述[7]的工程師把車輪製成滑輪用以打水。同時他們設計

6　蘇美（Sumer），古代幼發拉底河下游之一地區。
7　亞述（Assyria），兩河流域之古代帝國。

了大規模的灌溉系統。到今天在波斯原野上修繕用的豎井仍像標點符號一樣到處可見。他們挖下三百呎到地下河道，建立了供水系統，因為在地下，自然水不會蒸發。三千年後的今天，庫茲斯坦[8]的村婦仍自地下河道中取水以延續古老社區的日常生活。

地下水道是都市文明較晚的構造，暗示在當時法律上已有用水權、土地所有權及其他社會關係的存在。農業社區（如蘇美人之大規模農民耕作）之法律與管理竊羊賊的游牧法律不同。此時之社會結構由於多種影響全體社區的事物，必須有法規予以連結。如進出口，水權的保管與控制、使用權，水的引道，那些季節的收穫所依賴的建設。

當時村中工匠已經是獨當一面的發明家了。他把基本的力學原理合成精密的工具，就是早期的機械。在中東這是傳統的：如弓床就是很古典的把線型轉變為旋轉運動的方法。這辦法很聰明的用弦繞著一個鼓輪，把弦的兩端縛緊在類似小提琴弓的兩頭。要處理的一頭固定在鼓輪上，只要前後拉弓，弦就帶動鼓輪旋轉，鼓輪上的木頭就被鑿刀割切了。這種結合方式已有數千年的歷史，但在一九四五年的英國，我仍看到吉普賽人用它來做椅子腿。

機器是開發自然力的裝置。自巴提雅里族女人攜帶的最簡單的紡機到歷史性的第一座核子反應爐及其忙碌的後代均不例外。然而機器開發了大量力源，卻一天天與自然的用途遠離了。為什麼現代形式的機器對我們造成了威脅呢？

使我們感到驚異的這問題繫於機械所能開發的力量的規模。

8　庫茲斯坦（Khuzistan），伊朗之一省。

我們可以換一個形式來問：機器的力量是與發明機器之目的所需之規模相當呢？還是力量過大，反過來支配了使用人，因而改變了用途呢？因此這個問題自古有之，當人類為牲畜加韁，利用力量大過他的動物時就已開始了。每一種機器都是一種牲畜——核子反應器也不例外。自農業開始以來，它幫人類增加了自大自然中贏得的食品的餘剩，因此每一部機器都要重演原有的矛盾：它放出的能量符合原有的需要呢？還是一種不羈的力源超出了建設性用途的限制？力量的尺度在人類史的新生期就存在。

動物的畜養：馬

　　農業只是生物學革命的一部分；牲畜之馴養與駕馭是另一部分。馴養的次序是井然的。先是狗，約在紀元前一萬年。然後是供肉動物，以羊開始，然後是出力的牲口如野驢。獸力所增產的糧食超過其消耗。但只有當牲口需求正常，為農業之婢僕時才如此。

　　馴養獸類竟對農村社區的穀類剩餘造成威脅是沒想到的。實出乎意外，因為黃牛與驢子幫人類增加了糧食的剩餘。（舊約中很小心的勸大家對牲口愛護；比如不准農人讓牛與驢同時拉犁，因工作之方式不同。）但大約五千年前，一種新的牲口，馬，出現了。強壯、迅捷得超乎了比例，比以前的牲口具有更多的支配性。自此而後，馴養獸類成了為農村剩餘的威脅。

　　馬開始時是拖輪子車的，與牛一樣，只是較雄壯，拖的是國王儀隊中的戰車。大約在紀元前兩千年左右，人發現了騎術。在當時這一想法令人驚奇得無異乎飛機之發明。有一點很重要的，

他們需要高頭大馬。馬原甚矮小，如今日南美之大羊駝，載人不能持久。認真的騎馬是自游牧部落育馬開始的。發生在中亞、波斯、阿富汗及其以東地帶。在西方統稱這些人為「塞西亞」（Scythians），是一個集合名詞，指新來的可怕種族，為自然界的現象。

因為騎者看上去不只是人；他高踞人上，馳動神速，跨越人世。農村的動、植物均馴養為人所用，而乘馬則不是常人的姿態，而是支配一切造物的象徵性動作。我們知道這一點是因為歷史上馬匹所造成的驚畏與恐懼。一五三二年西班牙騎兵蹂躪未見過馬匹的祕魯的軍隊是一個例子。因此很久以前，塞西亞人在不知騎術的國家奔馳，使當地人大感恐怖。希臘人看到這些騎士以為人與馬是一體的，故發明半人馬[9]的神話。而希臘人想像力中的另一個半人的雜種，森林神撒特（Satyr），原不是羊身，而是馬身：這些來自東方的急行客所引起的不安著實非常深刻。

我們沒法把當年的騎士闖入中東與東歐時引起的恐怖再體會一遍。因為尺度不同，我們只能與一九三九年德國戰車長驅進入波蘭時相比。我覺得馬匹在歐洲歷史中的重要性一直被低估。戰爭可以說是由馬匹而促生，是游牧民族的活動。那就是匈奴人帶來的，佛里幾亞人（Phrygians）帶來的，最後是蒙古人帶來的，到成吉思汗到達高潮。特別是這些機動的馬隊把戰爭的組織改變了。他們想出一套新的戰略——好像戰爭遊戲樣的謀略。黷武者喜歡遊戲！

9　半人馬（Centaur），希臘神話中馬身人面之怪物。

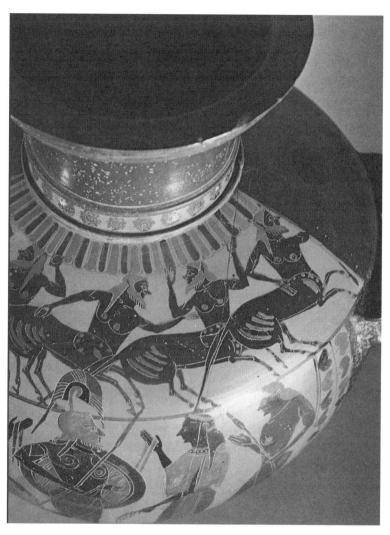

希臘人看到這些騎士以為人與馬是一體的，故發明了半人馬的神話。希臘瓶畫，約紀元前五六〇年。半人馬與持有武器的戰士。

戰爭的遊戲：布茲卡戲

　　機動的馬隊的戰略靠操縱，高度行動，靠熟練的戰術動作，可連成一波波的奇襲。這種戰術餘味至今尚留在來自亞洲的戰爭遊戲中。如西洋棋與馬球戲，戰略老是被戰勝者看成一盤棋。在阿富汗至今仍流行的一種馬上遊戲布茲卡戲（Buz Kashi），是自蒙古以來的騎術比賽中演化出來的。

　　玩這種遊戲的人是職業馬師，是豪門的侍徒，人馬均受專門訓練，只為贏得冠軍的光榮。在廣大的場合，自各部族集中三百位騎士參與競賽，雖然至今在我們組織此賽會以前有二、三十年未舉行了。

　　阿富汗的馬戲並不成組。與賽的目的不是要證明一組比另一組強，而是找出個冠軍。自古以來產生了很多冠軍，至今為人憶念。監督遊戲進行的總統，當年也是冠軍。總統通過傳令官下達命令，而此傳令官也是退休馬師，不過沒有很出色而已。我們原想是一場球戲，誰知上臺的是一隻無頭牛。（這恐怖的玩物說明騎師拿農民的生計來遊玩。）這牛屍約重五十磅，遊戲是看誰能搶到手，而防護它不讓其他騎師搶去，並帶在身邊闖過兩關。第一關是帶屍馳馬到插在場邊的旗杆，並繞杆一周。第二階段是越過旗杆後，在眾人搶奪之下，奔回起點，即混戰中的一個圓圈。

　　這個遊戲只有一個終點，並不分段。這不算運動，因為沒有運動規則。戰術是純蒙古式的，紀律怕人。最令人吃驚的是蒙古人擊敗敵兵的戰術，看上去殺聲震天，混戰一團，卻暗藏機巧，而突然群雄消散，戰勝者戰騎直取標品。

　　人們可能會感到群眾比運動員更激動，在感情上更為投入。

參與者相反的肯賣命但卻保持冷靜。他們的騎術猛烈，高明而野蠻，但不專心於遊戲，只專心於勝利。只有遊戲過後，戰勝者才被激動的舉起來，抬離賽場。他應該請求總統認可這個終點。在大眾歡呼聲中，他把這一禮貌忘了，照規矩這終點應該失效的。好在還是被接受了。

這是一種戰爭遊戲。它之動人乃牛仔的道德觀：騎馬是戰爭的行為。它表達了征服的偏執狂文化；掠奪者以英雄的姿態出現，因為他御騎如旋風。但旋風是空虛的，馬匹與坦克，成吉思汗或希特勒或史達林，只能靠別人的勞力生存。游牧者在其好戰的最後歷史性職責中仍是時代的錯誤，更可悲的，在後來一萬二千年內，這世界已經發覺了文明乃由定居的人民所造成的。

定居的文明

貫穿本章的主旨乃游牧、定居生活方式之衝突。所以很適當的，用墓誌銘，在高地、多風不毛的波斯蘇丹尼葉[10]高原，結束了成吉思汗蒙古王朝最後一次使馬上生活至高無上的企圖。原因是在一萬二千年前，農業的發明並沒有建立或確定定居的生活方式。相反的，與農業共來的家畜畜養卻給予游牧的敵人以新活力。先是羊群，又是馬匹。而馬匹給予成吉思汗的蒙古騎兵的力量、組織，才終於征服了中國與回教國家並問鼎中歐。

成吉思汗是游浪者，是有力的戰爭機器的發明人——這一關聯說明人類史上有關戰爭起源的一些要事。當然，閉上眼睛，不

---

10 蘇丹尼葉（Sultaniyeh），伊朗西北部地名。

二、季節的收穫

65

看歷史，只設想戰爭來自某種動物的本能，實在是有誘惑性的，好像與老虎一樣，我們至今還要以殺戮謀求生活。又像紅胸脯的知更鳥，要為防衛窠巢的領域而戰。但是戰爭，有組織的戰爭，不是人類的本能，是一種計畫周密、合作無間的盜賊。這種盜賊之始，乃一萬年前小麥的收穫者留存一些餘糧，而游牧民族自沙漠中出而搶掠，因為他們不能自奉。我們在設防的耶利哥城及其先史的塔上可以得到證據。那是戰爭之源始。

成吉思汗與他的蒙古王朝把盜賊的生活方式帶進這一千年中，自紀元一二○○到一三○○年間，他們最後打算建立土匪的權威，自己不事生產，不負責任的到處向無處可躲的農夫掠奪農業的積藏。

然而這一企圖失敗了。其失敗因為蒙古人無路可走，只有採用了被征服者的生活方式。征服了回教徒，自己變成回教徒。他們定居下來，因為掠奪與戰爭不是永久的事業。當然蒙古軍仍然攜帶著成吉思汗的遺骨上場以為永念，但其孫子忽必烈已經是在中國築城定居的皇帝了，你記得柯立芝 [11] 的詩上說：

在上都，忽必烈汗自
一座莊嚴的歡樂穹窿中下詔。

成吉思汗的第五代繼承人是蘇丹完者都 [12]，來到這波斯的冷峻高原上建造了一座偉大的新城，蘇丹尼葉。今天所留下來的只

---

11 柯立芝（Samuel Taylor Coleridge, 1772-1834），英國詩人及哲學家。
12 完者都（Oljeitu, 1282-1316），蒙古帝王，一三○四至一三一六年在位。

是他自己的陵墓，後來成為大多數回教建築的典型。完者都是一個開明的君主，帶來了各地的人民。他原是基督徒，後來是佛教徒，最後是回教徒，他確實打算在他的王廷中建立世界的王廷。有一件事是游牧民族可以對文明有所貢獻的：他能把世界各地的文化集中起來，加以調和，再分輸出去，並在全球各地布下種子。

蒙古游牧民族爭取權力的努力，竟因完者都之死結束，而完者都死後被稱為「建造者」，實在是一大諷刺。事實是在人類文明成長的歷程中，農業與定居生活是既定的階段，並為人類和諧共處的形式確立了新的水準，後日是要開花結果的：那就是城市的組織。

三、
岩石中的紋理

在他的手中

是黃金的圓規，準備了

在諸神的永恆的店鋪裡，描畫

這個宇宙，及一切造物

他一腿支地，另腿打一個弧

在廣邈深邃的混沌裡畫過

一面說著，要伸展到此，要限界到此，

此乃我們的宇宙，我們的世界。

——米爾頓，《失樂園》第七章 [1]

來到新世界

約翰·米爾頓描寫的世界與威廉·布雷克 [2] 所畫的地球，都是用神的圓規簡單的一畫而成，但這個畫面過分靜態，不足以描

1　米爾頓（John Milton, 1608-74），英國大文學家，目盲後寫《失樂園》（*Paradise Lost*）史詩。

2　布雷克（William Blake, 1757-1827），英國浪漫詩人兼藝術家。

寫自然的程序。地球的存在已超過四十億年，在這期間，它受兩種力量的推演。在地球中的力量縫合與裂隙，推移了地面的山丘。在地表面，風雪、雨露、溪流、海洋、日曬雨淋等之侵蝕，刻畫出一種自然的建築。

人類也成為環境的建築師，但他的力量不及自然遠甚，他的手法具有選擇性及探索性：是智性的取向，要靠了解。自此我要探討比歐洲與亞洲更年輕的新大陸的文化史。本書首先以赤道附近的非洲開始，因為人類是在那裡開始，第二章則以近東為主，因為文明是在那裡開始。現在我們要記得人類在地球上長征時亦曾到達其他的大陸。

在亞利桑那州的謝伊峽谷 [3] 是一個無聲息的、神祕的谷地，自耶穌降生以來兩千年間不斷的為一個接一個的印地安部族所居住，比北美其他任何地點都持久。托瑪斯・布朗（Thomas Browne）爵士有句警語：「獵人在美洲醒來時，在波斯已經睡過一覺了。」耶穌降生時，謝伊峽谷的獵人開始定居務農。在人類文明長成的過程中邁出第一步；與早先在中東肥沃月彎所邁出的一樣。

移民的血型證據

為什麼新世界文明開始得如此晚呢？很明顯的，人類來到新大陸的時候相當遲。他在船發明之前就來了，時間在最後一個冰期，當時白令海峽曾有一廣闊的陸橋，他是足不沾水過來的。冰

3　〔編註〕謝伊峽谷（Canyon de Chelly）位於亞利桑那州東北部。

河研究所得的證據指出大約有兩個可能的時間，人類自舊大陸的極東端，經過西伯利亞，進入西阿拉斯加的岩石荒地。第一個階段約在紀元前二萬八千與二萬三千年間，另一個階段則為紀元前一萬四千與一萬年間。自此而後，冰期之冰融，使海面升高數百呎，因此就把新大陸上的居民鎖在裡面了。

這表示人類自亞洲來到美洲不會遲於一萬年前，也不會早於三萬年前。他不一定是一次來的。考古學上的證據（自早期的遺址與工具看）指出有兩波文化分別進入美洲，依我看來，有些細微而值得採信的生物學上的證據，只能解釋人類來此為二批小規模、連續的遷移。

南、北美洲的印地安人並不包括其他各地各類血型的人類。這一生物學上怪事對印地安人祖先的來源開啟了有趣的光亮。因為血型是遺傳的，通常廣布全族，提供了一些遺傳學的記錄。一個種族裡完全沒 A 型，可以很肯定的說其祖先沒有 A 型，在美洲就是這個情形。中、南美的種族（亞馬遜河流域、安地斯山脈區、火地島）全族均為 O 型，北美若干部落亦然。其他的（如蘇族〔Sioux〕、契波瓦〔Chippewa〕與培布羅〔Pueblo〕等印地安人）大都為 O 型，混著約百分之十到十五的 A 型。

總之，事實是在美洲完全沒有 B 血型的人，而世界其他各地卻都有。我看沒有其他解釋，只有相信，第一次是一小組有血親關係的人（全屬 O 型）來到美國，繁殖起來，遠播到南美。後來的一批或全為 A 型，或為 A、O 混合移民，因此比較上是後來者。

謝伊峽谷的農業反映出是屬於後者的，雖然玉蜀黍在中、南美洲很早即開始栽植。在這裡卻只是從耶穌在世前後才有。人很

單純，沒有房屋，乃營窟而居。在紀元五百年前後引入了陶器。
豎穴屋在洞窟中挖出，上覆以黏土或泥磚塑成的屋頂。這峽谷到
此不再進步，直到約紀元一千年，培布羅文明的石工到來時，才
有所改變。

造型與分解的行動

　　我覺得塑造的建築與拼合的建築有很根本的不同。泥屋與石
工之間的分別很簡單，但事實上這不僅代表技術上的差別，而且
是智慧上的。我認為這是人類成長史上最重要的步驟之一，不管
它是何時何地採取了這一步驟：自手的塑造活動進步到手的肢解
與分析的活動。

　　取些泥巴塑成圓球、小泥人、杯子、豎穴房子等，似乎是
世上最自然的事了。我們初步的感覺是：自然的形態都是這樣來
的。當然，實際上不是那回事。這都是人造的型，罐子反映了彎
起來的手掌，穴屋則反映了人造型的活動。在人類把這種溫暖、
圓渾、柔性的藝術造型加到自然界時，人在自然界中並沒有發現
什麼，你所反映的不過是你自己的手的形狀而已。

　　但是人手另有一種活動卻絕對相反。那就是劈柴或裂石。因
為由於這種動作，藉著工具，人類的雙手開拓了表層下的內涵，
而成為發現的工具。人類斷木、裂石、把木石表皮下面自然安置
的東西暴露出來。培布羅人在亞利桑那州的居住地，上升一千呎
高的紅砂石斷崖上發現了這一步。頁岩層等他們去割切；而石塊
整齊的疊砌著，順著他們自古以來躺臥著的岩面上，在謝伊峽谷
的斷崖裡。

自遠古以來，人類即處理石塊為工具。有時石頭有自然的紋理，而工具的製造者慢慢學著順紋理處鑿縫以裂石。這想法也許是自劈木推想出來，因為木材有一明顯的結構，容易順紋理劈開，很難橫斷紋理剪開。自這一簡單的開始人類撬開了事物的本性，發現了結構所支配與顯露的原則。到此，手不再是決定物型所必要的了。取而代之的，它成為發現與愉悅相結合的工具。在這裡，工具超越了眼前的用途，進而啟發了深藏在材料之中的素質與形式，如同割切一塊水晶，我們發現晶體之形是符合自然界神祕的律則的。

結構與層次

　　在事物中發掘內在秩序的觀念是人類開拓自然的基本觀念。物之構造顯示了表層下面的結構，是一隱藏著的紋理，顯露出來以後，可把其自然的組織解體，重新加以組織安排。我認為這是人類成長史上理論科學開始的一大步，而這在人類對社會的構想與自然的觀念上，都是自始就有了的。

　　我們人類聚家族而居。自家族而宗族而氏族而部落而國家。這一階層體系是金字塔形的，層層疊積，正是我們觀察自然的不二法門。原質點構成核心，諸核心聚而為原子，聚原子而為分子，聚分子而為基，基指揮胺基酸之結合，胺基酸連接而為蛋白質。我們在自然界中發現的原則與我們自我連結的社會關係相當深奧的應合著。

　　謝伊峽谷是一種文化的縮影，其文明的最高點約在紀元一千年後，培布羅人建造那些偉大結構的時候。我們可以看出，他們

不僅了解石工中的本然，亦了解人際關係的本然，因爲培布羅人到處建造了一種小型城市。崖屋相疊有時高達五、六層，自下而上逐漸退縮，前面與斷崖平齊，後面則彎曲到崖穴中去，這種大規模的建築組合體有時有二、三英畝的面積，居室的數目超過四百。

馬丘比丘城

石砌而爲牆，牆圍而成屋，屋列而爲街，街交而爲城。城市是石頭形成的，也是人形成的；但不是一堆堆的石頭，不是一群群的遊民。自鄉村到城市，先要建立一種新的社區組織，以分工合作、需求連鎖爲原則。要重獲當時的情景只消走進一座文化業已消失、我們都不曾見過的市街感受一下就得到。

馬丘比丘在南美安地斯山脈中，海拔約八千呎的高處。是印加族在其帝國的高峰時所建，時在紀元一五〇〇年或稍早（幾乎是哥倫布 [4] 來到西印度群島的時候）。計畫一座城市乃是他們最偉大的功業。當一五三二年西班牙人征服了祕魯時，他們不知何故對馬丘比丘及其他城市未加注意。自是而後，它們被遺忘了四百年，直到一九一一年一個冬日，耶魯大學年輕考古學家，希拉・賓漢（Hiram Bringham）一腳踩在上面。當時這些城市已被放棄了幾個世紀，被啄蝕乾淨得像一根骨頭。但在這城市的骨架上可看出每一城市文明的結構，不管是屬於世上的那個時代，那

4　哥倫布（Christopher Columbus, 1451-1506），義大利人，於一四九二年發現美洲。

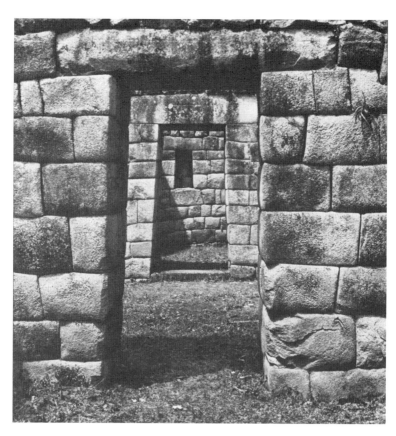

在業已消失的文化中，我們從未見過的城市的街道。不用灰漿砌成，面呈枕頭狀的花崗石，表現出印加族的石造物特色。

個地點。

一座城一定要生存在一個基礎上，有腹地，有富庶的農產剩餘。印加文明今天可看到的基礎，是梯田的墾殖，當然今天這些梯田上只長青草，但當年長滿了馬鈴薯（爲祕魯之土產）。當時玉米已是土產了，是早先來自北方的。由於該城是一種性質的

紀念性城市，印加王來此訪問時，無疑會有熱帶的奢侈品古柯供應，可可是一種有麻醉性的藥草，只有印加貴族才准嚼的，自古柯中我們提煉出古柯鹼。

在梯田文化的核心是一套灌溉系統，這是印加及其以前的帝國所建造的，貫穿了梯田，經由運河與水道，橫過大山谷，下達太平洋岸的沙漠，並使之花木叢生。與肥沃月彎的情形一樣，水源的控制是最重要的，因此祕魯的印加文明是建立在灌溉系統上。

建立龐大的灌溉系統，使之遍及帝國全部領土，需要一個強大的集權政府。在美索不達米亞也是一樣，埃及也是一樣。印加帝國並不例外，這表示這些城市有一個不可見的傳遞消息的基礎，號令發自中央，各地都能聽見號令，感覺到中央權威的存在。這權威的脈絡是由三大發明維護著的：道路、橋梁（在這樣坎坷的國度裡）及通訊。這些串通了各城市，但我們忽然覺悟到，在這座城裡是不同的。

在一個大帝國中，道路、橋梁、通訊永遠是最先發明的。它們若斷了，帝國也就四分五裂了。所以現代的革命運動中，首先破壞的是這些線路，而印加王對它們保護備至。但是路上沒有輪，橋下沒有拱，通訊無文字。在紀元一千五百年，印加人沒有發明這些。因為美洲的文明遲了數千年，在來不及發明前已被征服了。

很奇怪的是他們的建築用滾木運送大石塊而竟沒用到車輪上。我們很容易忘記，車輪最特出的一點是那個固定軸。有吊橋而不用拱也似乎奇怪，而最使人驚訝的，他們是一個使用數字記錄的文明竟沒有寫下來。印加人不論貧富都不識字，與推翻他們

的西班牙土匪一樣。

通訊用數字記錄是用稱為「奇普」（quipus）的小段繩子傳到印加王之手，奇普只記數字（像我們的十進位系統一樣，用結點安排著），我以數學家的身分很願意說，數字與文字是同樣有報導性、人文性的一種符號。但到底不是的。在祕魯，用數字描寫一個人的生活等於收集在一種符號突出的計算機卡片上，就是一段結了節的繩子。他結了婚，則把這段繩子放在全族的那繩綑裡。在印加的軍隊中穀倉裡、庫房裡所儲藏的都用奇普記載下來。事實上，祕魯當年已像未來的可怕大都市，帝國存有每一公民的行動記錄；供養他、指定他工作等的記錄卷藏都是把人用數字來代表的。

其社會的結構十分緊湊。每人都有一位置，供以生計，每一農人、技工或兵士均為一人工作，那就是偉大的印加，他是國家元首，是宗教上神祇領袖的化身。那些匠工巧妙的刻石象徵太陽及日神與王，即印加之間的聯繫，也是為印加而工作的。

因此必然的，帝國極端脆弱。在不足一百年間，自一四三八年起，印加人占領了三千哩的海岸，自安地斯山脈到太平洋幾乎無處不包，但在一五三二年，就憑一個不識字的西班牙探險家皮薩羅（Francisco Pizarro），帶著不過六十二匹駕馬，一百六十步卒，一夜之間就征服了這個大帝國。怎麼辦到的？只把金字塔頂切斷就可——逮著了印加王。自此而後，帝國衰亡，那些美麗的城市，束手而聽任那些搶劫、掠奪黃金者為所欲為。

但是不用說，城市不只是一個中央威權。何謂城市？城市乃人民。城市是活的。是一個生存在農業基礎上的社區，比鄉村要富庶得多，它可養活各種工匠，使他們終生成為專家。

這些專家早已消散，作品亦經毀壞。那些創造了馬丘比丘的人，金匠、銅匠、織工、陶工等的作品均被掠奪而去。織成的布已爛了，銅器腐壞，金器被劫，只有石工的作品，那些建造這座城市的好手藝，至今仍存在。但是要記住城市不是印加王建造的，而是那些匠人，當然如果你為印加工作（與為任何獨夫工作相同），他的興趣支配了你，使你無可發明。這些工匠工作到帝國滅亡時仍用梁蓋房子；從來沒能發明拱。這是新、舊大陸時差上的量度點，因為兩千年前，希臘人到達這一點，也停在那裡了。

直線的建築：帕埃斯圖姆

南義大利的帕埃斯圖姆[5]曾是古希臘的殖民地，其廟宇比帕德嫩還要早，約建於紀元前五百年。其河流已淤，今天與大海間隔了單調的沙丘。但其當年榮耀仍甚壯麗健全。雖曾在九世紀時為薩拉森（Saracen）海盜掠劫，十一世紀時為十字軍搶奪，帕埃斯圖姆即使是廢墟，仍掩不住希臘建築的光輝。

帕埃斯圖姆的建造與希臘數學之產生同期：大數學家畢達哥拉斯[6]被放逐來到離此不遠的另一希臘殖民地克羅托內[7]教書。希臘的廟宇與二千年後的祕魯人的數學一樣，是受直線與直角的限制。希臘人也沒有發明拱，因此他們的廟宇是相當擁擠的一列列

5　帕埃斯圖姆（Paestum），南義大利之古希臘殖民地，今遺有希臘神廟遺址。
6　畢達哥拉斯（Pythagoras, c. 570-495 B. C.），希臘哲學家及數學家。
7　克羅托內（Crotone），南義大利之古希臘市鎮。

柱子。今天看其廢墟覺得滿開敞的，事實上，它們只是些沒有空間的紀念建築。因為只能用簡單的梁來搭過去，梁的跨度受梁的內力所限制。

如果我們把梁搭在兩根柱子上的結構用電腦分析，可以看到兩根柱子離開得越遠，梁所受之內力越大，梁越長，其自重越大，上面的壓力與下面的張力越增。石頭經不起拉力；柱子不會壞，因為它們受到的是壓力，但梁會斷，如果拉力太大，除非柱子距離拉近，梁之下面會斷。

希臘人很聰明，可使結構輕快些，比如用兩層柱子，但這辦法只是權宜之計，在根本上，除非另有發明，石塊的物理性能的限制無法克服。希臘人如此沉潛於幾何，竟沒有想到拱，這是很奇怪的。但事實上拱為工程上的發明，很適切的，是比較現實而平民化的文化才能發明的，而希臘與祕魯都不必。

羅馬拱：塞哥維亞

西班牙塞哥維亞[8]的水道是羅馬人於紀元一○○年所建造的，當圖拉真（Trajan）皇帝在位的時候。這水道把十哩以外自瓜達拉馬山脈[9]流來的夫里奧河[10]水輸進城。水道跨過山谷幾乎有半哩長，包括近百個雙層拱，均用粗面花崗石塊砌成，而不用石灰或水泥。其龐大的尺度把後來的比較迷信的西班牙人與摩爾人

---

8 塞哥維亞（Segovia），西班牙之鎮市，近馬德里，為古羅馬要塞，以古水道聞名。

9 瓜達拉馬山脈（Sierra de Guadarrama），位於伊比利半島中部。

10 夫里奧河（Río Frío），位於塞哥維亞郊外。

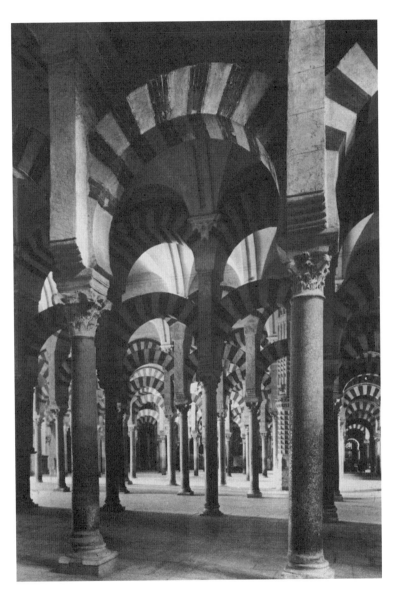

阿拉伯國家大量生產拱圈的時候，拱仍是圓形。哥多華大清真寺。

嚇住了，竟稱它為魔鬼的橋梁。

　　這結構在我們看來十分誇張與壯麗，與輸水的功用比較起來，實在不配。但那是因為我們開水龍頭就可得到水，而輕鬆的把這城市文明的普遍問題忘記了。每一個進步的文化，要把技術人員集中在城市裡，即依賴某種近似在塞哥維亞的羅馬水道表達出來的發明與組織。

　　羅馬人開始時並沒有發明以石砌拱，而是以模板用一種混凝土建成拱的，從結構上說，拱者不過是一種跨過空間的方法，使中間不會比旁邊受力更大。力量向全體分散得相當均勻。因此，拱可以部分砌成，可以用一些石塊受壓後形成。從這裡看，拱是智能方法的勝利，把自然分解，然後再把它們用新鮮有力的結合方式重組起來。

　　羅馬人砌半圓拱：他們有一個效果良好的數學形式，他們不太肯做實驗。阿拉伯國家大量生產拱圈的時候，拱還是圓的，在摩爾人的僧院式宗教建築上可以明顯看出來。比如在西班牙哥多華[11] 的大清真寺就是一個例子。該堂建於阿拉伯征服西班牙之後，約在紀元七八五年。比起希臘的帕埃斯圖姆神廟要空闊得多，但很明顯的仍有同樣的困難，因為石柱仍然很多，除非有新的發明，否則是不容易除掉的。

11 〔編註〕哥多華（Córdoba），西班牙南部城市，在八至十三世紀間為摩爾人伊斯蘭政權的首府。

哥德式冒險：漢斯

　　後果激烈的理論發明通常看上去十分動人而有獨創力，但實際的發明，即使後日影響深遠，外表常平凡而不爲人所記憶。在結構上有一重要的創新，把羅馬拱的限制衝破，可能是來自歐洲之外，開始幾乎是祕密的進行著，此一發明爲拱的新形式，不以圓形，而以橢圓爲基礎。看上去這不是很大的改變，但其後果影響於建築之組織者是很可觀的。當然，尖拱高一點，因此可容納更多的空間與光線。但特別激進的，哥德式拱的壓力使用能以新的方法支持著空間，就像在漢斯[12]大教堂中所見到的。荷重不由牆負擔，因此可在牆上挖洞鑲以玻璃，全部的效果是把建築物自拱頂上懸起來，如同籠子。建築物的內部是空敞的，因爲骨架在外面。

　　約翰‧拉斯金[13]描寫哥德拱的效果很恰切：

　　　　埃及與希臘的房子大都是以它們的自重及體積矗立著，石頭被動的互相疊壓，但在哥德拱頂與格子裡，有一種硬朗的感覺，很像四肢的骨骼，或樹中的纖維；一種彈性的張力，把力量自一部分傳到另一部分，並把這些刻意的表現到全體建築物每一根可見的線條上。

---

12 漢斯（Rheims），法國巴黎以北之小鎮，爲法王加冕教堂所在地，今以香檳酒聞名。

13 〔編註〕拉斯金（John Ruskin, 1819-1900），英國藝術和社會評論家，也是詩人、畫家、業餘地質學家、園藝學家。

在人類自我誇耀的紀念物中，沒有能趕得上紀元一千二百年左右盛開於北歐洲陽光下的格欄與玻璃的高塔。這種龐大、具有挑釁性的怪物的建造是人類智慧令人驚異的成就——或者我可以說，在數學家不知怎麼計算其力量之前，這些建築表達了人類的內在識見。當然他們並不是沒經過錯誤或大失敗，但使數學家感動的是表現在哥德教堂裡的內在識見竟如此可靠、如此和緩而合理的自建築中陸續取得經驗，造成進步。

大教堂之建造是出於鎮民公意，由普通工匠所建。與當時日常實用的建築毫無關係，然而逐步改善變演而為不休止的發明。在力學上，設計已自羅馬拱的半圓形轉而為高尖拱，使內力經拱身傳遞到建築物之外面。然而在十二世紀，突然革命性的轉變到半拱：即飛扶壁。內力在飛扶壁中流通，好像在我的手臂上流通一樣，如果我舉手壓在牆上，假定是支持著牆壁。沒有磚石的地方就沒有力量。自此而後，到鋼骨、水泥的發明，建築的基本原則不過如此了。

我們會感覺到那些構想這些高大建築物的人為他們新發明的石頭中的力量陶醉了。在那個不會計算內力的時代，他們怎麼會想計畫建造一百二十五呎甚至一百五十呎的拱頂呢？當然，那座一百五十呎高的拱頂，在離漢斯一百哩處的博韋 [14]，垮掉了。早晚這些匠人要遇到一次災難：在規模上是有實質的限制的，即使是大教堂。當博韋拱頂於一二八四年垮掉時，不過才完成了幾年，因此使哥德建築的冒險冷靜下來了，再也沒有嘗試過同樣高

---

14 博韋 （Beauvais），法國巴黎以北小鎮市名，有中古最高的哥德教堂，後部分傾塌。

的建築。（可是當時經驗性的設
計可能是靠得住的，也許博韋的
地基不穩，發生移動。）但有
一百二十五呎的漢斯承住了。自
一二五○年以來，漢斯成為歐洲
藝術的中心。

　　在把自然的紋理彎曲而為我
們所用的進程中，拱、飛扶壁、
圓頂（拱旋轉一圈為之）並不是
最後的一步。擺在前面的必須擁
有更細的紋理：我們到此必須注
意材料本身的限制。這好像建築
把重點轉移，一如物理把重點轉
移到物質的微小層面。事實上，
現代的問題不再是用材料來設計
一種結構，而是為結構設計一種
材料。

石工帶了一套輕工具。垂直線由下
垂線確定，水平不是用酒精水準器，
而是在垂線上連一個直角。工作中
的石工，十三世紀。

建築之科學

　　石工頭腦中存著些想法及圖案，是自到處建築的經驗中慢慢
累積成的，他們也帶了一套輕工具。他們用圓規畫出橢圓形的拱
形及玫瑰窗的圓圈。他們用測徑器確定其交叉點，排列起來，安
裝在一種可以重複的模式裡。垂直、水平的關係由丁字尺決定，
與希臘的數學家一樣使用直角。亦即垂直線由下垂線確定，水平

不是用酒精水準器，而是在垂線上連一個直角。

　　這些遊方的建造家是一種知識的貴族（如同五百年後造錶的人），可在全歐洲走動，一定有工作，必然受歡迎。他們早自十四世紀就自稱爲自由匠師，手腦所攜帶的技巧對別人而言既神祕又傳統，是一種祕密的知識來源，與自大學裡冷冰冰的講壇上所學的形式主義完全另一回事。十七世紀，自由匠師的工作日漸減少時，他們開始吸收榮譽會員，只要這位新會員肯相信他們的技術可回溯到金字塔建造的時代。這個神話實在並不算過獎，因爲金字塔建造的技術比起大教堂來實在太原始了。

　　但在幾何的角度上有些東西是置之四海而皆準的。讓我來說明我的成見，就以漢斯大教堂這一美妙的建築爲例吧！建築與科學有什麼關係？特別是，建築與我們在二十世紀初所了解的科學有什麼關係？當時我們把科學看成數字，如金屬的膨脹係數，振動器的頻率。

　　事實上，在我們接近二十世紀的結尾時，科學的觀念已急遽改變了。今天我們把科學看作對自然內在結構的描寫與解釋。字眼如「結構」、「模式」、「計畫」、「安排」，「建築」常在我們試著解釋時出現。我由於機緣，一輩子都在裡面打滾，但使我十分快樂：我自孩童時代至今所接觸的數學都是幾何的。然而這已不是個人或職業情趣的問題了，而是科學闡釋上的日用語言。我們讀到晶體結合的方式，原子集成的方式，特別是活的分子怎樣由各部分組成。DNA 的螺旋形結構是最近幾年來最生動的科學意象。而這些幻影都存在於這些拱形中。

　　這些人建造了這座建築而爲大家所敬愛：他們怎麼做到的呢？他們取了一堆死板的石塊，使它們變成大教堂；他們開發了

自然的重力，一如這些石頭當年自然的躺在岩層裡一樣的砌成，以及飛扶壁的優越發明等等。他們自分析自然至於優異的綜合，而創造了這一結構。在今天對自然現象的建築發生興趣現象的那種人，就是八百年前建造這種建築的那類人。這是人類之異於禽獸者最重要的天賦之一，也是此一建築上處處可見的才能：他抱著不可遏止的敬悅的心情行使他的才能，向前推動他的技術。

隱藏的人形

常在哲學上套用的一句話說，科學是純粹的分析或減損，如把彩虹分成色片；藝術是純粹的綜合，如把色片合為彩虹。這說法不正確，因為一切想像力均自分析自然入手。米開朗基羅 [15] 生動的以其雕刻暗示出來（在他未完成的雕刻中特別清楚），他也曾明示的用十四行詩說明創造的行為。

> 當我們中的靈明試著
> 造一副臉孔，手腦相結合
> 給予，自一脆弱、輕巧的模特兒
> 石頭以生命，以藝術之自由力量

「腦子相結合」：通過手，材料才能確定，因此為腦勾畫出作品的外型。雕刻家與石匠一樣，在自然中感覺出形式，他覺得

---

15 米開朗基羅（Michelangelo di Lodovico Buonarroti Simoni, 1475-1564），文藝復興義大利雕刻家、畫家、建築家，為曠世天才之一。

形式已經存在。這原則是不變的。

> 最佳的藝術家無可表現之思想，
> 在粗石的膚淺的外殼上
> 不包括：破除大理石的咒語
> 乃手所能為腦服務的。

在米開朗基羅雕刻布魯特斯[16]的頭像時，別人為他採石，但米氏以在卡拉拉[17]的採石工的身分開始工作，他仍感覺到錘子在他們手中，也在他的手中，在石頭裡摸索著，覓求已經存在的形態。

在卡拉拉的採石工至今仍為來此覓石的現代雕刻家——馬里尼[18]、利普茲[19]及亨利·摩爾[20]等工作。他們對自己作品的說明不如米開朗基羅那樣詩意，但有同樣的意思。摩爾的回憶特別適切，因為可回溯到卡拉拉的第一位天才。

> 開始時，我尚年輕，買不起很貴的石頭，只好在石園裡遊蕩，找些他們稱為「碎石」的石塊。我只好學當年米開朗基羅可能採取的態度，因此我必須等到有一個構想出現能符合那個石形才成，那就是自那石塊中看出來的構思。

---

16 布魯特斯（Brutus, 85-42 B.C.），古羅馬刺殺凱撒大帝的大將、政客。

17 卡拉拉（Carrara），義大利地名，以大理石礦聞名。

18 〔編註〕馬里尼（Marino Marini, 1901-80），義大利雕塑家。

19 〔編註〕利普茲（Jacques Lipchitz, 1891-1973），法國立體派雕塑家。

20 〔編註〕亨利·摩爾（Henry Moore, 1898-1986），英國雕塑家。

當然，若說雕刻家所設想的與刻出的都已隱藏在那石塊裡並不真實。然而這個比喻說明了存在於人與自然之間發現的關係。故也常見科學思想家（特別是萊布尼茲〔Gottfried W. Leibniz〕）使用同一隱喻，說心靈為大理石的紋路所激動。也可以說，我們每一個發現都已存在了：雕刻的人像與自然的律則都隱藏在原材之中。又可以說，某人之發現只是他個人之發現；在另外一個人的手上形式不會完全相同──產生在不同的心靈、不同的時代中，不論是雕刻的人像或自然的律則都不會完全相同的。發現是分析與綜合的雙重關係。分析是探索已然；而綜合則把各部結合為整體，通過一種形式，創造性的心靈乃超越了自然所提供的限制與架構。

雕刻是感官的藝術。（愛斯基摩人製造小型的雕塑，並不為觀賞，只為把握。）我把它拿來作為科學的模子，難免使人覺得奇怪。科學通常認係抽象、冷酷的工作，而建築與雕刻是溫暖的實質活動。但這樣做是正確的。我們要知道，只有通過行動而不是沉思，才能掌握這世界。手比眼為重要。西方不同於遠東或中世紀的退縮、沉思的文明，相信世界只能通過視覺與思想來把握，所以東方人不像西方一樣的醉心於科學。西方是重行動的。實在的，我們知道手促成了腦部後期的演化，在人類演化上不只是一個象徵上的偶然事件。我們發現人在未演化為人之前就已用工具。一七七八年，富蘭克林（Benjamin Franklin）說人是「製造工具的動物」是完全正確的。

我曾描寫過手如何使用工具而成為發明的儀器。這是本章的主體，我們每看到兒童學習以手握工具時，都可證明這一事實。結鞋帶、穿針孔、放紙鳶、吹錢哨。自實際的行動發展到為行動

而行動以取樂——在技巧上一再的求精，以求精為樂趣。這一點在根本上是一切藝術與科學的基礎。我們對人之所為產生詩情之欣悅，乃因人能有所作為。這一點最令人興奮的乃詩情的作用，到頭來產生真正深刻的結果。即使在先史時代，人類即已有了一種工具，其刃比所需者為利。利刃使工具為利器，並一再精進，發展而為該工具新用途之產生。

亨利‧摩爾把他的一個雕刻命名為〈刀刃〉（The Knife Edge）。手乃心之刀刃。文明不是一堆已完成的製品的集合，而是過程的精煉。到頭來，人類文明之邁進就是手的行動的精進。

建築的樂趣

在人類的成長中最有力的推動力是他對自己的技巧感到樂趣。他喜愛他能做好的工作，他喜歡做得更好。在科學上就是如此。在他雕刻、建造的富麗中是如此：那種愛護、歡欣、誇耀的心情。這些紀念建築原是為懷念國王、宗教、英雄、教條而建，但到頭來它們憶念的是那建造者。

因此每一文明中的廟宇建築均表達了個人與全人類之間的同一感。把它如中國人一樣稱之為祖先崇拜未免太過狹窄了。要點是，紀念建築為死人向活人說話，因此建立了一種人類所特有的永恆感受：一種觀念，人類生命有延續性，超越了個人，也經個人流傳。在薩頓胡[21] 那些在馬上被埋葬、在船上受崇敬的人，在

---

21 〔編註〕薩頓胡（Sutton Hoo），英國薩福克郡伍德布里奇（Woodbridge, Suffolk）附近的莊園，一九三九年發現盎格魯—撒克遜國王的墓葬。

後世的石造紀念物上，等於是他們的信仰的代言人：他們相信人類是一整體。我們，不論為生為死，都是人類的代表。

在結束本章以前，我無法不提到我最喜歡的紀念物，是由一個不比哥德教堂的石工更懂得科學的人所建造的。那就是洛杉磯的華茲塔（Watts Towers）。由義大利人西蒙・羅迪亞（Simon Rodia）所建成的。他十二歲時自義大利來到美國。到了四十二歲，做了多年的鋪瓦工與修屋匠，忽然決定要蓋點東西在他的後院子裡。這個大結構用了做雞籠子用的鐵絲，鐵路的拉桿，鋼筋，水泥，蚌殼，碎玻璃以及地磚等，一切他所找到的或鄰居的孩子們所撿來的東西。他花了三十三年才建成，沒有約人幫忙，因為他說：「大部分時間，我自己也不知要怎樣做。」他完成於一九五四年，已七十五歲。他把這座房子、院子與高塔都送給鄰居，自己卻出走了。

西蒙・羅迪亞說：「我心中想做點大東西，我辦到了。要人記住你，就要好上加好或壞上加壞。」他一面做，一面學到工程技巧，而在工作中求樂趣。當然，市政府的工務局覺得這些塔不安全，於一九五九年加以試驗。他們說要把塔拉倒。我很高興的報告各位，工務局失敗了，因此華茲塔保存下來，這羅迪亞雙手完成的作品，一座二十世紀的紀念物，把我們帶回到簡單、愉快、基本的技巧，而這些是我們力學定律的智識所由之而發生的技巧。

不可見的界域

把人類的手延長了的工具也是創造遠見的器具。它把事物

的結構顯現出來，人類才能用嶄新、有想像力的結合方法予以重組。然而世上的結構並不都是可見的。在可見的下面有一更輕巧的結構。文明躍昇的下一步乃發現一種工具以打開物質不可見的結構。

四、
潛藏的結構

鐵匠用火，鍛鐵而
為型，為他們思想之影像
沒有火，無藝術家能
冶金而使色純。
不，無可比擬的鳳凰亦不會再生
除非她燃燒。

——米開朗基羅，《十四行詩》第五十九首作品

由火所完成的是煉金術，不論在熔爐裡，或在廚房
的爐子裡。

——佩洛塞蘇斯 [1]

火：變形的元素

人與火的關係是特別神祕而迷人的。希臘四大元素之中只有

1　佩洛塞蘇斯（Paracelsus, 1493-1541），德國醫生，具有革命性之醫科教授，對
　　醫藥並無顯著之貢獻，但開創礦物治病之先河。

火沒有動物居住其中（即使是火蜥蜴也不能住在火中）。現代的自然科學非常關心物質不可見的精細結構，而首先開啓其奧祕的乃因火這種利器。雖然這種分解的方法在實際上開始於數千年前（如提鹽、冶鐵），我們確信是由於火燒而生的魔氣而有所進展的：似乎物質可以有不能預測的變化這種類似煉金術的感覺。就是這種神祕的性質使火成爲一種生命的來源，似爲一活生生的東西，把我們帶到一種隱藏在物質世界之內的地下世界。很多古代的方單都表達了這一點。

朱砂之爲物是這樣的：越加熱，其昇華物越精妙。朱砂會變成水銀，經過一連串的昇華，最後又變回朱砂，此時可助人長生不老。

這是一個很典型的實驗，中古的煉金術士們用以激發觀衆之敬畏。自中國到西班牙無處不有。他們把紅色的顏料，朱砂，一種硫化汞，予以加熱。熱氣把硫趕走，剩下有神祕銀色的液體金屬汞，外觀像高貴的珍珠，使他們的常客既驚嘆又敬畏。汞在空氣中加熱就氧化了，並不是像方單以爲的變回到朱砂，而是氧化汞，亦呈紅色。但這一方單並不完全錯誤，因爲氧化汞可以變回到汞，即紅變銀，亦可再度氧化，自銀變紅，都只需加熱就可以了。

這個實驗本身並不重要，雖然在紀元一五〇〇年以前的煉金術士相信宇宙是硫與汞這兩種元素所構成，可是其重要處乃表示「火」一直被認爲是轉化的元素而不是毀滅的元素。這就是火的魔術。

我記得赫胥黎[2]與我漏夜長談。他那雙白皙的手湊向火焰，說：「這就是轉化的力量，這些就是說明轉化過程的神話。最重要的，鳳凰在火中再生而永世不死的神話。」火是青春與血液的象徵，其象徵色在紅寶石與朱砂中，在人類於儀典中塗身用的赭石與赤鐵礦中。在希臘神話中，普羅米修斯（Prometheus）帶火給人，他給了人生命，並使人成為半神──這就是諸神懲罰普羅米修斯的原因。

金屬之提煉：銅

　　在更實際的方面，我們認為在大約四十萬年前，直立人就知有火。這表示原人時代，火即被發現了。我曾在前文中強調，確然在北京人的洞穴中發現。自此之後每一文化中都用火，但不確定他們都懂得生火。在有歷史的時代，有一個部落（緬甸南邊的安達曼群島〔Andaman Islands〕上，熱帶雨林中的矮人）是很小心地守著很多火種，表示他們不會生火。

　　一般的說，各文化用火的目的是相同的：取暖、驅走來犯敵人、清除林地，並在日常生活中造成簡單的轉變：燒飯、烤乾、燒硬木料，並燒熱以裂石。當然，幫助我們的文明產生的大轉變，比這些日常小事要深刻得多，那是用火揭露了一類新材料：金屬。在人類成長史上，這真是一大步，其重要性與石工具的發明相近，因為人類發現火是一種巧妙的工具，可把物質分解。物理學是一把刀，切過了自然的紋理；火是烈焰的劍，是一把刀切

2　赫胥黎（Aldous Huxley, 1894-1963），英國小說家、詩人及散文家。

進石頭裡，切進可見的結構下面。

　　約一萬年前，在最初定居式的農業社群出現後不久，中東人開始用銅。然而金屬之使用若沒有系統的採集方法是不可能普遍的。自礦石中煉取金屬，已有超過七千年之歷史，約在紀元前五千年前發生於波斯與阿富汗。當時他們認真地把綠色的孔雀石放在火裡燒，流出一種紅色金屬，紅銅——很幸運的，紅銅之逸出並不需要甚高的溫度。他們認得紅銅，因為粗銅塊在地表上可以找得到，他們把它敲擊為器已有兩千年了。

　　在新大陸也使用銅，約在耶穌在世時開始冶銅，但就不再進步。只有舊大陸繼續把金屬發展成文明生活之骨幹。有了它，人可控制的圈域突然大增。他有了一種可以鑄、拉、敲、塑的材料，可以做成工具、飾品、器皿；可以再丟在火裡，予以改造。只有一大缺點：紅銅是一種很軟的金屬。加以力量拉扯，比如做成銅線時，可以眼看它開始斷裂。這是因為純銅是由一層層結晶形成的，與所有的金屬相同。層層的結晶，像威化餅乾一樣，每層中金屬的原子排列成規則的格子，加以拉動時，便開始滑開，終至相互脫離。銅線受拉出現凹痕，並不是因為承受不了拉力所致，而是內部滑脫所致。

　　當然六千年前的銅匠並不這樣想。他面對了一個棘手問題，即銅不能成刃。文明的躍昇到這裡靜止了一個短時間，立即著手製造一種可以割切的硬金屬。也許你覺得這樣說，對技術上的一項進步未免誇耀過甚，那是因為這下一步的發現十分矛盾而美妙。

文明的躍昇

94

合金之結構

　　如果我們用現代的語言描寫這一進步就簡單極了。上文中我們說過純銅的結晶是些平行的面，很容易滑開。（如加以錘擊，把大結晶體敲成鋸齒狀，可增加些許硬度。）我們可以推論，如果我們在結晶體中攙上些砂粒，使平行面不易滑開，就可使金屬變硬。不用說，在我們描述的細微結構中，那些砂粒必然是不同的一種原子，取代了結晶中的銅原子。我們要製造一種合金，其結晶比較剛固，因為其中的原子並不全屬於同一類。

　　這是今天的描述方法：我們了解合金的特有性質乃來自原子結構是近五十年的事。然而，不知是運氣還是實驗所得，古代的冶金家就發現了這答案：如果你把銅裡加上一種更軟的金屬，錫，得到的合金青銅比兩者都堅硬又耐久。也許這運氣是因為在舊大陸錫礦與銅礦同時發現。要點是所有的純金屬都軟，很多不純的雜物都可使之變硬。錫的作用並不特殊，只是一般性的，在純材料中加些原子顆粒而已。那些原子顆粒作為不同的粗糙成分，能卡在結晶格子裡，進而防止它們滑動。

青銅之藝術

　　我花了篇幅來說明青銅的科學性質，因為這是一個了不得的發明。不但如此，這又是一種啟示，對那些製銅的人提示了一種新方法所帶來、所激發的可能性。青銅製作到中國達到最佳的效果。幾乎毫無疑問，是自中東傳到中國的，在中東，紀元前三八○○年就發現了。中國青銅的高潮期也就是我們以為的中國文明

的新生期，商朝，時在紀元前一五○○年之前。

商代統治了黃河河谷的幾個部落，在中國首次創造了統一的國家與文化。在各方面，商代都是創生代，陶器開始發展，文字開始定型。（在陶器與青銅上的書法最令人驚嘆。）在盛期的青銅以東方特有的細緻製成，其細節本身就很吸引人了。

中國人鑄青銅時，用陶質為核心，繞以帶條狀黏土，做成模子。今天仍能發現這些帶條，所以我們知道製作的過程。先準備了核心，刻以紋樣，特別是在帶條上的銘文要在實心上刻出。這些帶條形成外層陶模，加以烘烤使堅，以納銅漿。我們甚至知道傳統準備青銅的方法。中國人使用銅與錫之比相當準確。青銅中之錫量可自百分之五到百分之二十。但是最佳的商代青銅器，包含了百分之十五的錫，這一比例之合金鑄型最為精確、顯明，其硬度幾乎三倍於銅。

商代青銅是禮儀性的聖器。它們表示中國人紀念性的崇拜，而同時的歐洲人正建造巨石柱。自那時起，青銅成為多目的的材料，是那個時代的塑膠。在歐洲、在亞洲，其性質均同。

但在中國匠人技術的盛期，青銅所表達的尚不止此。中國作品的妙處，不管為酒壺飯器，是既有趣又莊嚴的，其藝術自然從技巧中流露出來。製作人為材料所指導、管制，在形體上、表面上，他的設計來自製作過程。他所創造的美，他所傳達的熟練的感覺，都來自他對自己的技藝的奉獻。

自鐵至鋼：日本刀

這類古典技術的科學內涵是爽利的。發現了火可以熔金屬

後，過了一段時間就更巧妙地發現火可以融金屬為合金，改變其性質。銅如此，鐵亦如此。確實不錯，金屬與金屬之間各階段的發展都相同。鐵，最早也是使用其自然形態。原鐵出現於地面是經由隕石，因此蘇美人稱之為「天降金屬」。後來鐵礦熔融而得鐵時所以被識得，乃因先前已經用過了。北美的印地安人使用隕石鐵，但一直不會熔礦。

由於自礦石中煉鐵比銅難，其發明較晚是很當然的。第一個鐵已為人所用的最明確證據，也許是夾在金字塔中的一件工具。時在紀元前二五〇〇年前。但是鐵被廣泛的使用確是黑海附近，紀元前一五〇〇年左右由西臺人（Hittites）開始的——時間相當於中國人製造最佳青銅器時，也是歐洲人建造巨石柱時。

銅進而為合金的青銅，鐵進而為其合金鋼。在五百年內，即約紀元前一千年，印度即製鋼，就知道了各種鋼的優秀性能。雖然如此，鋼一直是特殊而稀有的金屬，用途有限，直到近代才有轉機。不過二百年前雪菲爾[3]的鋼廠還很簡陋、落後，而貴格會教徒亨茨曼[4]要做一塊準確的錶簧，還要找冶金家查出怎樣自己製鋼。

我既已以遠東為例討論青銅器的完美化，在此亦取東方的技術說明如何生產鋼材之特殊性能。以我看來，它的最高點是日本刀；這是自紀元八百年以來就開始的。煉刀與其他古代冶金一樣，充滿了儀式性；理由是很明白的。沒有文字又無化學方程式可資記錄，只好用準確的儀式把提煉工作的順序固定起來，以便

---

3 雪菲爾（Sheffield），英格蘭中北部一城市，為鋼鐵工業中心。
4 亨茨曼（Benjamin Huntsman, 1704-76）。

記憶。

因此煉刀是代代傳授，師徒相承的。前代把材料授予後代並予祝福。祝福火，祝福新的製刀人。製刀人持有「活文化紀念物」的稱號，由日本政府正式獎給居領導地位的刀匠，名為「月」（Getsu）。形式上，他是煉刀師「正宗」（Masamune）的直接傳人。這位祖師是在十三世紀把技術精煉，以驅逐蒙古人入侵的。至少傳統上是這樣說。蒙古人在成吉思汗的孫子忽必烈汗的指揮下，曾自中國數度遠征日本而不遂。

鐵的發現較晚，是因為在鍛鐵的每一階段中都需較高的熱量。冶熔，鍛造，以及合金即鋼之製造上均然。（鐵之熔點約攝氏一千五百度，比銅高五百度。）在熱處理與吸收外加材料上，鋼比青銅都要敏感得多，鐵之合金只加入低於百分之一的碳；而比例稍有變動，鋼之內在性質即有所改變。

煉刀程序的精密處在於控制碳量及熱處理的程度，以便鋼材完美地適於其用途。即使一根鋼條也不容易，因為一把刀要結合兩種互相矛盾的性質。要有彈性，又要堅硬。這種物質除非是成層的，不可能都出現在一種材料上。為達到這個目的，把鋼條切下後，一再疊擊，以造成無數的層面。「月」所煉的刀，規定要把鋼條疊過十五次，等於 2^{15} 那麼多層，即遠超過三萬層了。層與層間又必須結合得很緊；是另一種性質。如同他要把橡膠的軟性與玻璃的硬性綜合在一起。刀之為物，實質上是這兩種性質的千層糕而已。

在最後的階段，刀身用不同厚度的黏土包起來，加熱後，插入水中冷卻時，其冷卻的速率可以有所不同。鋼之溫度在最後的一刻要加以精確的判斷，在當時的文明中不是用溫度計控制的，

而是「憑肉眼注視刀身，熱至紅光出現，如朝日東升」。爲了對煉刀者公平起見，我要說歐洲在傳統上也是用顏色決定的：而一直到十八世紀，對鋼加熱要因其用途的不同而視其顏色爲草黃、爲紫、爲青。

　　煉劍的頂點是淬火，使刀身堅銳，而把各部的性質固定。在化學上說並不算有戲劇性，而是由不同的冷卻度產生不同大小、形狀的結晶體而已。大而圓的晶體要在刀身具有彈性的核心，小而多角的晶體要在刀刃。這樣就可以把橡膠與玻璃的兩種性質揉在刀身上了。這一點在表面上都可以看出來──一種日本人所尊崇的「閃光綢」的光彩。但刀之考驗、技巧實際之考驗、科學理論之考驗是：「眞成嗎？」眞能與儀式上所規定的形式相同地切入人體嗎？傳統的方法是把割切的試驗加以計畫，與切牛肉一樣，如烹飪的書上畫下的圖解。今天則用草束爲人體來試驗。但在過去，新刀的試用比較確實，他們用囚犯開刀。

　　刀是武士的武器。用刀，他們闖過了十二世紀以來分裂日本的無數內戰。武士的每樣東西都是精良的金屬品，彈性的甲胄是鋼條做成，以及馬韁、馬鐙。但武士們完全不懂怎麼製造。一如其他文化中的騎士，他們以力氣爲主，甚至依靠村民的製造武器技術，而村民時而受他們保護，時而爲他們所掠奪。長遠地看，武士們成爲一些受酬的傭兵，以他們的服務來交換黃金。

黃金

　　我們所了解的，物質世界怎樣用元素構成的，有兩個來源。第一，我們已經探討過，是自金屬製造合金技術上發展出來。另

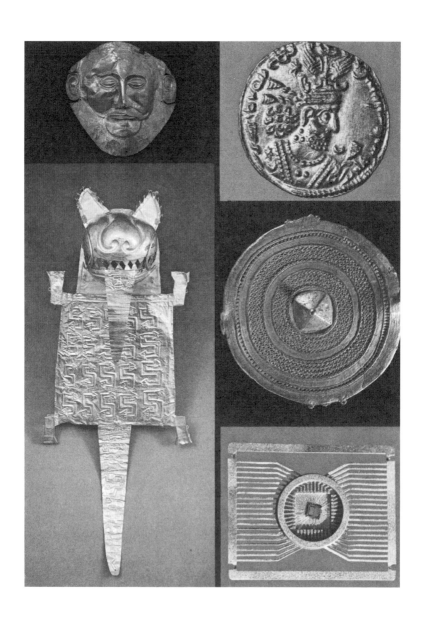

不分國家、文化、時代，黃金是被普遍接受的貴重物。

希臘的黃金：阿開亞國王的面具，來自邁錫尼的豎墓，紀元前十六世紀。

波斯的黃金：庫斯老二世的金幣——在伊朗鑄造。

祕魯的黃金：莫奇卡美洲獅，背上有雙頭蛇的戳印。

非洲的黃金：鑄金徽章，由阿散蒂赫內（國王）的「靈魂清洗者」佩戴作為官徽，造型為同心圓雕刻條帶裝飾的圓盤，中央有角錐狀的浮雕。迦納，一八七四年前。

現代的黃金：中央接收器，協和多工計算機。愛丁堡，二十世紀。

一個是煉金術，其性質不同，規模小，與日用無關，包含一大堆假想的理論。為了不易明白但亦非偶然的理由，煉金術的對象限於另一種金屬，即黃金，是完全無用的。但是黃金迷惑人類社會實在很深，如果不把為它帶來象徵性力量的物理現象加以分析，我難免荒謬之譏了。

　　不分國家、文化、時代，黃金是被普遍接受的貴重物品。具有代表性的黃金製品收藏等於一部文明史。十六世紀的搪瓷金花束，英國製。紀元前四百年的希臘蛇形金胸飾。十七世紀阿布納（Abuna）的三層金冠，阿比西尼亞（Abyssinian）製。古羅馬的金蛇形手鐲。紀元前六世紀波斯的阿契美尼德（Achaemenid）金製的禮器。紀元前八世紀波斯馬利克（Malik）金的水碗。九世紀祕魯印加前的奇穆[5]之黃金牛頭，儀典金刀等，不勝枚舉。

　　十六世紀，切利尼[6]為法蘭西斯一世（Francis I）雕刻金鹽匣，切利尼回憶法王說：

5　奇穆（Chimu），南美的一族，印加時代在祕魯海岸的一城。

6　切利尼（Benvenuto Cellini, 1500-71），義大利雕刻家。

我把這一作品放在他面前時，他驚訝地喘息著，目不轉睛，驚叫著說：「這比我想像要高貴一百倍呢！這人多妙啊！」

西班牙人劫掠祕魯是為了黃金，印加貴族收集金子與我們收集郵票一樣，只要加上麥達斯[7]的點指而已。金子只為貪婪，或為華麗、為裝飾、為敬畏、為權力，又有祭典之金、牲犧之金、溫情之金、野蠻之金、肉欲之金……

中國人精準地點出這東西令人不能抗拒的原因。葛洪說：「百煉而南金不虧其真。」自這句話說，我覺悟到金子的這一物性使它獨一無二；這種性能可能經得起實際的理論試驗。

不能腐蝕者

很容易明白金器的製作者不只是技工，而且是藝術家。然而同樣重要的卻不容易明白的，是煉金的人也不只是技工。對這種人，黃金是一種科學的元素。熟練的技術是有用的，但與所有的技巧一樣，使它活躍起來的乃在於大自然的普遍原則中的地位──一個原理。

那些試驗、提煉黃金的人發現了一個自然原理：即黃金是獨特的，但可能是由其他元素製成。因此古人花那麼多時間與天才，設法試驗真金。法蘭西斯・培根[8]在十七世紀之始把這一課題

7　麥達斯（Midas），希臘傳說中佛里幾亞之王，能點物成金。
8　法蘭西斯・培根（Francis Bacon, 1561-1626），英國文學家與哲學家。

明白地提出來。

　　　　金有下列的性質──質重、緊密、穩定、柔軟、不
　　鏽、色黃。如有人能製造這樣的金屬，就可引起是金抑非
　　金的爭論了。

　　在多種試金法中，有一種特別能把檢查指標弄得一清二楚。
那就是灰皿法的精確試驗。一個骨灰器皿，在爐子裡加熱，到純
金的熔點以上。金子帶著雜質放進器皿裡熔掉。（金之熔點很
低，略高過攝氏一千度，近銅。）在此，雜質與金分離，吸收到
灰皿中，所以立刻可看到分解，這世界上的污濁與火焰中的黃金
所隱藏著的純淨。那煉金術士的夢想，製造的合成金，到頭來都
要經過這一試驗，只有黃金的真珠才能經得過提煉的事實。
　　金抵抗侵蝕的能力是獨一無二的，所以既有價值又為特徵。
同時帶有一種有力的象徵，即使在最早的方單上即可看出來了。
我們手上最早的煉金術的記錄不過二千年前，來自中國。是說怎
麼煉金，怎麼用以延年益壽。這種臆想真是不同凡響。我們以為
金之可貴因其稀有；但全世界的煉金術士都認為金之可貴因其不
朽壞。在那些時代尚不知有何酸、鹼可以腐蝕它。這就是帝王的
金匠們提煉金子的方法，用酸處理，比灰皿法要省力多了。
　　當生命被認為是孤獨、可憐、卑鄙、野蠻、短促的時候，煉
金術士的金子代表了人體中一點永恆的光芒。他們造金的意圖與
找到永生靈藥的動機是符合的。金是不朽的象徵──但我不應該
說象徵，因在他們的心目中金是不朽的外顯的實體，不論在實質
的世界，或在有生命的世界。

因此煉金術士要把下級金屬煉成金，在火中尋找轉變之道，乃自腐朽物中尋找不朽。他們要自日常中求永恆。這與尋求不老術是一樣的。每一味不老藥中都有金，金屬之金，作爲主要的成分，而煉金術士要他們的主人自金杯中飲水以求長壽。

煉金術之人與自然的理論

煉金術絕不只是在令人同情的魔術中的一些機巧的騙局，一些模糊的信仰。它自始就是如何把外界與人生連起來的一種理論。當時，大家看不清實質與過程的分別，元素與行動的分別，煉金術中的元素也是人類性格的一面 —— 正如希臘的元素也是把人的脾性合在一起的四種性情。因此在他們所從事的工作中爲一極深奧的道理：自然是首先爲希臘人所導出的一些觀念：土、火、空氣、水，而後來到中世紀採取了非常重要的新形式。

因此對煉金術士而言，在人體的小宇宙與自然的大宇宙之間有一種對應的契合。火山爆發如同癰瘡，狂風暴雨如同哭泣，在這表面的類比之下爲深刻的觀念，是說人體與宇宙原是由同樣的元素、材料、原則所構成的。對煉金術士來說，這樣的原則有二。其一是水銀，代表一切濃厚而又永久的東西。另一是硫，代表一切可燃的與短暫的東西。所有物體，包括人體在內，都是這兩大元素所構成，可以自這原則中再造出來。比如煉金術士們相信一切金屬在地球中自水銀與硫磺中生出來，就像骨頭在子宮中自卵中生長出來。他們實在相信這一比喻。至今還保留在醫藥的符號上。我們至今還用煉金術的符號，以銅示陰性，性柔：維納斯；以鐵示陽性，性剛：戰神。

在今天看這個理論幼稚得可怕。一種雜湊的胡說，虛假的比較。但我們的化學若在五百年以後看，也難免幼稚了。一切理論都是自某種類比來的，終有一天這理論會失敗，因為那個類比被發現是錯誤的。當日的理論幫忙解決當日的問題。醫藥問題裏足不前直到約一五○○年，因為古人相信療病之藥必須取自動、植物身上——這是一種生機論，與人體的化學品同於其他化學品的想法相反，因此把醫藥限制在草藥方面。

後來煉金術士隨便把礦物質加到醫藥中去：比如鹽之使用是一轉捩點，有一位新的術士把鹽作為他的第三元素。他並發展了一種專門治療在一五○○年左右猖獗於歐洲而前未所知的新病：傳染性梅毒。至今我們不知梅毒來自何處。也許是哥倫布的水手們帶回來的，也許是蒙古人征歐時自東方帶來的，甚或原來即以不同的疾病存在而沒有被認出。治這種病竟要依賴煉金術士手上最有力的金屬：汞。這位發現此療法的人建立了煉金術上的里程碑，直通現代化學的大道：醫藥化學、生物化學，即生命的化學。他於十六世紀在歐洲從事此項工作。地點在瑞士的巴塞爾，時間在一五二七年。

化學之始：佩洛塞蘇斯

在人類成長史上有那麼一刻，他自神祕、無名的知識的陰影的國度裡，步入開放、個人發明的新系統中。我選來作為象徵的一個人，名字十分長，叫作奧里歐勒斯‧菲利普斯‧德奧弗拉斯特斯‧博姆巴斯圖斯‧馮‧霍恩海姆（Aureolus Philippus Theophrastus Bombastus von Hohenheim），好在他自己用了個比

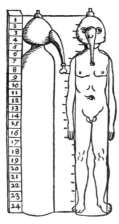

宇宙與人體原是由同樣的元素、材料、原則所構成的。

佩洛塞蘇斯的人體火爐圖（附量尺），供診斷疾病時研究尿液之用，出自《哲學家的曙光》，巴塞爾，一五七七年。

佩洛塞蘇斯的三元素圖：土、空氣、火。

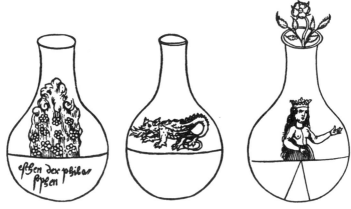

較緊湊的名字，叫作佩洛塞蘇斯，以表示他對已作古一千年，其醫學作品仍在中世紀流行的塞爾蘇斯（Celsus）及其他作者的蔑視。在一五〇〇年，那些古典時代的作品仍為大家認為包含了一個逝去的盛世的靈智，不論在醫藥上或是在科學、藝術上。

佩氏生於一四九三年的蘇黎世附近，死於一五四一年之薩

爾斯堡，享年四十八歲。他對任何學術都懷有無盡興趣，比如他是第一個認出職業病的人。他在一生中勇敢地與醫藥的古老傳統奮戰，實在是既好笑又可愛。他的頭腦是理論的泉源，有些相矛盾，大都是暴亂性的。他是一個拉伯雷[9]派，惡劣、野蠻，與學生醉酒，追逐女人，在舊大陸到處旅行，直到最近以前，在科學史上他只是個假內行。但他不是的，他是一個多方面而有深度的天才。

原因是佩洛塞蘇斯是一個角色。我們在他的一生中第一次得到明澈的感覺。科學的發現是自個性中流瀉出來的，而我們注視一個人的發現活動時，它突然就活起來了。佩洛塞蘇斯是很務實的人，知道治療病人要靠診斷（他是出色的診斷師），要靠醫生自己直接治療。他與傳統決裂，因為當時的醫生都是捧著幾本老書的學究，可憐的病患被交在助理的手上，而助理只是聽命行事。佩洛塞蘇斯說：「沒有哪個外科醫生不會看內科；而內科醫生不懂外科則必然虛有其表，不過是一隻塗了顏色的猴子。」

這樣的警語不會使佩氏受其敵手的喜愛，但是它們確使他吸引宗教改革時代中其他獨立思考的人。因此他受聘來到巴塞爾，享受了他苦難的一生事業中僅有的一年好景。一五二七年在巴塞爾，一位偉大的新教派與人文主義出版家佛羅本尼斯[10]生了嚴重的腿病——腿就要被割除了——在絕望中求助於他新運動中的朋友，這些朋友就把佩氏請來。佩氏把那些學究丟出門外，救了那條腿，

9　拉伯雷（François Rabelais, 1494-1553），法國文學家，喜譏諷。
10　佛羅本尼斯（Johann Frobenius, c. 1460-1527），德國出版家與學者。

此有效的治療使全歐發生回響。伊拉斯謨斯[11]給他寫信說：「你把佛羅本尼斯自另一個世界救回來了，他是我半條命。」

在醫藥上新的破壞偶像的觀念與化學治療同時、同地出現不是偶然的。而馬丁・路德[12]開始宗教革命於一五一七年。此一歷史性時代的中心是巴塞爾。實際上人文主義的思想在宗教改革前已在此流行了。這裡有一所富有民主傳統的大學，因此雖然大學中的醫科人員對佩氏抱著懷疑態度，市議會卻堅持他可以任教。佛羅本尼斯家出版書籍，有些是伊拉斯謨斯的書，就把這種新看法傳播到各地各行中。

歐洲正醞釀大變。在意義上比馬丁・路德所帶領的政治與宗教運動也許還要大。象徵命運的一年，一五四三年，即將來臨。那一年出版了三本書，改變了歐洲人的心靈：維薩留斯[13]的解剖學圖解，阿基米德的希臘數學與物理的第一個譯本，及哥白尼[14]的《天體運行論》（*The Revolution of the Heavenly Orbs*），把太陽放在天的中心，創造了今天所說的科學革命。

自過去到未來的一仗，預言式地總結在一五二七年，發生於巴塞爾大會堂外面的一個小事件上：佩洛塞蘇斯公開地把一本古代的醫學教本，阿拉伯人，亞里斯多德的私淑者，阿威森那[15]所著，丟進了傳統的學生營火中。

11 伊拉斯謨斯（Erasmus, c. 1466-1536），文藝復興時期荷蘭重要人文學家。

12 路德（Martin Luther, 1483-1546），德國宗教改革家，建立新教教義。

13 維薩留斯（Andreas Vesalius, 1514-64），比利時解剖學家。

14 哥白尼（Nicolaus Copernicus, 1473-1543），波蘭天文學家，現代天文學之創始者。

15 阿威森那（Avicenna, 980-1037），中東哲學家與醫學家。

火與空氣：普利斯萊

這仲夏的營火有些象徵的意思在，我要在此加以推測。火是煉金術士的元素，人用來深深地切入物質的結構。火本身是不是物質呢？如你相信是，則你要給它各種不可能的性質——比如它比空無還輕。在佩洛塞蘇斯之後二百年，遲至一七三○年，還有化學家創燃素說，是物質火說的最後一次出現。但並沒有燃素（phlogiston）這種物質，就像沒有生命原則（vital principle）這種原則一樣——因為火不是物，生命也不是物。火是一種轉化、改變的程序，材料的元素透過這種程序再結合為新的物質。人們了解火是一種程序之後，化學程序的本質才能得到了解。

佩洛塞蘇斯表示的態度是說，科學不能向後看，並沒有「黃金時代」存在。自是而後又過了二百五十年，直到發現了新元素，氧，之後，才真正對火的本質可以解釋了，因而把化學自中世紀帶領出來，向前邁進。怪事是這位氧的發現人，普利斯萊，[16] 並沒有研究火的本質，而是在研究另一個希臘元素，那看不見的無所不在的空氣。

普利斯萊實驗室所留存的大部分都在華盛頓特區的史密森尼學會（Smithsonian Institution）。當然它根本不該在那裡。這套設備應該在英國的伯明罕，工業革命的中心，普氏在此完成了傑出的功業。為什麼在華盛頓？因為瘋狂的群眾於一七九一年把他趕出了伯明罕。

這段故事是很典型的傳統與新創的矛盾。一七六一年，

---

16 普利斯萊（Joseph Priestley, 1733-1804），英國神學家及化學家；氧的發現者。

二十八歲的他應邀在一所不奉英國國教的學校裡（他是一位論派信徒）教授現代語文。在一年內，他受教科學的一位同事的影響，開始寫一本電學的書。後又轉而做化學實驗，他也爲美國的革命所激動（受富蘭克林之鼓勵），後又醉心法國革命。然後，在巴士底 [17] 風暴的第二個週年紀念時，忠貞的市民把普氏所謂世上設備最好的實驗室燒掉了，他去了美國，卻不受歡迎。只有在智慧上與他相等的人能欣賞他；當傑佛遜當了美國總統時，告訴普利斯萊說：「你的生命是少數人類最珍貴的生命之一。」

我很想告訴你，暴民們毀壞了普氏在伯明罕的家，把一位美麗、可愛、動人的科學家的夢想粉碎了。可是並非如此。普利斯萊不是可愛的人，不比佩洛塞蘇斯可愛。我猜他是很彆扭、冷峻、難於相處、一心求全、一本正經、有清教徒味道的人，但人類文明的成長不是可愛的人所促成的。促進成長的人有兩種特性：絕對表裡如一，至少有一點天才，而普利斯萊兼有此兩者。

他所發現的是空氣並非一種基本物質：而是包括好幾種氣體，其中有氧（他稱之爲「去燃素的空氣」），是動物賴以生存的物質。普氏是很好的實驗家，他小心地逐步前進。在一七七四年八月一日他製出一些氧，很驚奇地發現蠟燭在其中燃燒得特別明亮。同年十月他到巴黎，把自己的發現告訴拉瓦節 [18] 等人。但直到他回家後，於次年三月八日把老鼠放在氧氣中，才覺悟到在那種空氣中呼吸多順利。一二日以後，他寫了一封信給富蘭克

---

17 巴士底（Bastille），巴黎城中之一堡壘，使用爲監牢，法國革命時攻破該獄，後拆除另建革命紀念柱。

18 拉瓦節（Antoine-Laurent de Lavoisier, 1743-94），法國化學家，近代化學之祖。

林，愉快地說：「到今日爲止，只有我與兩隻老鼠有呼吸這種氣體的特權。」

普氏也發現了綠色植物在日光中呼出氧氣，以便動物吸入氧氣。以後的一百年顯示出這一發現的重要性：動物如沒有植物製造的氧，根本不會演化。但在一七七○年代，沒人想到這一點。

拉瓦節：化合作用的量化

氧之發現在拉瓦節清醒的、革命家的心靈中意義更充實了。（拉氏死在法國革命中。）拉瓦節重複了普利斯萊的實驗，幾乎等於模仿了本章開始所描述的典型煉金術士拙劣的實驗。兩個人都用酒精燈（當時剛剛流行）燃燒紅色的氧化汞，可看到一種氣生出，而加以捕集。這就是氧氣。這是質的實驗。然而拉瓦節立刻看出化學分解是可以量化的。

這一觀念既簡單，又具有革命性：把煉金術士的實驗來回各做一遍，度其轉換的量之確數。第一，燃燒汞（吸收了氧）並秤量吸取氧的準確量，自燃燒之始到結束，在封閉的器皿中進行。然後又反過來實驗：把上項製成之氧化汞，加高熱，逼出其中之氧。汞逸出後，氧升回器皿中，而關鍵的問題是：「多少？」恰恰是原先吸取的量。忽然間，這個過程把眞相顯露出來了，一種材料是兩種物質同樣數量的結合或分解。本質、原則、燃素等說法都過去了。兩種實在的元素，汞與氧，眞實地，在眾目睽睽之下，經過了結合與分解。

四、潛藏的結構

道耳頓的原子論

自早期銅匠的原始方法及煉金術士的魔術式的玄想居然進步到最有力的現代科學的原子觀念，好像是一種高不可及的希望。但這條路，這走火者的路，是很直截的。自拉瓦節所定量了的化學元素的觀念，到道耳頓[19]，這昆布蘭[20]手織機工人的兒子，把它用原子的用語表達出來，只差一步。

在火、硫、燃燒的汞之後，這個故事的高潮不可避免地要發生在曼徹斯特冰冷的潮氣中，在一八〇三至〇八年間，此處一個貴格會教徒的老師，名叫道耳頓，把拉瓦節所精彩的解說了的化學構成這樣一個含糊的知識，突然變為精確的現代的原子理論的觀念。這是在化學上大發明的時代——在那五年間，有十種新元素發現了；但道耳頓對元素沒有興趣。說實在的，他是一個沒有色感的人。（他是色盲，他自己描述有紅、綠不分的遺傳色盲，後人稱為「道耳頓病」。）

他有一定的習慣：每星期四下午步行到鄉村玩球。他的興趣在於鄉下的事物，那些曼徹斯特風景中至今尚存在的特色：水、沼氣、二氧化碳。道耳頓自問的問題是關於物質怎樣以重量結合的問題，為什麼水是由氫與氧所構成，而合成水後的重量比例是固定的？為什麼在產生二氧化碳時，為什麼在產生甲烷時，重量老是不變？

一八〇三年整個夏天，道耳頓為此問題而努力，他寫道：

19 道耳頓（John Dalton, 1766-1844），英國化學家及物理學家。
20 昆布蘭（Cumberland），英格蘭北部近蘇格蘭之一省，省府為卡萊爾（Carlisle）。〔編註〕一九七四年改制後，該行政區已不存在。

「研究終極粒子的相對重量，就我所知是一樁新事業，我近年從事此項探索已有令人鼓舞的成功。」因此，他覺悟到這答案一定是老派的希臘的原子理論是對的。但是原子並不是抽象的；在實質的意義上，它有每一元素必有的重量。一元素的原子（道耳頓稱它們為終極或基本粒子）都一樣，不同於另元素的原子；其異點之一是實質上的重量的不同。「我應當說，有很多種可以很適當的稱之為基本粒子的東西，互相不能轉化的。」

　　一八〇五年，道耳頓首次公開了他的原子理論的概念，是這樣說的：如果最小量的碳，一個原子，要與氧構成二氧化碳，一成不變的需要定量的氧——二原子的氧。

　　如果水是由二原子的氧構成，每一個原子要與必要的定量的氫結合，則一分子的水是一個氧原子，另一分子的水是另一氧原子所結成的。

　　重量是對的：同量的氧可產生一單位的二氧化碳者可產生二單位之水。沒有氧的化合物在量上是不是對呢？沼氣即甲烷，是碳與氫的直接結合嗎？一點不錯。如果你從一個二氧化碳的分子中去掉兩個氧原子；自兩分子水中去掉氧原子，則物質的均衡是

很精確的：你就有正確的氫、碳量來製造甲烷。

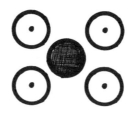

　　不同重量的元素互相結合，由於是常數，表示一種原子與原子間內在的結合方式。

　　就是這種原子的確切的算術關係造成現代原子論的基礎。這是自金、銅及煉金術上無數的推想所產生的第一次深刻的教訓，到道耳頓而達到高峰。

　　另一個教訓是在科學方法方面。道耳頓是有定習的人。五十七年間，他每天步出曼徹斯特，他量度降雨量、溫度，是在這氣候中最單調的工作。自無數的資料中，什麼也沒發現。但這一個研究，不過是近乎幼稚的問題，問起單分子構造中的分量，竟自其中產生了現代的原子論。這就是科學的真髓。問一個有效的問題，你就可以得到一個有效的答案。

五、
球體的音樂

數字的語言

　　數學在很多方面看都是科學中最花功力最費思量的。我以數學家的身分同意這一點。因此，在我敘述數學的進步時，覺得既有趣又吃力，因為它是那麼多人類冥想中的一部分：在人類心智成長中，是玄想與合理思維的一把梯子。好在有些概念是無論如何少不了的，比如求證的合理的觀念，自然中抽取定律的實驗性觀念（特別是自天體中），運算概念的出現，在數學上自靜態到動態的敘述自然界的轉移。這些是本章中所要談的主題。

　　最原始的人民也有一套數字系統；有些數不過四，但他們知道二個任何東西再加上二個等於四個；不是偶然的，而是永遠如此，自這很基本的一步，很多文化建立了自己的一套數字系統，通常是一種書寫的語言，類似的符號。巴比倫人、馬雅人 [1]、印度人都發明了本質上相同的方法來書寫大數目，與我們所用的十進位相似，雖然在時間、空間上，他們距離得很遠。

1　馬雅（Maya），中南美洲印地安人之帝國，遺址遍及墨西哥至祕魯一帶。

所以在世界上沒有一個地方，我可以站在那裡說，算術自此開始的。每一個文化中，人計算與談話一樣必然。算術與語言自傳統開始，但數學以我們的觀點是用數字來推理，卻是另一回事。就是因為要找出這一來源：在傳統與歷史的連結點上的來源，我就航向薩摩斯島[2]了。

和諧的關鍵：畢達哥拉斯

　　在神話的時代，薩摩斯是希臘人敬拜天后希拉[3]的中心，希拉是天神宙斯[4]執法而善妒的太太。留存下來的祀她的廟，建於紀元前六百年，在那時候，約紀元前五八〇年，薩摩斯島上生下了第一位天才；是希臘數學的開創人畢達哥拉斯。在他的一生中，薩摩斯被獨裁者波利克拉特斯[5]所統治。傳統的說法，畢氏在逃走前，曾躲在山中一小白洞裡教書，對相信此說的人，那山洞至今仍在。

　　薩摩斯是一個魔島。空氣中充滿了海水、樹木與音樂。在別的希臘島嶼上，都可以做莎翁[6]名劇《暴風雨》（*The Tempest*）的背景，但我認為薩摩斯是博思普[7]的島嶼，在沙灘上，學者可以變

2　薩摩斯島（Samos），愛琴海中之一島，土地肥沃，大部分為葡萄園。

3　希拉（Hera），希臘神話中之天后，即天神宙斯之妻。

4　宙斯（Zeus），希臘神話中之主神。

5　波利克拉特斯（Polycrates, 574-522 B. C.），薩摩斯島上一暴君。

6　莎士比亞（William Shakespeare, 1564-1616），英國詩人、戲劇家。

7　博思普（Prospero），莎士比亞的《暴風雨》中一人物。〔編註〕博思普原為米蘭公爵，遭其兄弟陷害而與女兒米蘭達（Miranda）流落小島，在島上自學魔法，用以保護女兒、統治島民。

雙目失明的豎琴師，埃及，紀元前
一五七九至一二九三。

成魔術家。畢達哥拉斯在他的追隨者的心目中大約也是魔術家。因為他教他們說，自然是由數字支配的。他說，在自然中有一種和諧，在變化中有統一，並且有一種語言；數目字就是自然的語言。

畢達哥拉斯發現了在音樂和音與數學間有一個基本的關係。他發現這一關係的故事只保存在一座山牆上，好像一種民間故事。但他所發現的卻很精確。單弦拉緊，全面振動時產生一種基音。與基音有和諧關係的單音是把這弦分成整數的部分而產生的：分成兩等分、三等分、四等分等等。如果弦上的靜止節點不在這些等分點上，則所產生的聲音是不和諧的。

當我們在弦上移動這節點時，我們可以聽得出節點到那些等分點時，單音是和諧的。自全弦開始，此為基音。把節點移到中間；高八度音程，移到三分之一點，又高五度音。移到四分之一處，高四度音程，亦即高二倍八度音程。如果移動到弦的五分之一處，（畢氏未試到這裡）是第三個高大調。

畢氏發現琴弦能發悅耳（西方人之耳）聲音者，合於全部弦長的整數等分。畢氏的門徒認為這一發明有魔力。在自然與數字之間的吻合非常有說服力，故他們相信不只是自然中的聲音，自

然一切特性的尺度都是以簡單的數字代表和諧的。比如，他與他的徒眾相信我們可以計算天體的軌道（希臘人認為天體是以地為中心旋轉的一些水晶球），只要把它與音樂的間歇連上關係就可以了。他們覺得一切自然中的規律都是音樂性的；天體的運轉在他們看來是球體的音樂而已。

這些想法使畢氏在哲學上有一席之地，幾乎是宗教的領袖，其徒眾形成一個祕密的、也許是革命的結社。好像畢達哥拉斯後來的追隨者都是奴隸，他們相信靈魂互移，可以寄望於來生過比較幸福的日子。

直角三角形

我曾提到數字的語言是算術，可是我最後的例子卻是天體，是幾何形體。這過渡並非偶然。自然贈給我們形體：波狀、晶狀、人體，只有我們才能發覺其間的數字關係。畢達哥拉斯是一位先驅，把幾何與數字連起來了。由於幾何恰好是我所選擇的一支數字，就談談他的功業是很適當的。

畢氏已經證明了音響的世界是由整數統治的。他進一步證明視覺的世界也是如此。這是不得了的成就。我四周遙望，我正站在希臘這令人驚奇的多采多姿的風景中，四面都是野外的自然形態，美妙的動人的山谷。在這美麗的混亂中，可能有一個簡單的數字結構嗎？

這個問題逼我們回到原始，在我們對自然律的理解中找到最原始的常數。要回答得好，很明顯的，我們必須自經驗的普遍性著手。我們的視覺世界根據於兩種經驗：重力是垂直的，天際線

與重力成直角存在。這個交點，是視域中的交叉線，把直角的本質固定了。因此，如果我旋轉這經驗的直角四次（向下轉，向旁邊轉），我又回到重力與水平線的交叉點上。直角是由這四度的運作所確定的，也由於這個原因，與其他任意角迥然不同。

所以視覺的世界裡，在眼睛給予我們的垂直畫面上，一個直角是由其四度的旋轉，重歸原位來確定的，經驗中的水平世界亦即我們活動的世界，同樣的定義亦真。想想這個世界，假定地球是平的，如同地圖。我在這裡從薩摩斯向小亞細亞看去，面南，我取一塊三角形磚做指標，使其指南。（我把指標做成直角三角形，因為我要把四個旋轉方位放在一起。）如果我把那三角形磚旋轉一個直角，其尖端就指西。我再轉一直角，尖端指北。轉第三個直角，尖端指東。最後也是第四個旋轉，使它再度面南，指向小亞細亞，回到了開始時的指向。

不但是我們經驗中的自然世界，我們建造的世界也何嘗不是以這關係為基礎。自巴比倫人建造空中花園時就是這樣了，埃及人建金字塔則更早。這些文化已經知道在實際上有一種工匠用的三角板，三邊數字的關係可以造成直角。巴比倫在紀元前二千年已知道了上百種公式可以形成直角。印度人與埃及人知道得更多。埃及人似乎一直使用一種三角板，三邊是三、四、五個單位。直到紀元前五五〇年左右，畢達哥拉斯才把這經驗世界中的知識提升到求證的世界上來。他問了這樣一個問題：「這些造成工匠三角板的數字是因為直角可以旋轉四次仍指著原方向。怎樣求出來的呢？」

他的證明大約是這樣的。（不是在教科書中的證明法。）三角形的四個尖點，南、西、北、東──構成此區域的交叉點，是

正方形的四個角。我把三角形移動，使每一長邊連上相鄰三角形的尖端，即構成由三角形最長邊，即斜邊，圍成的正方形。因為我們要知道那裡是圍成的空間，我把中心的小方塊部分用一片小瓦填滿——我用瓦，因為在羅馬、遠東，有很多磚瓦的圖案是自這種數學關係與自然思想之結合中推出來的。

現在我們有一個斜邊的正方形，我們自然可以計算一下這樣的正方形與兩短邊的正方形關係。但是這樣反而把自然結構及圖形的內在性失掉了。我們不必計算。兒童式或數學家的遊戲，所啟示的比計算出的還要多。把兩個三角形如圖中變位：把指南之三角形挪到與指北的三角形斜邊相合的位置（仍指南），同法將指東的三角形移到指西的三角形同位。

現在我們已形成一曲尺型同面積的圖形（當然，畢竟是用同一塊做成的），其邊可看出與直角三角形之兩短邊有關。若把這曲尺型圖形組合加以分割，自曲尺直邊內緣直分為兩段，則一段為以三角形短邊形成的正方形，另一段則為以較長邊形成之正方形。

畢達哥拉斯因此證明了一個通理：不只是為埃及的三比四比五三角形，或巴比倫的三角形，而是為一切的直角三角形。他證明斜邊形成的正方形等於其他兩邊形成的正方形的和，但限於有一角為直角。比如三：四：五的邊組成一直角三角形，因為

$$5^2 = 5 \times 5 = 25$$
$$= 16 + 9 = 4 \times 4 + 3 \times 3$$
$$= 4^2 + 3^2$$

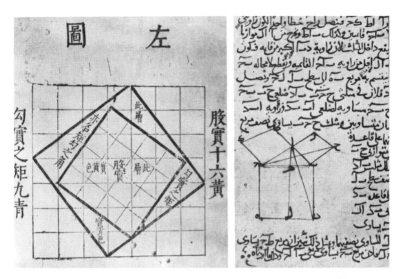

畢氏因此證明了一個道理，不只是為為埃及的三比四比五三角形，或巴比倫的三角形，而是為一切的直角三角形。阿拉伯文一二五八年版的一頁；中文木刻版同一原理，出於與畢氏同時的中國人周牌。

　　同理亦可用於在巴比倫發現的三角形，不管其簡單如八：十五：十七，或複雜如三三六七：三四五六：四八二五，這一點無疑表示他們的算術是很好的。

　　直到今天，畢達哥拉斯原理還是全數學中最重要的單一原理。這句話聽上去未免大膽而過分，其實不然。因為畢氏所建立的，是我們活動空間的基本性格，而那是頭一次被轉化為數字。數字之間的精確配合，表示宇宙受精確的定律所約束。事實上，有人曾建議把構成直角三角形的數目作為電文，發到其他星系的行星上，以試探在地球之外有沒有理性生命的存在。

　　要點是，畢氏定理照我所證明的，說明了平面空間的對稱性；直角是對稱的要素，把平面分為四段。如果平面空間另有他

種對稱性，此定理不會正確；則其他特殊三角形的各邊關係可能為真。因為空間與物質同樣是自然極必要的一部分，雖然它與空氣一樣不可見，這原是幾何科學存在的意義。對稱不只是一種描述上的巧妙；與畢達哥拉斯的其他思想一樣，它深透於自然的和諧之中。

當畢氏證明此一偉大定理的時候，他向繆斯女神奉獻了一百頭牛，以酬謝她賜的靈感。這一姿態既是驕傲又是謙虛。就像今天每位科學家在數字吻合時感受到的一樣。他總是說：「這是自然結構的一部分，是開啟自然結構的一把鑰匙。」

畢達哥拉斯是一個哲學家，對他的追隨者，是一種宗教的領袖。其實在他裡面有一種亞洲的影響流貫著——我們都忽視了在希臘文化中的這一影響。我們總把希臘當作西方的一部分；但是薩摩斯島在古典希臘的邊緣，離小亞細亞海岸只有一哩。自那裡來的思想影響希臘多得多，而沒有想到的是在數世紀之後，它又流回亞洲，還在到達西歐之前。

歐幾里得

知識的腳程很遠，有時我們看來是時間的跳躍，卻終於發現是自一地到另一地、自一市到另一市的漫長進展。商旅們除了商品外，攜帶了自己國家做生意的方法——度量衡，計算法——與技術、思想，遍及了亞洲與北非。一個例子是畢達哥拉斯的數學並沒有直接傳給我們。它把希臘人的想像力燃起來，但把它弄成一種有秩序的系統，則發生在尼羅河的城市，亞歷山卓 [8]。使它形成系統並聞名天下的人是歐幾里得 [9]，他大約在紀元前三百年

把它帶到亞歷山卓的。

　　歐幾里得明顯是畢氏傳統的人。有一位聽眾問他某些定理有什麼用途，據說歐幾里得很傲慢地對他的奴隸說：「他要自學習中求利，給他一角錢！」這樣的責罵證明可能是自畢氏派的弟兄中流傳的格言中借用的，那格言是說「一圖及一步，不是一圖及一角」──這「一步」就是知識的一步，或者就是我所說的文明的躍昇。

　　歐氏在數學推理上建立的模範，其影響既深且遠。他的著作《幾何原理》（*Elements of Geometry*）被後人翻譯、印刷，除聖經以外，無他書可比，而且使用到現代。我的數學老師仍照歐氏所使用的幾何定理的編號；而在五十年前，這是普通的，至於在過去，更是標準的查照法。一六八○年，約翰‧奧布里[10] 描寫托瑪斯‧霍布斯[11] 怎樣到了中年突然愛上幾何，並及於哲學的。他說其開始是霍布斯恰巧在一位紳士的圖書館裡，看到歐氏的《原理》開著，那正是問題第四十七，歐氏原理第一冊上的有名的畢達哥拉斯定理。

　　當耶穌時代，在亞歷山卓實用的另一科學是天文學。同樣的，我們可以在傳說下面的逆流中找到歷史發展的痕跡：聖經上說三位賢人跟著星來到了伯利恆[12]，這故事中似乎有一種回響：

8　亞歷山卓（Alexandria），古希臘在埃及尼羅河口所建之城市，為地中海文化之中心。

9　歐幾里得（Euclid, fl. 300 B. C.），希臘數學家，幾何學之父。

10　約翰‧奧布里（John Aubrey, 1626-97），英國古董商人。

11　托瑪斯‧霍布斯（Thomas Hobbes, 1588-1679），英國哲學家。

12　伯利恆（Bethlehem），耶穌降生地，在巴勒斯坦北部之小鎮。

那是賢人即是觀星者的時代，賢人智者們所仰望的天體的奧祕，在古代被一位希臘人，叫作托勒密[13]的讀通了。他於紀元一五〇年工作於亞歷山卓，他的著作以阿拉伯文傳到歐洲，因為希臘文原書大都遺失。有些在紀元三八九年，基督教狂徒掠奪偉大的亞城圖書館時散失，其他則於黑暗時代時在地中海不斷的戰禍中不見了。

托勒密所建構的天體模型，複雜得使人吃驚，但其開端則為一簡單的類比。月亮顯然是繞地球而行的。在托氏看來，太陽與行星亦應如此。（古人以為太陽與月亮都是行星。）希臘人相信完美的運動形式是圓形，因此托氏就讓行星走圓圈，或所走的圓圈也在走另一個圓圈。以我們看來，圓周與周轉圓周的假想都是幼稚而人為的。但是這一系統是既漂亮又可行的發明，為阿拉伯與基督徒所信仰，直到中世紀末，其維持了一千四百年，比起現代科學理論的發明所敢於希望的，長命得太多了。

在此，我們可以談談為什麼天文學發展得如此早，如此花工夫，並在事實上成為物理科學的原型。在這裡面，星辰應該是最不可能引起人類好奇心來的。在早期引起系統化的興趣，人體應該是最好的目標。為什麼天文學會比醫學在先呢？為什麼醫藥要向星斗求助，為什麼生了病要求吉逐凶地為病人的生命下賭呢？──難道求助於占星學是要放棄醫藥科學嗎？在我看來，主要的理由是我們眼見的星辰的移轉是可以算出來的，故很早以來（在巴比倫是紀元前三千年）就幫助數學的發展了。天文學能早

---

13 托勒密（Claudius Ptolemy，紀元二世紀），希臘天文學家、數學家及地理學家，以天動說聞名於世。

露頭角，乃因天文可用數學來處理這一大特點。而物理的進步，最近生物學的進步，都是因爲發現到它們的定律可以用數學的模型來表達。

伊斯蘭教的興起

思想的傳播通常需要一種新的衝力。伊斯蘭教在耶穌降生六百年之後到來是一種新來而有力的刺激。開頭只是地方性事件，其後果很不確定；但一旦穆罕默德[14]於紀元六三〇年征服了麥加，暴風似地盤據了南方世界。百年之內，伊斯蘭教占領了亞歷山卓，在巴格達建造了一座寓言式的知識之城，其前哨向東越過波斯的伊斯法罕[15]。在紀元七三〇年，伊斯蘭教帝國的領域自西班牙、南法到中國與印度的邊界：是一個國力驚人又文雅的大帝國。當時的歐洲仍在黑暗時代裡掙扎呢。

在這逼人改變信仰的宗教裡，被征服的國家所有的科學都被以竊盜狂的熱誠加以收集。同時對於被歧視的簡單的地方性技巧加以解放。比如說第一座圓頂的清眞寺建造時的工具不過是一具古人所用的三角板——至今仍使用此方式。伊斯法罕的「禮拜五寺」（Masjid-i-Jomi）是早期伊斯蘭教中最有地位的紀念建築之一。在這樣的中心，希臘的與東方的知識被寶藏了、吸收了、融合了。

穆罕默德很堅決地認爲伊斯蘭教不是魔教；在知性的內容

---

14 〔編註〕穆罕默德（Mahomet, 570-632），伊斯蘭教的創始人。
15 伊斯法罕（Isfahan），波斯古都，今伊朗中部高原區省城。

上，它成爲一種沉思與分析的模式。穆罕默德的傳記家們把這位教宗寫得失去了個性，又形式化了：伊斯蘭的玄學不在血與酒，肉與麵包，而是一種非人間的憧憬。

> 阿拉是天地間的光。它的光如同供有蠟燭的壁龕，此燭光在星辰般燦爛的水晶裡，光上有光。在阿拉准許我們建造的廟宇裡，紀念他的名，人早晚都讚美他，不能因經商或營生而忘記紀念他。

有一種希臘的發明，經伊斯蘭人精心修改而加以傳播的是星盤。那是一種原始的測星器，它只能粗略量出太陽與星辰的高度。但如果與星布圖合起來用，星盤可以用來完成繁複的計算，以決定緯度、日出與日落，祈禱的時間及爲旅行者定出麥加的方向。放在星布圖上，這星盤就充滿了星相學與宗教的細節，自然是爲了神祕的慰藉。

有相當長的時間，星盤爲世界上的懷錶與計算尺。當一三九一年詩人喬叟 [16] 寫了一本入門書教他兒子怎樣用星盤時，他是自八世紀一個阿拉伯天文學家那裡抄來的。

阿拉伯數字

對於摩爾人的學者們，計算的愉快是無盡的。他們喜歡問

---

16 喬叟（Geoffrey Chaucer, c. 1343-1400），第一位偉大的英國詩人，《坎特伯里故事集》（*Canterbury Tales*）之作者。

題，喜歡找聰明的解答，有時候，他們把解答方法作爲機器。有一個比星盤精巧的便捷計算器是星相的或天文的計算機。很像一個自動日曆，十三世紀在巴格達製造。它所能計算出來的並非深不可測，是把各指示針盤對起來，以求徵兆，但它證明在七百年前製作者的機械技巧，以及他們玩弄數字的熱情。

這些熱心、好奇、寬容的阿拉伯學者自遠方帶到西方來的最最重要的一個創新，乃是書寫數字。歐洲當時對數目的記法仍是愚笨的羅馬式，數目是把其各部分放在一起，加起來的。比如一八二五寫作 MDCCCXXV，因爲其和是 M 爲一千，D 是五百，C 爲一百，三個 C 爲三百，XX 爲二十，V 爲五。伊斯蘭人把這套東西換上現代十進位法，至今我們仍稱它爲阿拉伯數字。在一個阿拉伯手稿的註解中，數字的上列爲 18 與 25。我們立即認出 1 與 2 是今天的形狀（雖然 2 是側立著）。要寫 1825，只要簡單地寫下去就可，依序就像寫單數一樣。因爲是用每一單數的位置決定它是千，是百，或十、個的。

當然，一種依位置來表示量的系統一定要爲空位提供可能性。阿拉伯符號需要零的發明。本頁上用了多次零，好像是我們自己發明的。然而零的英文（Zero, Cipher）是阿拉伯字，代數、年鑑、天頂等的英文（algebra, almanac, zenith）都是阿拉伯字。還有若干數字與天文學字眼都是的。阿拉伯自印度得來十進位制，時約紀元七五〇年，但五百年之後才傳到歐洲。

空間的圖式：阿爾罕布拉宮

也許因爲摩爾帝國太大，才使它成爲知識的大雜燴。帝國的

學者有東方的異教基督徒，西方的無宗教信仰的猶太人。也許因為伊斯蘭教的性質，雖迫人改教，卻不鄙視其知識。在東邊，波斯的伊斯法罕城是伊斯蘭的紀念物，在西邊，南西班牙的阿爾罕布拉宮是同樣可貴的一座前哨城池，也保留到現在。

從外面看去，阿爾罕布拉宮是一方形、粗野的堡壘，形式上並不蘊含阿拉伯風情。內部裝潢不像是堡壘，而像是一座宮殿，設計細心地預示天上的幸福降臨到地上。阿爾罕布拉宮的建造很晚。有著帝國盛期已過的倦怠、退縮以及安全感，沉思內省的宗教已有官感享受與自我滿足的味道了。它發出水的樂音，其蜿蜒的線條貫穿了一切阿拉伯的旋律，雖然它是老老實實地依據畢達哥拉斯尺度，每一個庭院都是此一樂音的回響及對此一夢想的憶念，蘇丹就在裡面飄蕩（他不走路，他有人抬著），阿爾罕布拉宮最接近可蘭經中描寫的天國樂園。

> 那些耐心工作、相信阿拉的人是有福的。那些擁抱著真信而行善的將永遠住到天國的大廈裡，在那裡，河在腳下流……他們在樂園中受尊敬，面對面坐在躺席上，杯傳遞著……自泉中取水，清澈而可口……他們的妻子枕著柔軟的墊子，斜臥在美麗的地毯上。

阿爾罕布拉宮是阿拉伯文明在歐洲最後也最奢華的紀念碑。最後的摩爾王在此設廷直到一四九二年，伊莎貝拉一世[17] 王后在

---

17 〔編註〕伊莎貝拉一世（Isabella I, 1451-1504），卡斯蒂利亞—萊昂（Castilla y León）女王。

當時已經支援哥倫布的探險了。它是一簇簇的院落與房間所組成的，而以卡瑪斯大廳（Sala de las Camas）爲宮中最祕密的地方。在這裡，自後宮來的女孩子們，浴罷全裸斜臥著。瞎眼的樂師在廊上奏著樂，太監則在四周漫步，蘇丹駕臨上面觀看，然後以一顆蘋果爲信號送給他所選中的女孩子，陪他度夜。

在西方文明中，這樣的房間會完全掛滿了美麗的女體畫、情愛畫。在卡瑪斯大廳完全沒有。人體畫在伊斯蘭教是禁止的。即使研究解剖都是禁止的；這是伊斯蘭教科學最大的障礙，在這裡我們只能看到異常簡單的多彩的幾何形設計。在阿拉伯文明中，藝術家與數學家合而爲一了。我這樣說是誠心的。這些圖案代表了阿拉伯在空間的細緻與對稱上所探討的高峰：是在二向度的平坦的空間中，我們所謂歐幾里得平面（Euclidean plane）上，亦即畢達哥拉斯所首先解說的。

在豐富的圖案中，我要從很直截的一個開始談。是深色的雙葉母題在水平方向，淺色的雙葉在垂直方向，然後加以重複。最明顯的對稱是把水平或垂直母題平行著反轉移動。注意其中精巧的一點，即阿拉伯人喜歡圖案中深色與淺色單元同形。故如果你不看顏色，可以發現把深色葉子旋轉直角即轉爲淺色的位置，如果一直繞一點旋轉，最後回到原來的位置。這種旋轉使整個圖案的編織很是正確，圖案中的每一片葉子都會轉到另一個葉子的位置，不論距離旋轉中心多遠。

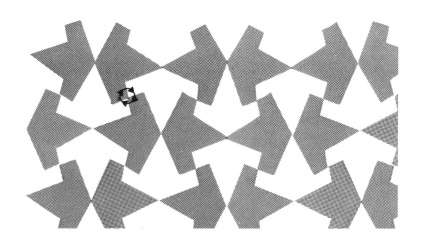

　　水平線上的映像是有色圖案的雙重對稱，垂直方面亦同。如果忽略掉色彩，則可看出是四重的對稱。是直角旋轉四次所得，如前文中畢達哥拉斯定理之證明一樣，因此無色的圖案與畢氏正方形的對稱是一樣的。

　　讓我們看一個比較精巧得多的圖案，其風波式三角形，有四種顏色，在雙向上表示出一種很直截的對稱。水平、垂直都可轉換而不變位置。風波形並不是不相干的，在對稱形中不容易找到不能反映的。但這一圖案不能反映，因為風波三角形都是右手波動，沒有經過修改為左手波動，是不能反映過來。

　　假定你忽視綠、黃、黑、皇室藍等顏色的分別，把它當作一些深、淺兩色的三角形，則可看出旋轉對稱來。自一個交點有六個三角形相遇，深、淺相間。一個深色三角形旋轉而改換三次位置回到原來的位置：是三重對稱，轉成整個的圖案。

　　對稱的關係實不止此。如果你不計其色調，則有另一種轉動，即深色三角形可移到淺色三角形的位置，因為其形狀相同。這

個動作可以一直推下去，最後回到原來的三角形——是六重空間對稱，轉成整個圖案。而六重對稱實即我們所熟知的雪花式對稱。

晶體之對稱性

到這裡，不是數學家的人有資格問：「怎樣？這就是數學嗎？阿拉伯的教授或現代的數學家花時間在這種文雅的遊戲上？」對這樣的問題，想不到的答覆是：這不是個遊戲。它與我們討論的是我們不容易記得的，那就是，我們生活在很特別的空間裡，三向度的，平坦的，而空間的特質是不會破碎的。問起怎麼把一個母題變為一個圖案，等於我們在發現支配我們空間的一些看不見的法則。我們的空間所提供的只有幾種對稱，不只是人為的圖案如此，即使在自然自定的規律，反映在基本的原子結構中，也是如此。

把自然界的空間模式珍藏起來的結構是結晶體。如果我們觀察一種天然的晶體，比如冰島晶石，會使我們吃驚地覺悟到，晶

面的規律性，其理由並不顯著。甚至晶面是平坦的，其理由也不顯著。晶體是規則的，對稱的，但爲什麼呢？晶體不是人爲的，而是自然的產物。平坦的晶體是原子集結的方法，平坦性與規律性是空間的力量加到物質上去的，其決定性就與我前面分析的摩爾人的圖案的對稱一樣。

　　就拿漂亮的礦石爲例，以我認爲最華麗的氟礦石，一個八面體（亦即鑽石結晶的自然形態）爲例。它們的對稱性是空間的本性強加給它們的——三向度，平坦的，我們居住的空間。原子的集結不能破壞這一重要的自然律。與圖案的單位一樣，原子在一結晶中是朝各方向堆起來的。結晶體與圖案一樣，必須有一種可以重複可以無限延展的形狀。這就是結晶體離不開幾何形狀的原因：它們一定要具有圖案中的均衡性。比如說，旋轉而可以回到原地的數目只有二轉、四轉，或是三轉、六轉，僅此而已。沒有五轉。沒有辦法集結原子，同時製造五個三角形，而能規律的安置在空間中。

　　想想這些圖案的形狀，把空間均衡（二向度以上）的可能性都用盡了。這是阿拉伯數學的大貢獻。而在一千年前，結束得轟轟烈烈。國王、裸女、太監與瞎眼的音樂家形成一個了不起的形式圖案，對於已經存在者的探索是完善無缺的，但並沒有追求改變，在數學上不求新，在人類思想中不求新，直到文明的成長走向另一種動力狀態。

海什木的透視學

　　基督教的復起是自西班牙北部海邊未被摩爾人征服過的村落

裡開始，散提亞拿（Santillana）即為其一，時當紀元一千年。那裡有一種人世的宗教，表現在村落的簡單物象上：牛、驢，以及上帝的羔羊。在伊斯蘭教的崇拜中，動物偶像是不可思議的。在這裡不但准許用動物的形狀，而且神的兒子是一個孩子，他的母親是一個女人，為大家崇拜的對象。聖貞女被抬著遊行時，我們處身在不同的視覺宇宙之中：這不再是抽象的圖案了，而是充滿的、不能壓抑的生命。

基督教贏回西班牙時，這種狂熱的奮鬥表現在前線地帶。在這裡，摩爾人、基督徒、猶太人，融合起來形成一種信仰不同的不平凡的文化。在一〇八五年，這種混合文化的中心一時固定在托雷多城[18]，托雷多是一個知識的港口，把阿拉伯人自希臘、中東、亞洲帶來的一切古典知識，自此輸送到基督教的歐洲。

我們以為義大利是文藝復興的誕生地，但卻是在十二世紀的西班牙懷孕的。這一點可以托雷多著名的翻譯學校為象徵。在那裡，他們把古籍自希臘文（歐洲人已經忘記了）經由阿拉伯文、希伯來文，翻成拉丁文。在此處的知識進展之中，他們設計了一具早期的天文桌，把星辰的位置都排出來。當時當地的特色是：桌子是基督教的，數字是阿拉伯的，而今天看來是相當現代的。

最著名而聰明的譯家是克雷莫納的傑拉德[19]，他來自義大利，專程來找托勒密的一本天文著作，卻留下來翻譯阿基米德、

18 托雷多（Toledo），為西班牙西哥德王國古都，在馬德里附近。
19 克雷莫納的傑拉德（Gerard Of Cremona, c. 1114-87），克雷莫納為北義市鎮，傑拉德為旅居西班牙之翻譯家。

希波克拉底 [20]、蓋倫 [21]、歐幾里得——希臘科學的經典作。

　　但我個人的看法，最值得稱賞，而長遠地看，又最有影響的譯家卻不是希臘人。因為我對空間中的物體的視覺現象有興趣。不幸在這方面，希臘人是全錯的。約紀元一千年，有一位古怪的數學家，我們稱他海什木 [22]，首次對視覺的問題有所了解。這位先生是阿拉伯文化中最有科學的獨創性的人。希臘人以為光自眼睛中發出來。海什木初次發現我們能看物，因為物上的每一點反射光線到我們眼中。希臘人的說法，不能解釋物體移動時為什麼其大小會變。根據海氏的說法，自物體的外型、輪廓，到眼睛之間有一光角錐體，物體向外移動，角錐體的角度窄，向內移其角變寬、變大。這才是形體變化的真原因。這樣一個簡單的觀念，令人奇怪的是科學家有六百年沒加以理睬。（羅傑‧培根 [23] 是一個例外。）但藝術家早就加以留意了，雖然是以很實際的方式。自物至眼間的光角錐，乃透視法的基礎，而透視法是新想法，使數學得以再生。

　　透視法的興奮感染了北義大利、佛羅倫斯、威尼斯的十五世紀的藝術。一份海什木的《光學》（*Optics*）譯本的稿子存在羅馬梵蒂岡圖書館中，有吉伯第 [24] 的註釋，吉氏就是那位在佛羅倫斯洗禮堂大門上雕了著名的青銅透視浮刻的人。他不是透視術使

---

20 〔編註〕希波克拉底（Hippocrates, 460-370），古希臘醫學家，後人尊稱為「現代醫學之父」。
21 蓋倫（Claudius Galen, 129-210），古希臘醫學家。
22 海什木（Alhazen, 965-1040），十一世紀阿拉伯數學家。
23 羅傑‧培根（Roger Bacon, 1214-92），英國科學家、哲學家。
24 吉伯第（Lorenzo Ghiberti, 1378-1455），佛羅倫斯十五世紀之大雕刻家，以佛羅倫斯洗禮堂大門浮雕聞名。

用的先驅——可能是建造佛羅倫斯聖母堂大圓頂的布魯涅萊斯基 [25] 所首先使用的——當時醉心透視的人夠組織一個學派，那是有思想的一派，因為其目的不僅要畫出生動的人像，而且要創造這些人形在空間中運動的感覺。

只要把這派人的作品與前人的作品比較就可看出這種運動的意義來。卡巴喬 [26] 的繪畫，聖烏蘇拉 [27] 駛離似是而非的威尼斯港口，畫成於一四九五年。明顯的效果是畫面上多了第三度空間，恰巧同時耳朵也多聽一個深度與向度，因為在歐洲音樂中有新的和聲出現。但最後的效果不只是深度，而且是運動。亦如在新音樂上的情形一樣，繪畫與其中的人物是動的，我們感覺到畫家的眼睛是活動的。

拿這個與早一百年（一三五○年）的佛羅倫斯的一張壁畫相比。這是自城牆外看城市的一景，畫家很幼稚地看過城牆，看到屋頂，好像一層層安排的。這不是技術問題，是用意問題。在這裡畫家無意試用透視，因為他在記錄的，並不是他所看到的，而是實際情形；上帝所看到的，一種永恆真理的地圖。

透視畫家另有其用意。他故意使我們離開絕對與抽象的觀點。地點不及那一段為我們固定下來的時間重要，那短暫的一刻；是時間的觀點，而非空間的。這些都是經由確切的數學方

---

25 布魯涅萊斯基（Filippo Brunelleschi, 1377-1446），義大利文藝復興時代之大建築師。

26 卡巴喬（Vittore Carpaccio, 1460-1525/26），義大利畫家。

27 聖烏蘇拉（St. Ursula），聖徒，曾領導及鼓勵聖軍。

法達到的。其裝置經過德國藝術家杜勒[28]的小心記錄。杜勒曾於一五〇六年旅行到義大利學習「透視的祕密藝術」。他自然也把自己固定在一個時間上了。如果我們把他的那一刻再造，可看到藝術家選擇一個戲劇性的時刻。他繞著模特兒行走，可以早些停步，也可以晚些再把視線固定，但他決定睜著眼，像一具攝影機的快門。選擇最強的一刻，即模特兒的面孔全部可見的時候。透視並不是一個觀點，對藝術家而言，那是主動而延續的行為。

在早期的透視中，習慣上使用一個瞄準器及一個格子以抓住那一瞬之所見。觀察的設備來自天文學，畫畫的那張方格紙是近似的數學。這裡面杜勒觀察的一切自然細節都是時間力學的表現；牛與驢，聖貞女臉頰上青春的酡紅，這張畫就是〈賢人的崇拜〉（*The Adoration of the Magi*），東方來的三賢人找到了那顆星，而它所宣告的是誕生的時辰。

隨時間而運動：新動力

杜勒該畫中心的聖餐杯是教授透視時供人試驗的對象。比如我們有了烏切羅[29]對那聖餐杯的分析；我們可以把它放在電腦中，如同透視畫家經歷的過程一樣。他的眼就像轉檯；追隨、探索著它在一直改變的外型，把圓形拉成橢圓形，抓住那一刻在空間中留下的痕跡。

---

28 杜勒（Albrecht Dürer, 1471-1528），德國文藝復興時代大藝術家，以研究自然雕刻與透視聞名。
29 烏切羅（Paolo Uccello, c. 1396-1475），佛羅倫斯畫家，對透視發展有相當貢獻，對文藝復興早期藝術有影響。

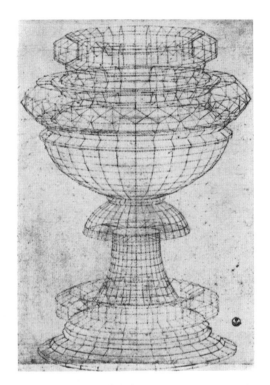

那一刻在空間中留下的痕跡。
烏切羅，與他的聖餐杯的透視分析。

　　分析某一物體變化中的運動，就像我們可在電腦上做到的，
是希臘與伊斯蘭人的心中所想像不到的。他們老是尋找不變的與
靜態的，沒有時間因素的完美秩序。他們認為圓是最完美的形。
運動一定要很均勻而平滑地沿著圓周跑，那就是球體的和諧。

　　托勒密系統用圓形組成的理由在此，順著圓形，時間過得均
勻而鎮靜。但運動在真實的世界中不是均勻的。每一刻的時速與
方向都不同，要加以分析，先要發明一種數學把時間當作變數。

在天上，這是理論問題，在地上，這是實際問題——投射物的飛行，植物的茁長，一滴液體的下墜，所經歷的急遽的形體與方向的改變。文藝復興並沒有技術上的設備，可以在瞬間使畫面凍結，但當時有心智上的設備：畫家們的心眼及數學家的邏輯。

這就是在一六○○年後，克卜勒[30]相信行星球的運轉不是均勻的，不走圓形軌道的道理。行星以不同的速度沿著橢圓走。這表示老式的靜態模式的數學不夠用了。我們需要一種新數學以便確定、處理瞬息的運動。

變化的數學

瞬息運動的數學是由十七世紀後期兩位大天才所發明的——牛頓[31]與萊布尼茲。到今天，我們已習爲當然，以爲時間是描寫自然時的一種自然因素。是他們告訴我們一個切實的觀念，加速、斜度、無限小與微分的觀念。有一個字大家已經忘記，卻實在是牛頓像快門一樣所止住的時間流動最好的名稱：牛頓把微分稱爲流數。（微分學是萊布尼茲的命名。）只把它當作一種較進步的技術就失掉其真實原意。在這裡，數學變成動態的思想方法，是人類成長上很重要的一步。而在技術上使它成功的觀念，很奇怪的，是無限小步驟的觀念；而知識上的突破爲之帶來了嚴

30 克卜勒（Johannes Kepler, 1571-1630），文藝復興時期德國天文學家，首倡地球走橢圓軌道說。

31 艾薩克·牛頓（Isaac Newton, 1642-1727），英國十七世紀大科學家，爲萬有引力之發現者，物理學多種現象之解釋者，微積分之發明人之一。後受封爲爵士，人稱艾薩克爵士（Sir Isaac）。

格的意義。但是我們可以把技術的觀念讓專家去操心，而滿意地稱之爲變的數學。

自從畢達哥拉斯說數字是自然的語言以來，自然律一直是由數字造成的。現在自然的語言要包括能描述時間的數字了。自然律成爲運動律，自然本身不再是一連串的靜態的框子，卻是一個運動的過程。

六、
星星的使者

季節的循環

　　最早出現於地中海文明的科學，以現代來說夠得上科學的是天文學。自數學直通天文是很自然的；畢竟天文學之先發展而成為其他科學的模子，乃因它可以用準確數字來表示。這不是我個人的偏好，我所偏好者，乃準備自新大陸開始介紹這齣先在地中海發生的科學的戲劇。

　　天文學的雛形在各文化中都有，顯然全世界各地初民都很關心。其中一個理由是很明白的：天文學是指導我們歷經四季變化的知識——比如說，四季是由太陽明顯的運動而造成的。有了這個學問，種植、收割、驅動畜群都可以有定時。因此每一個文化都有日曆以引導他們的計畫，這一點在新大陸與巴比倫、埃及的流域原無不同。

　　一個例子是馬雅的文化：在紀元一千年前時昌盛於太平洋大西洋之間的美洲地峽。它可以說是美洲最高的文化：有文字、工程技術、獨創的美術。馬雅廟宇的複合建築，有著陡斜的金字塔，住著若干天文家。自留存至今的一大塊神壇石上，可以看到

一群天文學家雕像。這一神壇是為古代天文會議做紀念，時在紀元七七六年。有十六位數學家來到這著名的馬雅科學的中心，中美洲的聖城科潘[1]。

　　馬雅的一套算術系統遠勝過於歐洲；比如，他們已有了零的標記。他們都是優秀的數學家；可是他們除了最簡單的以外，沒有把星辰的運動畫下來。相反的，他們的儀式總是圍繞時間的流逝這個主題，這一形式上的關懷竟支配了他們的天文學，也影響了詩與神話。

　　在科潘舉行大會時，馬雅的祭司天文家遇到了困難。我們可能認為難題如此重大，必須召集有學問的代表到各大中心，目的應是要解決觀測實務的困境。但我們錯了。這會議之召開是解決一個一直困擾著馬雅曆的守護人的算術計算問題。他們有兩種曆法，一為聖曆，一為俗曆，兩者常常不太一致。他們花了不少聰明才智去彌補兩者間的差異。馬雅的天文家只有簡單的原則，計算天體中行星的運動，他們對於自身的系統沒有什麼概念。他們的天文學觀念是純形式的，用以保持他們的日曆正確無誤。這就是七七六年會議代表們驕傲的擺好姿態留下畫像時所解決的問題。

無指引的天空：復活節島

　　問題是天文學並不受曆法的限制，在早民間另有一種不太普遍的用處。星辰在夜空中的運動可以為旅者指向，特別是為沒有

1　科潘（Copan），宏都拉斯的一個已毀之城。

地標的海上旅客。這就是天文學對著舊大陸地中海的航海者所代表的意義。但我們今天所能判斷的，新大陸上的人民並未使用天文學作為陸上、海上旅行的科學指向工具。沒有天文學實在很難在遠距離上找到路，甚至也不可能有一地球形狀的理論，或陸、海分布的理論。哥倫布用了一個我們看來古老粗陋的天文才揚帆到天邊的。比如說，他以為地球比其真實體型小得多。但哥倫布發現了新大陸。新大陸沒有「地球是圓的」想法，故沒有想發現舊大陸，並非偶然。而舊大陸的人則揚帆繞地球而行，終於發現了新大陸。

天文學在人類的發明或科學中不算頂尖兒。但它對一文化內在的脾性與心靈之角色是一種考驗。地中海自希臘以來的航海者就有一特殊的探索精神，結合了冒險與邏輯——經驗與理性——形成一種疑問。新世界卻沒有這樣。

那麼新大陸毫無貢獻了？不然。即使復活節島上那樣原始的文化也完成了一大發明，他們能刻出完全一致的大雕像。世上無處像他們這樣做，因此大家要問出些各種枝微末節，略顯不相干的問題。為什麼他們這樣做？怎麼運送的？他們怎麼來到這裡的？這些問題都不重要。巨石陣（Stonehenge）的時代更早，建造更困難，還有埃夫伯里巨石圈（Avebury）等其他巨石碑（monument）也是這樣，原始的文化就是經由這種大型公共的事業緩慢的前進。

關鍵性的問題是：為什麼這些雕像如此相似？它們坐在那裡，就像第歐根尼 [2] 坐在酒桶裡，漠然的仰望天空，看著日月星辰

2　第歐根尼（Diogenes, 404-323 B. C.），希臘犬儒學派之哲學家。

流轉，甚至不打算去了解它們。當一七二二年荷蘭人在復活節發現這座島時，說當時的景象近似人間天堂。並非如此。因為人世的天堂不會以這種空虛的形成不斷重複，就像籠子裡的野獸，轉來轉去，老是同一動作。這些冰冷的面孔，這些留在殘破膠捲底片上的畫面，表示出一個文明沒能邁出理性知識成長的第一步。這是新大陸文明的失敗，死亡在他們自己的象徵性的冰河期裡。

復活節島離開最近的有人居住的島嶼，是西向一千哩的皮特凱恩群島[3]。東邊則為一千五百哩外的費南德茲島[4]，就是魯賓遜（Robinson Crusoe）的原型亞歷山大・賽爾科克[5]於一七〇四年擱淺的地方。像這樣的距離，如果沒有天體模型或星位圖指向是不可能航行的。大家常問起復活節島上的人怎麼來的？他們來此只是偶然：這不是問題。問題是，他們為什麼不能離開？他們離不開，因為沒有星辰運動的概念以幫他們引路。

為什麼？最明顯的理由是在南方沒有極星。這著實很重要，因為候鳥的遷徙是靠極星覓路的。這也許是大多數候鳥遷徙都發生在北半球，沒有在南半球的原因。

沒有極星對南半球有意義，但對新大陸整體來說並沒意義。因為有中美，有墨西哥，還有別處都沒有天文學，然都在赤道之北。

錯在哪裡？沒人知道。我想那是因為他們沒有推動舊大陸想像力的意象：車輪。輪子在新大陸只是一種玩具。但在舊大陸是

3　皮特凱恩（Pitcairn），南太平洋一小島，屬英轄下。
4　西班牙航海家發現的島，費南德茲（Juan Fernandez , 1536-1604）。
5　賽爾科克（Alexander Selkirk , 1676-1721），蘇格蘭水手。

詩歌、科學最偉大的意象，每樣東西都以它爲準。哥倫布航向新大陸在一四九二年，所激勵他的是天體繞心而行的感覺，那軸心就是地球。他自希臘人學來，而希臘人認爲星辰固定在宇宙球體上，在旋轉時造成音樂。輪中之輪，那就是托勒密系統，已流傳了一千多年。

德東迪天文鐘：托勒密之星系

早於哥倫布揚帆西向一百年，舊大陸就能爲星空製作一個優越的鐘錶。那是在帕度亞[6]的喬凡尼・德東迪[7]於一三五〇年製成的。他花了十六年，但據說原作已不存在。好在我們根據他的手稿繪圖可以複製一套，而華盛頓的史密森尼學會有一具德東迪所設計的可貴的古典天文鐘模型。

但比機器的可貴更重要的是知識上的觀念，來自亞里斯多德、托勒密及希臘人。德氏的鐘是表示他們自地球上看行星的運動。自地球上看有七個行星——古人是這樣想，因爲他們也把太陽看作一個行星。因此鐘有七面即七個儀板，每面是一個行星的軌跡。這時鐘的準確度展現當時的觀測能力：行星的軌跡在儀板上大體是我們自地球上看到的軌跡，其軌跡在地上看爲圓形，故儀板上的軌跡亦是圓的；這不難。但在行星軌道自地球看去向回轉的部分，德東迪做了一個模仿本輪（epicycle）的輪子機械組

6　帕度亞（Padua），北義大利之城市名，近威尼斯，原爲威市轄下鎮市。
7　〔編註〕德東迪（De'Dondi, 1330-1388），義大利醫師、天文學家、機械工程師。

合，正是托勒密所描述的周轉圓理論。

　　首先是太陽：以當時來看是圓形軌道。第二個儀板是火星：注意火星的運動是發條齒輪在輪子內。然後是木星：更複雜的輪內輪。再下去的土星：多數的輪內輪的結構。然後輪到月亮，——以德東迪的描繪，這月亮豈非美妙？月儀很簡單，因為它真是地球的衛星，它的軌道也以圓圈表示。最後則是在地球與太陽間兩個行星，水星與金星。又是同樣的原理，輪子帶著金星在一個較大的假想輪中旋轉。

　　這真是令人欽佩的聰慧的觀念；很複雜——但在紀元一五〇年，距離耶穌時代不遠的當時，希臘人能構想出，而以數學表示出這樣精巧的造物，豈不令人驚嘆！但錯在那裡？只有一點：有七個儀板來代表天體，——而天體只能有一個體系，不是七個。這樣的體系直到一五四三年，哥白尼把太陽放在天體中間時才發明出來。

哥白尼：太陽為中心

　　哥白尼是一位出色的神職人員及人文主義知識分子，生於一四七三年之波蘭。在義大利學法律與醫學；他勸諫政府改革幣制；而教宗要他幫忙改造曆法。至少花了二十年的時光，他從事證明現代人的設想：自然是單純的。為什麼行星的軌道如此複雜？因為我們觀察行星恰好站在我們站的位置，在地球上。就像透視法的先驅者一樣，哥白尼自問：為什麼不自別處觀察呢？他選了金色的太陽為另一個視點，是有文藝復興的理由的；是情感的而不是理性的。

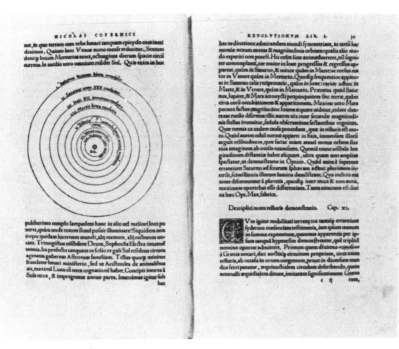

於一五四三年哥白尼把太陽放在天體中間。圖為取自《天體運行論》書之兩頁。

　　在座位的中央，是太陽的寶座。在這最美麗的神殿裡，還有更好的位置使這發光體能光照全面的嗎？稱它為燭光、心靈、宇宙的統治者，是很對的：希臘人赫米斯・崔斯莫吉斯堤斯（Hermes Trismegistus）稱它為「可見的神」，希臘悲劇作家索福克里斯（Sophocles）筆下的厄勒克特拉（Electra）稱它為「無所不見的神」。因此太陽坐上了王座，統治它的子民：那些繞它旋轉的行星。

　　我們知道哥白尼很早以來就打算把太陽放在行星系統之中央

位置。在四十歲以前，他已經有了第一個初步的、非數學的草稿了。但在宗教紛爭的時代裡，這個理論是不能輕易提出來的。到了一五四三年，他年近七十，哥氏才總算決定出版他以數學對天體的描寫，他名之為《天體運行論》（*The Revolution of the Heavenly Orbs*），一個繞日而轉的單一系統。（旋轉〔revolution〕與「革命」為同一字，其另一意思是自此書開始的！）哥白尼當年就死了。據說他只看到自己的書一次，是在他靈床前放在他手上的。

文藝復興之到來，在宗教、藝術、音樂、數學科學上都與中世紀的系統來了個正面衝突。我們今天看來，亞里斯多德的力學，托勒密的天文學，在中古系統中的地位似乎是偶然的。但對哥白尼的同代人，它們代表了世界自然與可見的秩序。希臘人理想中的完美運動：輪子，已成為僵化的神祇了，就像馬雅的曆法、復活節島上的神像一樣。

哥白尼的系統在他的時代看去很不自然，雖然他還以為行星們的軌道是圓形的。（是位年輕人約翰內斯·克卜勒，後來在布拉格證明了軌道是橢圓的。）這點並不使一般人或教士們煩心。他們完全相信天體輪：天體必須繞著地球轉。這是信仰的一部分，故教會決定它的發明人不是托勒密，而是上帝自己。很顯然，爭論的關鍵是權威而不是教義。這爭論直到七十年後，在威尼斯，才成了生死攸關的事。

望遠鏡

有兩個偉人是在一五六四年生的：一是英國的威廉·莎士比

亞，另一位就是義大利的伽利略·伽利萊[8]。在莎士比亞寫到那個時代的權力戲劇的時候，兩次把地點定在威尼斯：一是《威尼斯商人》（*Merchant of Venice*），一是《奧賽羅》（*Othello*）。那是因為在一六〇〇年，地中海仍然是世界的中心，而威尼斯是地中海的中心。有野心的人來威尼斯工作，因為在這裡不受拘束。商人、冒險家、知識分子、藝術家、技工等滿街都是，一如今日。

威尼斯人有一種名譽是神祕而不走正道。這裡是一個自由港，所以有一種專附著在中立的城市如丹吉爾（Tangier）、里斯本等的陰謀性的氣息。一五九二年，威尼斯以虛假的贊助人把喬爾丹諾·布魯諾[9]逮住，送回羅馬去接受宗教裁判，在八年後被燒死了。

當然，威尼斯人是很務實的。伽利略在比薩[10]已在基本科學上著有成就。但威尼斯人雇他到帕度亞大學做教授的原因，是他在實際發明方面的天才。他有些發明仍保存在佛羅倫斯城的西芒托學院（Accademia del Cimento）歷史收藏中，其構想與建造都是很值得稱賞的。其中有一個旋繞的玻璃裝置用以度量液體之膨脹，很像一個溫度器；又有一巧妙流體靜力平衡（hydrostatic balance）的天平，可算出珍貴物品的密度，依阿基米德的原理造成。還有一種東西，伽利略稱之為「軍用圓規」——他有點商人本領——其實是一種計算器，很像今天的計算尺。伽利略自製自

8　伽利略（Galileo Galilei, 1564-1642），義大利天文學家、發明家。

9　布魯諾（Giordano Bruno, 1548-1600），義大利哲學家。

10　比薩（Pisa），義大利鎮市名，為佛羅倫斯之外港，以斜塔聞名。

銷，並寫了「軍用圓規」的手冊，在自己家裡印刷；那是他第一本印出來的作品。這種務實的商業科學是威尼斯人最尊崇的了。

所以遲至一六○八年有些自法蘭德斯 [11] 來的眼鏡製造商，發明了一種原始的望遠鏡，拿到威尼斯共和國來賣，也算是奇怪了。但當然，威尼斯有伽利略之本人來服務，在力量上實在勝過北歐洲任何一位科學家、數學家，而且也是比較好的公關人員，他做好了一個望遠鏡，就把威尼斯的參議員催促到鐘樓（Campanile）的頂上去獻寶。

伽利略是一個短小、方正、精力旺盛的人，滿頭紅髮，一群孩子，不是個安分的單身漢。四十五歲時，他聽到佛萊明人 [12] 的發明，像被電了一下。一夜之間他想出來，做了一具同樣好的，可放大三倍，是一具比觀劇鏡較強的東西。但在放上鐘樓頂之前，他把倍數增加到八或十倍，就是一具真正的望遠鏡了。把這玩意兒放在鐘樓頂上，看到二十哩之外，所見就不只是船在海上，而且可認出二小時以上的航程之外的船隻。這在里亞托橋（Rialto）上的販賣者手裡可值不少錢。

伽利略把這一段掌故寫了一封信告訴他在佛羅倫斯的親戚，那信上的日期是一六○九年八月二十九日：

> 你必須知道，已經兩個月了，自法蘭德斯有消息傳來，說明人呈送一具望遠鏡給他們的莫里斯伯爵（Count

---

11 〔編註〕法蘭德斯（Flanders），為西歐地名，今為比利時一地區，十七世紀時為一公國，範圍包括現在的荷蘭、比利時、盧森堡、法國等國的部分地區。

12 佛萊明人（Flanders/Flemish），在今比利時之荷蘭族人及其語言。〔編註〕參閱前註法蘭德斯（Flanders）註解。

Maurice），能把遠處的東西看上去似乎很近，所以二哩之外的人可以清楚的辨識。這使我覺得十分美妙，自己也不時的想想；我覺得這一定是根據透視原理來的，就開始想如何製作；而我終於發現，而造了一具十分完美的，遠超過佛萊明人的那一具的聲名所傳。我創製成功的消息傳到威尼斯，六天前市長喚我去對全市參議員表演，使他們讚嘆不置。有不少的紳士、議員，雖然老邁，不辭辛勞，登上威尼斯最高鐘樓，以觀察海帆，看到滿帆兩小時外的船隻，若沒有我的望遠鏡是辦不到的。因為事實上這個儀器可顯現遠處的物品，五十哩外卻有五哩外那樣大，那麼近。

科學方法的開始：伽利略

伽利略是現代科學方法的創始人。那是他在鐘樓上成功以後六個月內所完成的；而任何人有那樣的勝利可能已經滿足了。在他覺得把法蘭德斯的玩具改良為航海的利器並不夠。也可以使它成為研究的利器；這想法在那個時代是全新的，他把望遠鏡增加到三十倍，開始對著星星看。這是有史以來第一次實際的科學：自製設備，從事實驗，然後出版其結果。他於一六〇九年九月到一六一〇年三月完成該研究，並於威尼斯出版了那本輝煌的巨著《星星的使者》（*The Starry Messenger*），把他新的天文學發現加以繪圖說明。內容說了些什麼呢？

我看到成萬的星辰，為前所未見，在數量上，超過

老星十倍以上。

　　但至今最令人興奮而驚訝的，也是促使我請所有天文家、哲學家留意的是，我發現了四顆行星，在我之前從不曾為天文家所知、所觀察過。

他說的是木星的衛星。這本書也指出他觀察了月亮，他是第一個把月亮的地圖印出來的人，我們仍有他的原版的水彩地圖。

　　觀看月體是最美麗、最令人高興的了……它的平面並不是平滑的，而是粗糙不勻，如同地球一樣，到處都是突出、深溝與波狀物。

威尼斯總督府的英國駐威尼斯大使亨利‧沃頓爵士 [13] 在該書出版那天，向他在英國的上司報告說：

　　帕度亞的數學教授發現了四個行星圍繞木星旋轉；以及其他很多不知名的恆星；同時，月亮不是球狀的，有很多突出物……這作者若不是將非常著名就是非常可笑。下次船到時，您將收到一具光學儀器，是這個人改良的。

　　這消息非常轟動。它帶來的名聲甚至超過了商界的勝利。但卻不是大家都歡迎，因為伽利略在天空看到的，而且向那些願意

六、星星的使者

---

13 沃頓爵士（Sir Henry Wotton, 1568-1639），英國文藝復興時代政治外交家、藝術批評家。

觀察天體的人說明，托勒密的天體根本不靈。哥白尼強而有力的猜測是正確的，而已得到公開的證實。就像後來很多新的科學發現一樣，不會為當日社會的既有偏見所樂聞。

　　伽利略以為他只要證明哥白尼的理論正確，每個人都會聽他的。這是他的第一個錯誤：科學家們老是犯這種對人的動機缺乏了解的幼稚病。他又以為他的名譽已大得可以回到佛羅倫斯，不必再在帕度亞教那無聊的書了，也不必再在安全的反宗教的威尼斯共和國保護之下了，這是他的第二個錯誤，到頭來是一個致命的錯誤。

禁了哥白尼的星系

　　十六世紀的新教革命使羅馬天主教發動了可怕的反改革運動。反路德的喊聲震天；在歐洲的鬥爭主要是為了權威。在一六一八年，三十年戰爭開始，一六二二年羅馬創設了機構以宣揚（propagation）教義，今日英文宣傳（propaganda）一字乃自此而來，天主教與新教之間所從事的是一種冷戰，中間並沒有容納大人物或小人物的餘地。這一點伽利略並不知道。雙方的判斷很簡單，與我不同的就是異端，即使是樞機主教貝拉明[14]那樣高尚的信仰解釋者，也不放過在天文學上有所推想的布魯諾，把他送上了死刑架，羅馬教會是一個世間的大權威，在那尖酸的時代裡，正從事一項政治十字軍的鬥爭，一切手段要以結果來衡量——政治國度的倫理。

14 貝拉明（Robert Bellarmine, 1542-1621），義大利紅衣主教與神學家。

以我看來，伽利略對政治世界的無知是很奇怪的，最無知的一點是他以爲聰明就可以鬥得過政治。二十多年，他一步步走上不可避免的被判決的路。他們花了很長一段時間削弱伽利略的權威，但沒人懷疑伽利略會被人封住口，因爲在他與權力之間的分界是很絕對的。他們認爲信心要支配一切，他認爲眞理是應當追求的。

　　到一六三三年審判他的時候，這種原則上、個性上的衝突就公開了。但每一政治案審判的後面都有一段隱藏的歷史。在這大審後面的歷史躺在梵蒂岡上了鎖的梵蒂岡宗座檔案館（Vatican Secret Archive）中。在成行成列的文件中，有一個不大的保險櫃，放著教廷認爲最重要的文件。裡面有亨利八世申請離婚的文件──對此案件的拒絕帶來了英國的宗教革命，斷絕了與羅馬的關係。布魯諾的審判沒留下多少，因爲大都已毀，但剩下的都在這裡。

　　其中有著名的編號一一八一的「伽利略訴訟案」抄本。大審在一六三三年。但第一點有趣的事乃文獻開始於一六一一年，正是伽利略在威尼斯、佛羅倫斯、羅馬得意揚揚的時候，反對伽氏的密報已傳到教宗的裁判所。最早的文獻遺物並不在這個卷宗裡，卻是樞機主教貝拉明提議對他加以裁判。類似的報告在一六一三連續三年都在卷。那時伽利略才有所警覺。他不屈服，反而到羅馬去說服那些樞機主教的朋友們不要禁止哥白尼的世界體系。

　　但已經太晚，在一六一六年二月，在抄本中加了幾句正式的話，我們隨便的譯出來：

主張要予以禁止者如下：

太陽不動，在天體之中央；

地球不是天體之中心，不是不動的

而是以雙重運動而移動著。

　　伽利略自己似乎沒有遇到嚴重的撻伐。然而，他被招到樞機主教貝拉明面前，經過說服，並有主樞機教的一封信說，他不可以再堅持或爲哥白尼世界體系而辯解──但文獻到此爲止。不幸，有一文件在此記錄中指出了大審的結果。但那次審判仍在十七年之後呢！

　　這時伽利略回到佛羅倫斯，心中明白了兩件事。第一、公開爲哥白尼辯解此非其時。第二、時間慢慢會到的。第一點他是對的，第二點錯了。然而伽利略在等待，到何時？到一位有知識的樞機主教被選爲教宗時，那是樞機主教巴貝里尼。[15]

兩種體系的對話

　　一六二三年，巴貝里尼成爲教宗烏爾班八世。新教宗喜好藝術、音樂。他委託作曲家葛利高里歐‧阿雷格里[16]寫一曲九個聲部的〈求主垂憐〉（Miserere），爲教廷專用了很久。新教宗喜歡建築。他要把聖彼得教堂造成羅馬的中心，任命雕刻家及建築

15 巴貝里尼（Maffeo Barberini , 1568-1644），義大利十七世紀之教宗烏爾班八世（Urban VIII）之俗名，出身於佛羅倫斯之門閥。愛好文藝，專斷而自私，族人均居教廷高位。

16 阿雷格里（Gregorio Allegri, 1582-1652），義大利教士與作曲家。

家濟安‧勞倫佐‧貝尼尼[17] 來完成聖彼得的室內設計。貝尼尼大膽的爲教宗座位設計了一個高大的聖壇華蓋（Baldacchino），是米開朗基羅原設計之外，僅有的值得一提的增添。在年輕時，這位好知的教宗也寫詩，其中有一首恭維伽利略天文學上的十四行詩。

烏爾班八世自認爲創新者，他自信而沒有耐心：

　　我所知道的比全部樞機主教加起來還多。一個活著的教宗一句話比一百個死教宗的敕令都有價值。

他很傲慢的說。但事實上，巴貝里尼之爲教宗竟全是浮誇的：一個過分的族閥主義者，奢侈、專斷，不停的出主意，完全不接受他人的勸告。他甚至把梵蒂岡花園中的鳥殺掉，只是因爲擾他清夢。

伽利略於一六二四年樂觀地來到羅馬，與新上任的教宗在花園中長談了六次。他原希望這位好知的教宗可以收回一六一六年對哥白尼世界觀的禁令，竟發現烏爾班八世不肯考慮。但伽利略仍期望，教廷的官員們也預期著，新教宗可能默默的讓新說逐漸侵入教會，無形的取代舊說。這原是亞里斯多德與托勒密的天體觀念爲基督教義接受的步驟。因此伽利略仍相信在教廷官員設定的範圍之內，教宗是在他的一邊，直到真正考驗的一天。然而他竟徹底地弄錯了。

---

17 貝尼尼（Gian Lorenzo Bernini, 1598-1680），義大利巴洛克時代的大雕刻家、建築家。羅馬城之公共雕刻多出他手。

他們之間的看法自始就無法妥協。伽利略一直堅持一個理論最後的考驗必須在自然界找出來，他說：

> 我認為對實質問題的討論不能自經文的權威中找，而要來自感官經驗與必要的演示……神顯現在自然行動中的並不少於在聖經中所指示的。

而烏爾班八世反對神的設計可以予以最終的考驗，並堅持伽利略要在書中寫上下面這句話：

> 任何人要以他自己的某一猜測限制並界定上帝的力量與智慧是一種過分誇張的勇氣。

這一條件對教宗是特別重要的。這樣就使伽利略無法提出確切的定論（即使是反面的結論說托勒密是錯的），因為這樣就侵犯了上帝以神蹟而非以自然律統御世界的權利。

考驗的時代終於到了，一六三二年伽利略出版了他的書《關於托勒密和哥白尼兩大世界體系的對話》（*Dialogue on the Great World Systems*）。烏爾班八世大怒。他於那一年九月四日寫信給駐托斯卡尼[18]大使：

> 你的伽利略不顧一切的攪混了他不應該攪的事情，攪混了最重要最危險的主題，是今天不該去播弄的。

18 托斯卡尼（Tuscany），義大利以佛羅倫斯為中心之省區。

同月，他下達了致命的手令：

　　教宗陛下命令在佛羅倫斯的裁判長通知伽利略，以教廷的名，他必須盡快在十月到達羅馬，向教廷總管報到。

　　老朋友巴貝里尼教宗、烏爾班八世親手把他交給教廷裁判所，其結果是無可挽回的。

異端審判

　　道明會[19]的修道院，神廟遺址聖母堂[20]是教廷總裁判用以審判忠誠有問題的臣民的場所。是一五四二年教宗保祿三世（Pope Paul III）所設，以遏制新教教理的擴散，特別為「全基督世界反抗異端」所組織的。在一五七一年之後，同時掌握審理著作理論權，並編訂了《禁書目錄》（*Index of Prohibited Books*）。其審判的規則嚴格而明確。規則是一五八八年訂出的，與法庭不同。犯人得不到一份告訴狀，也沒有一份犯罪證據；沒有律師協助。

　　在伽利略的案件中，法官有十位，都是樞機主教，都是道明會。其中之一為教宗的弟弟，一為教宗的外甥。大審由裁判總監主持。伽利略被審的大廳現在是羅馬郵局的一部分，但是我們知道一六三三年時那大廳的樣子：陰森的，如同紳士的俱樂部中一

---

19 道明會（Dominican），為天主教教派之一，源自西班牙之十三世紀。
20 神廟遺址聖母堂（Santa Maria Sopra Minerva），羅馬一修道院。

間委員室。

　　我們也明確的知道伽利略怎樣一步步走到這裡的。自一六二四年與新教宗在花園中漫步開始，很明確教宗不願哥白尼原理公開討論，但伽氏另有辦法。在他出版的《關於托勒密和哥白尼兩大世界體系的對話》上，一個人以反面發問，兩個聰明人負責解答。

　　當然，因為哥白尼的理論不是不解自明的。大家不清楚為什麼地球每年繞太陽一圈，每天自轉一圈而我們竟不會被拋開。不清楚為什麼地球繞軸自轉，重物還會自高塔上垂直掉下來。這些反面的問題，伽利略都代早已死去的哥白尼答覆了，我們不要忘記伽利略於一六一六及一六三三年敢捋教廷之虎鬚，不是為自己，而是為一個死人的理論，因為他信其為真。

　　但在書中，他代表自己提出了他的科學所帶給我們的意義，自他少年在比薩，他從測量脈搏和觀察鐘擺振動時開始。這種意義是：地上的律則上達宇宙，在透明的天體裡展開。天上的力量與地上的一樣。這是伽利略所堅持的；因此我們所做的機器的實驗能給予我們星辰方面的知識。他把望遠鏡面對月亮、木星、太陽的黑子，即已結束了古典的信仰，那天體是完美、不變，只有地球是要順服變化紀律的信念。

　　書是一六三〇年寫成的，但他發現取得執照不易。審查員同情他，但很快發現強有力的人反對。然而到後來，伽利略收集了至少四張出版許可，在一六三二年初，該書在佛羅倫斯出版。立刻洛陽紙貴，他的災難也跟著臨頭。自羅馬來的震怒幾乎當時即到：停止出版，把一切版本──當時均已售罄──買回。伽利略要到羅馬去答覆問題。他所爭辯的均不受採納：他年老（近七十

矣！）多病（眞的），托斯卡尼大公的支持，都沒用，他一定要去羅馬。

顯然教宗本人對此書大爲憤恚。他發現至少有一段他所堅持的話，在書裡由那位頭腦簡單人說出來。大審的籌備委員會白紙黑字的說出：上文中我引的那對教宗很重的條件乃書中傳統派辯護人所持的態度，而這人被伽利略指爲「單純」（Simplicius）。也許教宗覺得「單純」是在諷刺他因而被觸怒了。他相信伽利略欺騙他，他自己的審查員矇混他。

因此在一六三三年四月十二日，伽利略被帶到這個房間，坐在桌子前，答覆裁判員的問題。問題的發出很客氣，在裁判的過程中有一種知性的氣氛，用拉丁文，以第三人稱說話。他怎樣來到羅馬的？這是他的書嗎？爲什麼要寫這本書？都是伽利略想像到的；他打算爲書辯護，然後來了一個他沒想到的問題。

> 裁判員：他來過羅馬嗎？特別在一六一六年。爲何目的？
>
> 伽利略：我那年來羅馬，因爲聽到對哥白尼的意見有疑問，我來聽聽有什麼值得取信的觀點。
>
> 裁判員：請他說明當時如何決定，他聽到了什麼。
>
> 伽利略：在那年二月，樞機主教貝拉明告訴我，堅持哥白尼的意見爲已證實的事實是與聖經相矛盾的，故不能信守也不能辯解，但可用以爲假說。爲求證明此點，我有樞機主教的文件，是該年五月二十六日寫的。

裁判員：請他說明當時是否有別人灌輸他其他準則。

伽利略：我不記得有其他準則。

裁判員：如果這樣是事實，而曾在證人面前指示他，不能再堅持、辯護上述的意見，或用任何方式教授他人，請說明他是否記得。

伽利略：我記得那指示是不准堅持、辯護該意見，並沒有說不准用任何方式傳授或思考。這些不曾寫在我所憑依的那張證明書上。

裁判員：在前說的準則之後，他取得寫書的許可了嗎？

伽利略：不曾取得許可，因我不以為違悖了給我的指示。

裁判員：他要求出版許可時，曾出示了聖教會的命令嗎？

伽利略：我沒說什麼，因為書中沒有堅持亦未為那個意見辯護。

伽利略有一張簽名的文件上說他不准堅持或辯護哥白尼的理論，以表示是經過證明的事實。那是每一個天主教徒都不准的。而裁判庭聲稱那個文件禁止伽利略，只有伽利略，用任何方法傳授這理論——就是說，當作假說來討論、思考也不准。裁判庭不需要拿出這文件，在規程中無此必要。但是我們手上有這文獻，藏在檔案館中，而顯然是偽造的——或者，最客氣的說，也是一個為某種集會擬定的草稿，而被推翻了的。上面沒有樞機主教貝拉明的簽字，沒有證人的簽字，沒有中間人的簽字，沒有伽利略

表示收到的簽字。

裁判庭難道非得使用法律上的模稜兩可的話，在「堅持或辯護」或「以任何方式傳授」上做文章，而手上的文件又在法庭上站不住？對，一定要。別無他法。書已出版了；曾經審查員通過。教宗現在可以對審查員們發火了——他毀了自己的部長，因為他幫伽利略的忙。但必須演幾齣漂亮戲向公眾證明這書是應該咒詛的，（這書在禁書索引上計二百年）因為伽利略欺騙。這就是審判不涉實質證據，既不提書，亦不談哥白尼，而在形式與文件上磨牙的原因。伽利略要顯得故意欺騙審查員，行為乖張、不實。

伽利略退卻

審判庭沒有再次開庭：審判到此為止，實令人驚奇。那就是說，伽利略又被帶進該審判庭兩次，准自行答辯作證，但未有人發問。裁決是在教廷大會上由教宗做主席時議定的，大會的決議有絕對性。這位持異議的科學家必須要蒙羞；權威要以行動與意念來向大眾顯示。伽利略要收回自己的意見；要用刑具嚇他使他屈服。

這樣的威脅對一個早年曾為醫生的人發生的作用，可以自當時一位受過拷問之苦而能生存的人作證來加以判斷。這人是威廉・利思戈[21]在一六二○年受過西班牙裁判所的刑。

---

21 利思戈（William Lithgow, 1582-1645），蘇格蘭作家。

我被帶到刑架，綁在上面。我的雙腿穿過三板架的兩邊之間，腳踝繞以繩索。將把手向前推，我的雙膝的主力頂著兩板，把大腿上的腱肉頂得爆裂樣的粉碎，膝頭的蓋骨被壓破。我的雙目直瞪，口吐白沫而呻咽著，牙齒顫抖如鼓手的錘子。我的唇戰慄，沒命的喊叫著，鮮血自手臂與斷裂的腿肉、手、膝上濺出。自這痛苦的尖端放下來，我被縛著兩手，丟在地板上，不絕的大聲喊叫著：「招！招！」

　　伽利略不曾受到酷刑，只是受威脅而已，兩次。他的想像力已受過刑了。這原是審判的目的，表明有想像力的人並不對原始的程序，動物性的恐懼免疫，因為那是不能變更的。而他已答應公然撤回原意見了。

　　我，伽利略・伽利萊，已故維辛佐・伽利略（Vincenzo Galilei）的兒子，佛羅倫斯人，年齡七十歲，親自受傳訊於此法庭前，跪拜在最高貴、可敬的樞機主教們之尊前，及統理基督國度反異端妖言之裁判長之尊前，在我眼前是聖福音書，因我的手撫摸著──我發誓我一直相信，現在相信，藉上帝的幫助，未來亦相信，一切由聖天主與使徒羅馬教會所堅信的、宣揚的，與教導的。然而，就在聖廷給予我依法指示的訓諭，要我完全放棄虛假的意見，即太陽為世界不動的中心，地球不是世界的中心，而是移動的，並不准我堅持、辯護，或以任何方式傳授那理論，不論口頭或文字，之後；在曉諭我那條原理與聖經所載相反之後，我竟寫了並出

版了一本書，討論業已查禁的學理，並引起辯護該學理的爭論，使人信服，竟未提出任何解答。為此，我為聖廷所宣判，有嚴重的異端的嫌疑，亦即，堅持了、相信了太陽為世界不動之中心，地球不是世界的中心，而是移動的。

因此為求抹除樞機主教閣下們及一切誠信教友以上的強烈懷疑，以虔誠的心，真實的信念，謹聲明放棄、憎惡前提的錯誤與異端，以及一切其他的錯誤與違反聖教會的文字；我發誓未來不再以言語與寫作的方式傳播任何可能再度使人對我發生懷疑的事物；如我知道任何異端或有異端嫌疑的人，我將向聖廷告發，或向我所在地的裁判官及一般官員告發。同時，我發誓，並答應遵行教廷加予我的任何懲罰而不逾。如我又有觸犯（為上帝所不許！）我願受一切苦楚與懲罰，一切由聖經及其他約法所訂定、公告對此等罪行之懲罰，巨細不論。因此，上帝幫助我，聖福音書幫助我。

我，上說的伽利略聲明放棄、發誓、保證並約束我自己如上。在真理的證明下，我親手寫下了現在這聲明放棄書，並字字加以朗誦，此在羅馬的神廟遺址聖母堂，一六三三年六月二十二日。

我，伽利略，親手自白如上。

科學革命的北移

伽利略之餘生被嚴格的軟禁在阿切特里（Arcetri），與佛羅倫斯有一段距離的他的山莊裡，教宗一點也不鬆懈，事事都未經

六、星星的使者

公開。查禁的學理亦不加討論，伽利略不准與新教徒談話。其後果是天主教的科學家自後都噤若寒蟬了。伽氏同代的偉人，笛卡兒（René Descartes），也不再在法國出書，最後去了瑞典。

伽利略決心不受大審影響完成一本書。他的書《關於兩門新科學的對話》（*The Discourses and Mathematical Demonstrations Relating to Two New Sciences*）即物理學，不談星辰，只談地球的事物，寫成於一六三六年，亦即七十二歲之老人在大審後三年。當然他無法使之出版，直到兩年後，在荷蘭萊頓（Leyden）地方，有些新教徒把它出版。當時伽利略已全瞎了，他自述：

> 啊，伽利略，你忠心的朋友與僕人，已經完全、無法治療的瞎了一個月；因此這天地、這宇宙，由於我不平常的觀察與清楚的演示而放大了一百、一千倍，遠超過前代學者所普遍接受的限度，現在卻收縮到這樣狹小的範圍，只能充塞我自己身體的感覺。

到阿切特里裡來看他的人，有一位年輕的詩人約翰・米爾頓。來自英國，正為他一生業績，一篇史詩做準備。而天意刻薄，米爾頓在三十年後要寫他那偉大的史詩時，眼睛也全瞎了，要靠他的兒女幫他完成。

米爾頓在生命的盡頭把自己與鬥士參孫[22]結為一體，參孫在非利士[23]人中，

---

22 參孫（Samson），聖經故事中的大力士。
23 非利士人（Philistine），居於巴勒斯坦西南部，曾攻打以色列人多次。

瞎了眼在加薩的磨房，與奴隸在一起。

　　他竟於死亡的一刻摧毀了非利士帝國。這正是伽利略所辦到的，出乎他自己的願望之外。審判與囚禁的結果，把地中海的科學命脈切斷了。自此而後，科學的革命轉移到歐洲北部。伽利略以軟禁的囚犯之身死於一六四二年。在同年的聖誕節，牛頓降生在英國。

七、
高貴的鐘錶

克卜勒定律

伽利略於一六三○年左右，在其著作《關於兩大世界體系的對話》開始，曾兩次提到義大利的科學有為北方的對手所擊敗的危險。這預言很正確。他心中所指的人是天文家克卜勒。克氏二十八歲時，即一六○○年來到布拉格，並在此度過其最具有生產力的歲月。他寫出了三個定律，把哥白尼的系統自一般性地說明了太陽與行星的關係，轉變為一種準確的數學公式。

首先，伽利略表現出行星的軌跡只能說大體是圓的：是一種寬廣的橢圓形，太陽在其中，略偏，為二圓心之一。第二、行星的運動不是等速的：只有行星與太陽間的連線與所蓋過的太陽與軌道間的面積的比例是不變的。第三、某一行星繞轉一圈——即一年——所需之時間因其與太陽間的平均距離而增加，是有相當規律的。

這是一六四二年聖誕節牛頓誕生時之情況。克卜勒在十二年前已過世，伽利略是當年過世的。不只是天文，一切科學都擱淺了：這新智者的來臨看到了重要的一步，不再申述過去已經完成

了的任務，而要解釋未來動力的因果關係。

世界之中心

一六五〇年，文明世界的重心自義大利轉移到北歐。明顯的理由是美洲的發現與探拓使商路改變了。地中海已不是地球之中央了，世界之中央轉移到大西洋岸，一如伽利略當年所警告的。貿易變了，政情也變了，義大利與地中海仍然在一些獨裁政權的控制之下。

新思想與新理論移轉到北方新教航海的國家：英國與荷蘭。英國就要成為共和國與清教國。荷蘭人自北海來，把英吉利之沼澤抽乾，變澤地為良田。一種獨立的精神在平坦的景物與林肯郡的濃霧中成長；克倫威爾[1]就是在這裡招募他的鐵甲軍。在一六五〇年，英國成為共和國，把它的國王斬首了。

牛頓之革新：流量學

牛頓在一六四二年降生在伍爾索普（Woolsthorpe）他母親的家裡時，他的父親已於數月前去世。不久母親再嫁，他被丟給祖母。他雖不是無家可歸的孩子，但自那時起他沒有表示受過父母的親愛。他的一生予人的印象是一個未被愛護過的人，他沒結婚。他似乎從沒有能享受到那種溫暖，他不曾渴求他人為伴，與

七、高貴的鐘錶

1　克倫威爾（Oliver Cromwell, 1599-1658），英國清教徒之領袖，處決英王詹姆士一世，為民主政治思想之首倡者之一。

他人自然的分享成就。相反地，牛頓的成就全是單獨的，他一直恐怕別人偷走他的成就，（也許他想的是）如他們偷走了他的母親。有關他的讀書生活，我們毫無所知。

牛頓自劍橋大學畢業後兩年，是一六六五至六六，正逢黑死病，學校關閉，他留在家中，母親又喪夫回家。在這裡他遇上了他的金礦：數學。今天我們可以讀到他的筆記本，很明顯好像牛頓不曾學得好，他自己證明了已經知道的大部分數學，然後從而進行獨創性的發現。他發明了「流數法」，是今天我們稱之爲微積分者。牛頓把「流數」當作自己的祕密工具；他利用它發現不少的結果，但寫出來的時候，卻用傳統數學的形式發表。

在這裡牛頓也構想了萬有引力的觀念，並立刻計算月亮繞地球之運動加以查驗。他把月亮看作一種有力的象徵。如果月亮循軌道而行是因爲地球的吸力，那麼月亮如同一顆球（或一顆蘋果），被用大力擲去，向地球墮落，但因行速太快，就一直落不到地上——它之繞地球旋轉，因爲地球是圓的。這要多大的引力呢？

> 我推論使星球循軌道而行的力量，必然與該星球至旋轉中心之距離的平方成反比；這樣去比較把月球保持在軌道上所必要的到地球表面的重力，發現其結果相當接近。

這種謙虛的說法是牛頓的個性，他第一次粗略地計算事實上把日期算爲二十七天又四分之一，相當接近眞值。

有這樣接近的數字出來，你可以如畢達哥拉斯一樣知道一種

自然的奧祕已在你的掌握中。一個萬有律控制著天體高貴的鐘錶裝置，月球之運動不過是其中一件和諧的事件而已。這是一把插進鎖孔的鑰匙，等待你去旋轉，自然已用數字證實了它的結構。但如果你是牛頓，你不會公開的。

　　一六六七年他回到劍橋，成為三一學院的榮譽會員。兩年後，他的教授辭掉了數學的講席。當時也許並不像以前所想像的那麼明確地要讓給牛頓，但其結果是一樣，牛頓被任命為教授，時年二十六歲。

光譜之謎

　　牛頓出版的第一本書談的是光學。與他的一切偉大發現一樣，是在鼠疫流行的那兩年構思成功，因為那是他發明之年齡的盛期。在疫病掠殺的一個空檔，牛頓不在家，回到劍橋的三一學院去了。

　　這樣一位我們奉為解釋物質宇宙的大師，竟自思考光的現象開始，多少有點奇怪。這有兩個理由。第一、當時是海洋的世界，英國最聰明的頭腦都忙著去解決航海的問題。牛頓這樣的人自然不會打算解決實際問題；那未免把他們的興趣解釋得太幼稚了。他們涉及這一主題，乃因老一輩的要人為此辯論，年輕人通常就被牽入了。望遠鏡是當時一個顯著的問題。一點不錯，牛頓初度覺悟到白光中的顏色問題是在他自製望遠鏡，磨製透鏡的時候。

　　但在這下面，當然有更根本的理由。實質的現象永遠包括能量與物質的互動。我們因光而見物質；我們觀察到光的存在，乃

因物質的干擾。這一思想構成每一偉大物理學家的世界，他們都發現自己若不兼及另一面，無法對此一面有深刻的了解。

在一六六六年，牛頓開始思索透鏡邊緣的現象是怎麼形成的，乃用稜鏡來模擬其效果。每一透鏡到邊時都是一個小稜鏡。當然，稜鏡放射出帶顏色光自亞里斯多德以來就是普通知識了。但當時的解釋也很普通，因為他們沒加質的分析。他們只是簡單地說，白光穿過玻璃，在薄的一端暗了一點，故呈紅色，玻璃厚些，光線暗些，則呈綠色，再暗則呈藍色了。多妙！這個說明解釋不了什麼，但看上去十分有理。最明顯的而這個說法不能解釋的事，正是牛頓指出的，只要讓陽光自小縫中射入三稜鏡就可以了。是這樣：陽光射入時呈圓盤形，但透出時呈拉長形。大家都知道光譜是長形；這現象已被有心人注意了上千年。但要等像牛頓這樣高智慧的人去解釋這看上去很顯然的事。牛頓說這個看上去很當然的事情，光線不是被調整了，而是被分解了。

在科學的解釋上，這是一個新說，當時的人不能接受。虎克[2]與他爭辯，各種物理學家與他爭辯；直到牛頓被這些爭論弄煩了，寫了一封信給萊布尼茲，「我為我出版的光學的書所惹起的討論所困擾，只能怪自己魯莽，竟為之放棄了大部分的安靜的幸福去追逐影子了。」

自此而後他拒絕參與爭論，絕不與虎克類的人爭論。他不肯再出版光學的書籍，直到一七〇四年，虎克死後一年，並且先警告過皇家學會（Royal Society）的主席說：

2　虎克（Robert Hooke, 1635-1703），英國實驗物理學家。

我不打算再為哲學之事煩心了，因此如果你發現我不再在這方面有所作為，不要以為我生病了。

讓我們從頭開始，以牛頓自己的話說吧！在一六六六年：

　　我弄到了一個三稜玻璃鏡，試試有名的色彩現象。我把房間變暗，在窗遮上弄了一個小洞，可讓適當的陽光射入，再把稜鏡放在洞口，這樣可以把光線折射到對面牆上。開始好像是一個很悅目的遊戲：生動的強烈色彩由之產生出來；可是過了一會，對現象加以縝密的思考，我很驚奇地發現光譜是長方形的。若依照折射律。應該是圓形的。

　　我看到這光傾向於影像一面的比傾向於另一面的所受的折射大得多。因此影像變長的真正原因可見不過是光包含了不同折射的光線，投射角雖然相同，但依據其折射度，傳送到牆上，就分解為部分了。

這樣光譜的長形有了解釋：是因為色彩的分離與展開的緣故。藍比紅的折射率高，此為那些色彩的絕對屬性。

　　然後我把另一個三稜鏡放在一位置，使光可自其中穿過，在到達牆面以前，經過第二次反射。安排好了，我把第一個稜鏡拿起來，慢慢來回旋轉，使影像中每色依次穿過，這樣可觀察由第二個透鏡再折射的結果。
　　我發現一種光線被分開以後，就保持該項顏色，不

論我如何設法都無法改變。

這是說，傳統的看法是錯誤的；因為如果玻璃會調整顏色，第二個稜鏡應該產生新顏色，把紅色變為綠色或藍色。牛頓自認這是很關鍵性的實驗。證明了色一旦由折射分解，就再也不能改變了。

　　我把它用稜鏡折射，用在日光下呈現他種顏色的物體反射；我用帶色的空氣膜加以攔截，使它通過兩片壓縮的玻璃板；又讓它透過帶色的介質，經過介質使它受其他種光線之照射；然後不能再造新色。

　　但最令人驚訝而美妙的組合物是白色。沒有一種光色可單獨顯示出白色來，要造成白色，需要前述的原色加以適量的混合才成。我常以讚賞的心情觀察稜鏡中的色彩集中，再加混合，產生光線，完全而純粹的白色。

　　因此我們證明白色是光之普通色，因為光是帶著不同色彩的多種光線的混合，如同在發光體的各部分亂射出來的一樣。

這封信寫給皇家學會，時在牛頓被選為榮譽會員之後不久的一六七二年。他證明自己是一個新派的實驗家；知道如何形成理論，如何做決定性的無例外的實驗。他對自己的成就相當驕傲。

　　一位自然學家很少會期望把色彩科學變成數學性的，但是我敢肯定其中的確定性不下於光學中的任何其他

部分。

重力與「原理」

牛頓開始在倫敦與劍橋享有聲譽；色感開始在都市世界裡散布著，宛如光譜把它的光線散射到商人們帶來首都的絲綢與香料上。

畫家色彩上的花樣多了，大家對東方色彩鮮明的東西發生了興趣，使用很多色彩的文字也變得很自然。當時的詩中反映了這一點。波普[3]在牛頓出版《光學》（*Opticks*）的那年是十六歲。他絕對不如莎士比亞敏感，但他的詩中比莎氏多用了三、四倍帶有色彩的字眼，使用的次數要多十倍。比如，波普描寫泰晤士河中的魚說：

> 眼睛明亮的鱸魚有著泰爾紫的鰭，
> 銀鰻，閃耀的身體滾動著，
> 黃色的鯉，鱗如金色的點滴，
> 敏捷的鱖，因猩紅的色彩而有別。

若不把它當作色彩的練習，簡直是不可思議的。

大都會中的聲望不可避免地招來了新的是非。牛頓在致倫敦科學家信中提出的結果的大綱被到處流傳。這就是在一六七六年以後，他與萊布尼茲爭奪誰是微積分的發明人一事開始漫長尖酸

---

3 波普（Alexander Pope, 1688-1744），英國詩人。

的爭論的原因。牛頓永不會相信萊布尼茲，雖也是有能力的數學家，會單獨想出微積分來。

牛頓想到完全退出科學，回到三一學院的修道院裡。三一學院的「巨庭」（The Great Court）對一個環境優越的學者而言相當空曠；他有自己的小實驗室，及小花園。在奈維爾庭院[4]裡，雷恩[5]爵士（當時最偉大的建築師）設計的大圖書館正在施工。牛頓捐了四十鎊。看上去他似準備把自己的生命致力於個人的研究。但到頭來，他拒絕在倫敦的科學家中喧嚷，他們還是到劍橋來找他吵鬧。

牛頓在黑死病的那年想出了萬有引力的觀念，並相當成功地使用在月球的運動上。是後二十年他完全不曾打算出版些地球繞日運動等較大問題，實在很難令人理解。障礙何在不知，但事實如此。直到一六八四年倫敦發生了一項爭辯：那是雷恩爵士、虎克與一位年輕的天文學家哈雷[6]之間的爭辯，結果是哈雷來到劍橋去請教牛頓。

　　　在他們相見一會以後，哈雷博士問他，如果太陽的引力與距離的平方成反比，行星所行走的曲線是怎樣的。艾薩克爵士（即牛頓也）立刻回答，應該是橢圓形。那位博士既高興又迷惑，問他怎麼知道。他說：「怎麼知道？

4　奈維爾庭院（Neville's Court），劍橋三一學院中之一院落。
5　雷恩（Christopher Wren, 1632-1723），英國十七世紀建築師，建造聖保羅教堂等。
6　〔編註〕哈雷（Edmond Halley, 1656-1742），計算出彗星軌道，並精準預測彗星出現時間與方位，即「哈雷彗星」的由來。

我算過。」由之哈雷博士立刻請他賜教。艾薩克爵士在紙堆裡翻來翻去，竟找不到，乃答應再算一次，就寄給他了。

自一六八四到八七之三年間，牛頓把求證寫出來了。其全文很長，書名《原理》（*Principia*）。哈雷鼓勵、勸誘，甚至資助了該書的完成，由佩皮斯[7]以皇家學會主席的身分接受於一六八七年。

這書描述一種世界的體系，故其出版十分轟動。以一套簡單的定律奇妙地描述了世界。更重要的，它是科學方法的里程碑。我們把科學看成一連串的命題，如同自歐幾里得的數學中導出來的一樣；這是不錯的。但到了牛頓才把它轉變成一套實質的體系，把數學自靜態變成動態，因而現代科學方法才真正開始嚴密化了。

實際上，我們在這本書中可以看到使他在準確地計算月球軌道之後，遲遲不肯出版的障礙。比如說，我認為那是因為他尚不能解決第十二節上的問題：「球體怎麼吸引一個質點？」在伍爾索普，他粗略地計算，是把地球與月球當作質點的。但它們（以及太陽及行星）是大球體。在球體之間的重力的吸力可以很準確地用它們的核心取代嗎？對，但很幽默的是，只有當吸力相當於距離的平方的時候。在這裡，我們可以看出他在出版前所面對的巨大的數學難題。

7　佩皮斯（Samuel Pepys, 1633-1703），英國日記作家。

自一六八四到八九之三年間，牛頓把求證寫出來了，其全文很長，書名《原理》；哈雷鼓勵、勸誘，甚至資助了該書的完成。

當牛頓威脅寧可放棄這本書而不願接受虎克的要求時，哈雷在一六八六年六月二十九日給他寫了封信：「先生，我一定要再度地懇求您不要如此地怒火高張而危害到我們的第三本書，現在你贊同其字形與紙張，我將盡力促使出版。」

知識的獨裁者

　　牛頓被人以下列的問題如「你還沒解釋重力怎麼發生作用的」，「你沒有解釋相隔的物體之間怎能互有影響」，甚或「你還沒有解釋為什麼光線有那樣的行為」等發難時，他老是做一種

回答：「我不做假定。」他的意思是「不從事玄學的猜測，我建立一個定律，自定律推出現象」。這是他在《光學》一書中所說的，也正是當時人所不能了解其為光學的新猷的緣故。

如果牛頓是一個平凡、拙笨、實際的人，這些都很容易說明。但他不是，他是最不平凡而最野性子的人。他煉丹。偷偷地，他寫了一大本討論《啟示錄》（*Book of Revelation*）的書。他相信反平方的定律已由畢達哥拉斯發現了。像這樣一個人，私下滿腦子的狂野的玄想與神祕的猜測，但對公眾說「我不做假定」，正是他祕密性格中的不平凡的表現。華茲華斯[8]在〈前奏曲〉（*The Prelude*）中，生動地描寫道：

> 牛頓，其稜鏡與沉靜的面孔

實在是看到的真，說出來的也確。

然而，外表的面孔是很成功的。當然，牛頓不能升級，因為他是唯一神教友，不接受三位一體說；當時的科學家對三位一體在本質上不能安心。因此他不能做到牧師，也就不可能成為學院的院長。因此於一六九六年，牛頓到倫敦的鑄幣廠去，後來就出任廠長。在虎克死後，他於一七○三年接受了皇家學會的主席職位。一七○五年由安妮女王（Queen Anne）封爵。到他於一七二七年去世，是倫敦知識界的領袖，這鄉下孩子幹得不錯。

可悲的是，他的成就以十八世紀的標準是不錯的，但以他自己的標準尚不夠。更可惡的是他竟接受了學會的標準，他為了要

8　華茲華斯（William Wordsworth, 1770-1850），英國田園詩人。

做這學會委員會的獨裁者，以收穫成功的結果而接受了。

　　一個知識界的獨裁者即使出身微賤也不是一個令人同情的人物。但在私下，牛頓不像公開露面時那樣傲慢，這在他的私下寫作中是常見的。

　　　　解釋自然的一切，對於一個人，甚至一個時代都是太困難的工作。最好少做而有成，讓後人去努力，不要貪圖解釋一切事情。

　　而在另一句更有名的話裡，他把同樣的意思寫成較含糊、但帶有一點傷感的味道。

　　　　我不知道世人怎麼看我，但自己覺得好像一個孩子在海邊玩耍，不時發現一個比較圓滑的頑石，或比較漂亮的貝殼，而眼前真理的大洋，卻不曾被發現。

嘲諷的挑戰

　　牛頓七十多歲時，皇家學會並未做過真正的科學工作。喬治王統治下的英國，風靡的是金錢（這段時間發生了南海泡沫事件[9]）、政治、醜聞。在咖啡館裡，聰明的生意人創設了些公司以剝削奇巧的發明。作家拿科學家開心，部分是因為懷恨，部分是

9　〔編註〕南海泡沫事件（South Sea Bubble），發生於一七二〇年，起因為南海公司（South Sea Company）驚人股價瞬間蒸發。

因為政治的動機，因為牛頓是政府建制中的權貴。

　　一七一三年冬天，一群心懷不滿的保守派作家成立了一個文學會。在次年安妮女王過世以前，他們在聖詹姆士宮（St James's Palace），御醫阿布斯諾特[10] 的房間裡集會，決心開當時各學會的玩笑，該集會取名為「思克理布勒洛思俱樂部」（Scriblerus Club）。斯威夫特[11] 在他的《格列佛遊記》的第三冊裡對科學界的攻擊，為大家所熱切討論，這群保守黨，後來幫助約翰・蓋伊[12] 在《乞丐的歌劇》（*The Beggar's Opera*）中諷刺政府，又幫他於一七一七年寫成《結婚後三小時》（*Three Hours After Marriage*）一劇。在這裡，諷刺的對象是一個傲慢的年長科學家，名為佛塞爾博士[13]。下面是自該劇裡引出的一段標準的戲，是這位老博士與一位冒險家普拉特威爾[14]，女主人的情人，之間的對話。

　　　　佛：我答應朗福特女士送她我的「鷹石」。這可憐
　　　　　　的女士大約要小產了，想到高興。哈！誰在這
　　　　　　裡！我不喜歡這傢伙的模樣。可是我不要太過
　　　　　　分挑剔了。

　　　　普：Illustrissime domine, huc adveni ―

---

10 阿布斯諾特（John Arbuthnot, 1667-1735），蘇格蘭醫學家。
11 斯威夫特（Johnathan Swift, 1667-1745），英國諷刺家，為《格列佛遊記》（*Gulliver's Travels*）之作者。
12 約翰・蓋伊（John Gay, 1685-1732），英國詩人及劇作家。
13 佛塞爾博士（Dr. Fossile），化石（fossil）的雙關語。
14 普拉特威爾（Plotwell），陰謀家雙關語。

佛：Illustrissime domine ── non usus sum loquere
　　Latinam ──如果你不先說英語，我們就不能交談
　　了。

普：我只能說一點點英語。我對有名的佛塞爾博
　　士，一切藝術與科學的大聞人的名望，早已如
　　雷灌耳了。我要與他交換點意見。

頭一件趣事自然是煉金術，文中的術語用得倒很準確。

佛：請問先生，你是那一所大學的？

普：有名的克拉科夫大學……

佛：你懂得的是那一種祕方，先生？

普：你看就是這個，先生，嗅盒。

佛：嗅盒。

普：對了，嗅盒。這是很真的黃金。

佛：那是什麼？

普：那是什麼？那是我自個兒做的黃金，自克拉科
　　夫大教堂上的鉛製成的。

佛：怎麼做成的？

普：燒一燒，搖一搖，濾一濾，蒸一蒸，混一混，
　　凝一凝，然後揮發。

佛：你說的話要小心呀，煉金哪有揮發的呢？

普：我不要告訴那有名的佛塞爾博士，那種金屬實
　　在等於沒有完全成熟的黃金。

佛：你說話像個哲學家，看樣子要讓國會通過議

案，不准掘鉛礦，就像不准伐細樹一樣。

然後是科學方面了，談到一些在海上找經線的難題，談到微分的發明。

> 佛：我現在並沒有時間做什麼實驗。
> 普：……你也在研究經線嗎？先生。
> 佛：我不研究不可能的，只研究長生不老藥。
> 普：你對「流數」的新法子的看法如何？
> 佛：我在水銀之外一無所知。
> 普：哈哈！我是指數量的流量。
> 佛：我所知道的最大量是每天三個夸脫。
> 普：你對水文學、動物學、礦物學、水力學、聲學、氣體學、對數學等的祕密在尋求解釋嗎？
> 佛：那都不是我的本行。

牛頓的絕對空間

今天在我們看來，牛頓在他的生時不應該也為人譏諷，甚至受到嚴厲批評的。但事實是，科學的理論不管多壯麗，在假定上總有些漏洞會受到攻擊，而且有時有被取代的必要。牛頓的理論，很美妙地接近自然的真實，也少不了類似的缺陷。牛頓自己也承認。他最重要的假定是：自起初「我把空間當作絕對」。他的意思是說，空間無處不在，平坦而無限，如同我們四周的空間一樣。萊布尼茲批評他這一起始的假定，而且批評得很對。而在

我們自己的經驗中，這一點也不一定站得住。我們習慣於居住在當地平坦的空間上，但只要放高眼界看看地球，就立刻知道其不然了。

地球是圓的，因此在北極上的一點，若由站在赤道上而相離甚遠的兩人看上去，都覺得看向正北。這情形對一個平坦地面的住民而言，幾乎是不可能的。對那些相信地面是平面的人，也是不可能的。牛頓的理論等於是自平地人的眼光看大宇宙；在太空中航行，一手拿著直尺，一手拿著懷錶，在太空中畫地圖，好像處處都像在我們眼前。這實在不一定是正確的。

即使說空間是球形的，也就是說空間一定有一個正的曲度，也不一定是正確的。空間很可能是局部凹凸不平而波浪起伏的。我們可以想像一種空間有一些馬鞍點，龐大的物體在上面滑動時，有些方向比較容易，有些方向則難。天體上的物體的運動當然也要這樣——我們的解釋一定要合乎我們所看到的。但解釋又有多種，控制月球與行星的定律可能是幾何的，而不是重力的。

當時這些都是未來的幻想，即使他們發展出來，當時的數學也處理不了。但是那些有思想、能沉思的心靈已經覺悟到，牛頓把空間畫成一種絕對的格子形，對我們察覺事物而言，是不真實的簡化。相反地，萊布尼茲就很有預言味地說：「我認為空間是純相對的東西，與時間同。」

絕對時間

在牛頓的系統中，時間是另一個絕對值。要描繪天體，時間是很重要的：首先，我們不知道星星離我們多遠，只知道在何時

它們穿過我們的視線。因此在航海家的世界裡，需要把兩大工具加以改善：望遠鏡與時鐘。

先說望遠鏡的改良。當時已經以格林威治的皇家天文臺爲中心。是無所不通的虎克所計畫的；當時他與雷恩爵士在大火（Great Fire）之後再建倫敦。航海者離岸很遠時，要定出自己的位置（經、緯度），就可以把他對星星的讀數與格林威治的讀數比較。格林威治的子午線成爲所有水手們在波濤洶湧的世界中的定標：子午線與格林威治時間。

要固定一個位置的第二大幫助是鐘錶的改良。鐘錶已成爲當時的象徵以及中心課題，因爲在海上使用牛頓的定律的條件是在船上有一具鐘以報時。原則很簡單。太陽二十四小時繞地球一周，經度的三百六十度中每一度占了相當於四分鐘的時間。水手只要比較船上的正午（太陽最高位置）與鐘上指示出的格林威治時間的正午，即可知道每四分鐘之差就是離開格林威治子午線一度之遙。

政府出二萬鎊的獎金，徵求一具時針，可以在航行六週之後誤差在半度之內者。倫敦的鐘錶製造商們（比如約翰·哈里遜〔John Harrison〕）製造了很多巧妙的鐘，設計得使鐘上的幾只鐘擺可以修正船身搖晃造成的誤差。

這類技術上的問題帶來一連串的發明，自此而後，科學與我們日常生活就都被時間所支配了。一艘船隻實在就是一顆星的模型。星怎樣在太空中航行？它怎樣計時？船隻是想像出相對時間的起始點。

當時的製錶匠是工匠中的貴族，就像中世紀的石匠一樣。回想起來很有趣：今天我們所知的鐘，控制著我們心跳的計步器，

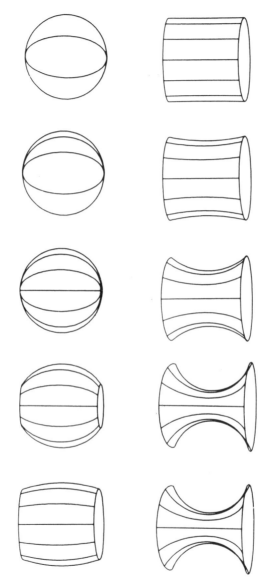

我們可以想像一種空間有一些馬鞍點。球體倒轉的電腦圖案所形成的反曲度。

支配了現代生活的錶，自從中世紀以來就緩緩地點燃了工匠們的技巧之火花。在那個時代裡，錶匠們所努力的倒不是知道時刻，而是模仿天體星球的運動。

愛因斯坦

　　牛頓的宇宙，未經延誤地滴答前進了兩百年。如果他死後有靈到一九〇〇年以前的瑞士去瞧瞧，所有鐘都會向他鳴響歡呼。但剛過一九〇〇年在伯恩（Berne），離一座古老鐘塔不足二百碼處，一個年輕人來此定居，他就要把它們搞得紊亂不堪了。這個人是阿爾伯特·愛因斯坦[15]。

　　時間與光到此時剛開始發生協調上的困難。在一八八一年，邁克生[16]完成了一個實驗（六年後他又與愛德華·莫立[17]重複了該次實驗）。在這實驗中，他向不明的方向發光，再把光收回，而發現不論其裝置怎樣移動，光線的速度都是一樣的。這一點與牛頓的定律十分不符。這是在物理學的心臟裡的一點小波動，約在一九〇〇年左右，第一批科學家好奇而興奮地提出了問題。

　　我們不清楚當時這年輕的愛因斯坦在這一點上是否很跟得上，他不是用功的大學生。我們十分清楚他來到伯恩的時候早已問他自己，自十幾歲的孩子時代已開始，若自光的觀點看，我們所得的經驗是怎樣的。

15 愛因斯坦（Albert Einstein, 1879-1955），美國物理學家，生於德國，相對論發明者。

16 邁克生（Albert Michelson, 1852-1931），美國物理學家，生於德國。

17 〔編註〕莫立（Edward Morley, 1838-1923），美國物理學家、化學家。

這個問題的答案有很多矛盾，故十分難答。但，雖有這麼多矛盾，最難的部分不是回答而是構思一個問題。天才如牛頓與愛因斯坦者，其才之所在，乃他們問一些近乎明顯而天真的問題，卻找出些對傳統具有破壞性的答案來。詩人顧柏[18]曾稱牛頓為「童稚似的聖者」，這種性質所描述的，正是愛因斯坦臉上所表現出的訝異表情。不論他談到駕著光線，或跌落太空，愛氏老是簡單、漂亮的說明了這些原理。我要取他書中的一頁。我回到鐘塔的下方，搭上他當年每天搭乘到瑞士專利局工作的電車。

旅行家自帶時與空

愛因斯坦在十幾歲時所思索的問題是：「如果我駕著光線，這世界會像什麼樣子？」假如這電車駛離鐘塔是駕馭著這鐘上顯示出時刻的那束光線，那麼，鐘就凍結了，我，這電車，這車廂，駕著光線，就固定在時間上了。時間就停止不動了。

讓我說得明白些。如果在我離開這鐘塔時，鐘上告訴我已正午。我現在以光速駛開了十八萬六千哩；只要一秒就夠了。但我回頭看鐘，上面仍指著正午。因為光線自鐘面到我處所花之時間與我旅行的時間完全一樣。就我所看到的鐘而言，自在電車中旅行的人而言，保持光速，就把我自己與時間的流逝隔絕了。

這實在是一個不平凡的大矛盾。我不打算細說其含義，或愛因斯坦所關心的其他問題。我在此只討論這一點：即如果我駕光線而行，時間對我而言突然結束了。那一定表示，在我接近音速

18 顧柏（William Cowper, 1731-1800），英國詩人。

時（我要待在這電車來模擬），我就被單獨地封閉在時間與空間的匣子裡，慢慢地離開了正常的世界。

這類的矛盾現象指出這件事實：第一，很明顯地沒有一般性的時間。但比較微妙的是，這種經驗對旅行者與對在家的人不相同，而且對每一個循不同步調運動的人都不同。我在電車上的經驗卻是一致的。我發現同樣的一套定律，有同樣的時間、距離、速度、質量、力等的關係。但我所得到的這些因素的實值與在人行道上行走的人所得到的並不一樣。

這就是相對論（Principle of Relativity）的核心。但很明顯的問題是：「那麼，什麼東西把他的匣子與我的匣子連結在一起？」是光的通過：光是傳遞消息的介質，把我們聯繫起來的。所以最要緊的實驗乃自一八八一年以來困惑著大家的那一個：我們交換信號時，我們會發現，我們之間情報的傳遞永遠是相同的步調。我們所得到的光速永遠相等。因此很自然的，時間、空間與質量對我們必然不同，因為對在電車上的人及在車外的人要使用同樣的定律，但光速是不變的。

光與其他的輻射物都是自事物上散發出的信號，如同穿過宇宙的微波，事物新聞的傳遞不可能比這個更快了。光或電波或 X 光是新聞或訊息的終極媒介，構成了一個基本的消息網：把物質世界連結在一起。即使我們要發出的訊息只是時間，我們也無法把它自一地傳至另一地比光線與電波更快。這世上沒有普遍一致的時間，沒法只靠格林威治的信號撥我們的錶而不把光速的因素攪混在裡面。

在這二分法中總要有些意義，因為光線的軌道（如同子彈的軌道）對一個偶然的旁觀者看來是與運動中的開火的人看上去不

相同的。旁觀者看這軌道要長些，因此光所旅行的時間對他說來也要長些，如果光速相等的話。

這是否正確呢？是的。我們現在知道在宇宙及原子的過程中，在高速度時為真。假如我們真正能以一半光速來旅行，則我手錶上的三分鐘多一點的時間，對於在人行道上的人看來要多半分鐘。

我們要使此電車逐漸加速到光速看看外觀如何。相對論的效果可使物變形。（在色彩上亦有變化，但與相對論無關。）建築物的頂有內彎、前傾的傾向。建築物又像都擠在一起。我在水平面移動，故水平距離似乎縮短了，但高度沒有變。車子與人群都同樣變形；又細又高。我看出去的情形與車外的人看進來相同。相對論世界的《愛麗絲夢遊仙境》（*Alice in Wonderland*）是對稱的。旁觀者看到車身擠在一起：又細又高。

很顯明，這樣一個景象與牛頓的世界是大不相同了。對牛頓而言，時間與空間形成絕對的框架，物質世界就在這個架子上有條不紊地轉動。他的看法還是上帝的世界觀：對誰看來都是一樣，不管觀者在那一點，或移動的方式如何。相反地，愛因斯坦的觀點是人的觀點，你之所見與我之所見，乃因人而異，視地點與速度而定。而這種相對性是不能變的。我們無法知道這世界的本身是怎樣的，我們只能使用實用的交換訊息的方法比較一下我們每人所見到的世界。我在電車上，你坐在椅子上並無神聖而瞬間的事象可供分享——我們只能互相溝通我們的看法。而溝通不是瞬間的；我們沒有自溝通中除開一切信號的時間差，以光速所決定的時差。

證明之相對論

電車並不能到達光速。它很和緩地停在專利局的附近，愛因斯坦下了車，做完了一天工，常常在晚上到巴爾威克咖啡館（Café Bollwerk）坐坐。專利局的工作輕鬆。老實說，大多數專利申請在今天看來都很蠢：有一個申請玩具氣槍改良型的專利，有一個申請交流電路控制的專利。對後者，愛因斯坦的簡單評語是「不正確，不準確，不清楚」。

在咖啡館裡，他會與同事談一會兒物理學。他抽抽雪茄、喝喝咖啡。但他是為自己思考的人。他直搗問題的核心，就是「人類，不只是物理學家，究竟怎樣互相溝通呢？我們互相間怎樣發出信號呢？怎樣求知呢？」

這是他所有論文的要點，如何一步一步地把知識的核心剝開。

所以在一九〇五年發表的偉大論文並不只是有關光的，如其題目所說的《論運動物體之電動力學》（*The Electrodynamics of Moving Bodies*）。其同年進一步的附錄中所說能量與質量是相等的（E=mc^2）。以我們看來，相對論的第一著就立刻引起對原子物理實際而具破壞性的預期，實在是很驚人的。但就愛因斯坦看來，這不過是把世界拉扯在一起的一部分而已；與牛頓等所有科學思想家一樣，他也有深厚的一體論者的感覺。乃來自對自然的程序一種深刻的識見，而特別是對人、知識、自然之間的關係的洞見。物理學不是事件，而是觀察。相對論所了解的世界不是事件，而是關係。

愛因斯坦很愉快地回想那些年頭。若干年後，他對我的朋

七、高貴的鐘錶

189

友西拉德[19] 說：「那是我一生中最快樂的年頭。沒有人盼望我生只金蛋。」當然，他確實繼續生了些金蛋：量子效應、一般相對論、場論。不僅如此，愛因斯坦早期的貢獻被證實了，收穫了他所預期的成果。他在一九一五年在他的一般相對論中預期，太陽附近的重力場會使穿越的光線向內彎曲──如同空間之扭曲。一九一九年五月二十九日日蝕，皇家學會派出兩個勘察家：一到巴西，一到非洲西岸，以查驗愛氏的推論。帶隊往非洲探勘的艾丁頓[20] 首次量度在該地所攝照片時，感到是一生中最偉大的時刻。皇家學會的榮譽會員急著把消息通知同僚們；艾丁頓用電報通知數學家里特伍德[21]，里氏用快信通知了羅素[22]，信上說：

　　親愛的羅素：
　　　　愛因斯坦的理論已經完全證實。推測的位移是
　　一‧七二吋，觀測的結果是一‧七五吋，正負○‧○六。
　　　　　　　　　　　　　　　　　　　　　里特伍德

　　相對論在特別與一般理論上都是事實。$E=mc^2$ 當然也及時證明了。甚至時鐘跑慢的論點也終於被無情的命運提出來了。一九○五年愛氏寫了一段略帶幽默的文字，描寫了一個理想的實驗以試驗時鐘的時差。

文
明
的
躍
昇

19 西拉德（Leo Szilard, 1898-1964），美國物理學家。
20 艾丁頓（Arthur Eddington, 1882-1944），英國天文學家。
21 里特伍德（John Edensor Littlewood, 1885-1977），英國數學家。
22 〔編註〕羅素（Bertrand Russell, 1872-1970），英國哲學家、數學家、文學家。

如果兩只時間相同的錶在甲處，又如其中之一順著一封閉的曲線移動，以 V 速度進行了 t 秒，又回到甲處，則後者到達甲處時與停止不動的時鐘比要失掉 $1/2t \, (V/C)^2$。我們自此知道如一個時鐘固定在赤道，會比同樣一只鐘固定在兩極者慢上很少的一點。

　　愛因斯坦是一九五五年去世的，是一九○五年的偉大論文後五十年。但在當時我們可度量一秒的十億分之一。因此已經可能認真觀察這樣古怪的建議，一人在赤道，一人在北極。在赤道的人運動得比在北極的人快些，因此他的錶要失時，而這正是實驗的結果。

　　這個實驗是由哈威爾（Harwell）地方一個年輕人名海伊（H. J. Hay）的完成的。他想像地球擠壓成平盤，因此北極在中心，赤道在邊緣。他放了一只有輻射線的鐘在盤子的邊緣，另一只在中心，讓板轉起來。時鐘計時是用統計法計算衰退的輻射性原子的數目。一點不錯，在海伊氏平盤（Hay's plate）邊緣上的鐘比在中央的鐘要慢些。這現象在那個轉動的盤子上都一樣。我在說這話的時候，在每一只盤上，每轉一圈，中心比起邊緣來都要衰老些。

新哲學

　　愛因斯坦所創造的系統，其哲學味比數學要重。他的天才就在發現一種哲學的意念，能對實際的經驗提供新看法。他看自然不以神的身分，而像一個覓途的人。也就是說，人在自然現象的

大混沌中，相信可以找出一個可見的共通模式，如果我們以嶄新的眼光著眼的話。他在《我所見的世界》（*The World as I See It*）中說道：

> 我們已經忘記了是什麼緣故在經驗世界中使我們套上了（前科學的）觀念，因此我們若不戴上古人已建立的概念解釋的眼鏡，竟發現在表達經驗世界時有極大的困難。進一步的困難是我們的語言逼我們用文字，而文字與那些落伍的概念交纏不清。這都是我們試著解說前科學的空間概念的基本性質時所遭遇的障礙。

因此窮愛氏的一生，乃結合光與時間，時間與空間，能量與物質，物質與空間，空間與重力，到他的晚年，還在努力於結合重力與電、磁力的關係。我記得他在劍橋的評議會會議室裡演講，穿著舊汗衫，赤腳著拖鞋，告訴我們他打算要發現的那種關聯，以及他面對些什麼難題。

汗衫、拖鞋，討厭的吊帶與襪子，不是感情問題。你看到他的時候，他似乎表達了布雷克的信念：「詛咒吊帶，祝福輕鬆。」他對現世的成功、尊嚴與信條都不太理會；通常他沒有觀念，不知道別人對他那樣的名人期望些什麼。他痛恨戰爭、殘酷及虛偽，而最痛恨的是教條——恨不是正確的字眼，描寫不出他所感到的悲哀的突變。他拒絕出任以色列的總統，因為據他解釋，他沒有人世問題的頭腦。這是謙虛的標準，其他的總統可能採納；但世上這種人已不多見了。

在牛頓與愛因斯坦這兩位以神的姿態邁進的偉人之前談人

類的心靈成長，好像不太合適。牛頓是舊約的神，愛因斯坦是新約的神。他充滿了人道、憐憫，與無盡的同情感。他對自然本身的看法，如同一個人出現在神樣的東西前面，這正是他常說的自然。他很喜歡談神：「神不玩骰子，神並不凶惡」。終於有一天波耳[23]告訴他：「別再吩咐神做什麼。」但這話並不太公平。愛因斯坦是一個可以問些非常簡單問題的人。但在他一生中所表現的，他的工作所表達的，是說如答案也簡單的，則已聽到上帝的綸音了。

七、高貴的鐘錶

---

23 波耳（Niels Bohr, 1885-1962），丹麥物理學家。

八、
力量的追求

英國的革命

革命不是命運而是人造成的。有時是些有天才的個人所造成。但十八世紀的大革命是很多較次等的人聯合起來完成的，在後面驅使他們的是一種信念：每人都是求自救的主人。

我們今天把科學的社會責任視為當然。這想法對牛頓與伽利略是很陌生的。他們認為科學是對世界真實的研究，他們唯一的責任是說出真理。科學是社會性事業，這一觀念是現代的，是由工業革命開始。居然無法把社會意識向前推之所以使人驚訝，因為我們培養了一種錯覺：以為工業革命之前是一個黃金時代。

工業革命是自一七六○年開始的一列變遷的長車。它並不孤單，是當時三大革命之一。另外的兩個是一七七五年的美國革命與一七八九年的法國大革命。把工業革命與政治革命放在一起似乎很奇怪，但事實上這些都是社會革命。工業革命不過是英國式的社會變遷的方法，我把它看作英國的革命。

為什麼特別是英國呢？明顯的是它自英國開始。英格蘭當時已是帶頭的製造業國家。但製造業是茅舍工業，而工業革命自

鄉下開始。造成革命的人是匠師：磨坊設計師、鐘匠、運河設計師、鐵匠等。工業革命之特別發生在英國乃因英國是札根在鄉野的。

在十八世紀的前半段，牛頓年邁，皇家學會衰微，英格蘭在鄉村工業與商人冒險家的海外貿易等最後一個回春期晒太陽取暖。太陽要下山了，貿易的競爭對手增多，到世紀之末工業的需要更急切、更嚴苛。家庭代工的工作組織產量不夠。在兩代之內，約略自一七六○到一八二○年，工業經營的老辦法改變了；早先的標準法子是把工作由村民帶回家去做。到一八二○年，標準法子是把工人帶到工廠中在監督之下做。

日用技術：布林德利

我們夢想著十八世紀的鄉村是詩情畫意的，如同高德斯密 [1] 在一七七○年於詩作《被捨棄的村落》（*The Deserted Villiage*）中所描寫的那種失掉的樂園：

> 甜蜜的奧本，平原上最可愛的村子，
> 健康與豐盛鼓舞了工作中的青年，
> 多幸福，他在樹蔭下完成了這些，
> 年輕的工人，休閒的歲月。

這全是胡說。在鄉下做牧師，對當時村落生活深知的克雷

1　高德斯密（Oliver Goldsmith, 1728-1774），愛爾蘭詩人與小說家。

布[2]看了此詩大怒，就用一首尖酸、寫實的詩作答：

> 是的，繆斯為那些快活的工人歌唱，
> 因為繆斯不知他們的痛創，
> 辛勞工作，無時或休
> 你們為這乏味的諂媚音律感動？

當時鄉下的男人自天未亮工作到天黑，工人不見天日，生活在窮困與黑暗中。能幫助他們減輕負擔的都是自古來以即有的工具，如同磨坊，在喬叟的時代已很古老。工業革命乃自這種機器開始；磨坊設計師是未來的工程師。斯塔福郡（Staffordshire）的布林德利[3]於一七三三年自創事業，設計磨輪，當時不過十七歲，他生在一個窮困的鄉村。

布林德利所改善的相當實際：把水磨的實效提高成為一種機器。這是新工業中的第一具多功能機器。比如布林德利研究改進燧石的碾磨。對正發展中的製陶工業有用。

但在一七五〇年有一更大的運動在醞釀中。水早已成為工程師的工具，布林德利這種人早就迷住了。整個鄉下都有水湧出、打出。這不只是一種新動力，而且是新運動的濫觴。布林德利是建造運河的先驅，運河當時稱為「航道」（navigation）。（因為布氏不會拼英文相近的「領航員」〔navigator〕一字，而到今天

2　克雷布（George Crabbe, 1754-1832），英國詩人。

3　布林德利（James Brindley, 1716-1772），英國工程師，為英格蘭地區運河系統之創始者。

英文中「鑿河道工人」〔navvies〕一字與「海軍」〔navy〕一字仍只差一個字母。）

　　布林德利本是爲了興趣，自己探測水道，乃就進行水磨、礦場計畫等旅行之便爲之。布里奇華德公爵[4]請他築一條河道，將公爵在沃斯利[5]礦坑的煤運到正快速發展的曼徹斯特（Manchester）去，設計驚人，可以一七六三年在《曼徹斯特信使報》（*Manchester Mercury*）上登出的一封信爲證。

　　　　我最近看到倫敦人造的奇境與山巔自然的奇觀，但都不及本地布里奇華德公爵的運河所給我的愉快。他的設計師布林德利先生確實改善得令人吃驚。在巴頓橋（Barton Bridge），他在半空中立了一座水道，高及樹巔。當我混合著驚訝與愉悅觀賞它的時候，有四艘拖船凌空在我旁邊航過，約三分鐘，兩艘鍊在一起，由在運河岸邊的兩匹馬拖著；我是不敢在上面行走的，因爲下有艾威爾大河（River Irwell）令人顫抖。在科恩布魯克（Cornebrooke）與公爵的運河會合的地方，約距離曼徹斯特一哩，公爵的代理商造了一座碼頭，在那裡賣煤，每籃三個半便士……明年夏天他們準備直送到曼徹斯特。

　　布氏繼續努力把曼徹斯特與利物浦（Liverpool）用更大膽的

4　〔編註〕布里奇華德公爵（Francis Egerton, 3rd Duke of Bridgewater, 1736-1803），該運河以其頭銜命名。
5　沃斯利（Worsley），英格蘭曼徹斯特以西之一區。

方式連起來，在全英格蘭，他幾乎計畫了四百哩的運河網。

英國運河系統的創造有兩件事是突出的，是一切工業革命所共有。第一，這群革命的人是實作者。與布林德利一樣，大都未受正式教育，而事實上當時學校教育只能堵塞創造性的心靈。文法學校根據法律只能教古典的教材，因為這原是其設立的目的。大學（只有牛津與劍橋）對現代與科學的研究極少興趣；而且也不收非英國國教的信徒。

另一個特點是新發明均為日常所用。運河渠道是交通的動脈，不是航行遊艇的，而是浮載駁船。駁船中所載也不是奢侈品，而是些鍋、盤、布匹包、錦帶箱，都是些值一、二便士的日用品。這些東西都在離倫敦很遠的鄉下製造，而鄉下快成為市鎮了。這是遍布全國的交易。

對特權的反抗：費加洛

在英國，技術是實用的，散布全國各地，遠離首都。而在歐陸宮廷的黑暗領域內，技術的意義恰恰相反。法國與瑞士與英人在製造科學的玩物方面一樣聰明（也智巧得多）。但他們把製造鐘錶的聰明加以渲染，為富有或王家的贊助人製造玩具。他們花了不少歲月製作的自動裝置，到今天還不失為精密運動方面最精美的作品。法國人是發明自動化的人，那就是在一連串的運動中，每一步均控制下一步的想法。即使今天控制機器使用打孔卡的辦法，也早已在一八〇〇年由雅卡爾[6]為里昂的絲織機上製成使

6　雅卡爾（Joseph Marie Jacquard, 1752-1834），法國發明家。

用了，並因用在這種奢侈的用途上被人遺忘了。

這類精巧的技術，在法國大革命前總算造就了一名人物。一個鐘錶匠，皮耶‧卡隆（Pierre Caron），發明了鐘錶中控制擺輪的裝置而取悅了瑪麗‧安東妮皇后（Queen Marie Antoinette），在朝上受寵並被封爲包馬歇伯爵 [7]。他有音樂與文才，後來寫了一個劇本，爲莫札特據以寫了他的歌劇《費加洛的婚禮》（*The Marriage of Figaro*）。雖然一個喜劇似不會成爲社會史的資料來源，這齣戲及其有關的陰謀可顯出在歐洲王廷上天才多麼值錢。

初看上去，《費加洛的婚禮》像一個法國木偶戲，滿是隱祕的機器。但事實上那是大革命的一個初期徵兆。包馬歇鼻子尖，知道政治鍋裡煮什麼菜，並備了一只長柄匙。他爲王廷所雇，從事數項雙面交易，表面上代表政府，事實上則參與對美國革命分子的武器交易以助他們與英國奮爭。國王也許相信他在玩馬基維利 [8] 陰謀，而且可以把這種政策的計謀限用在國外。但包馬歇敏感而機智，已嗅到革命即將回家。他在費加洛這位奴僕的角色中所表達出來的信息已是革命性的了。

　　您好，巴德倫先生——
　　　　我已漸了解這些神祕，並欣賞您最仁慈的用意了。國王派您爲駐倫敦大使，我去當僕役，我的蘇珊去當機密隨員，不成，她要去了我寧願上吊，——費加洛不是那麼傻。

7　包馬歇伯爵（Count Beaumarchais, 1732-1799），法國劇作家。
8　馬基維利（Machiavelli, 1469-1527），義大利文藝復興財政論家。

莫札特那有名的抒情調〈伯爵，小伯爵，你可以去跳舞，我可要彈曲子〉是一種挑戰，包馬歇的原文是：

> 不成，伯爵大人，你不能帶走她，不能。因為你是貴人，就自以為是大天才。貴族、財富、榮耀、薪酬！都使人感到驕傲！你做了什麼竟得到這麼多？你不嫌麻煩降生在世，不過如此。除此之外，你是常人而已。
>
> 大家正辯論財富的性質，因為這不需要有錢才能討論，事實上，我雖無分文卻寫了貨幣的價值與利益。頃刻間，我被帶到監牢的吊橋前了……印刷的胡扯只有在不准自由傳播的國家才有危險；沒有批評的自由，讚美與認可都是無價值的。

這就是在法國社會的王廷模式下的思想，而法國社會的秩序井然如同維朗德里城堡[9]的花園。

在當時，費加洛婚禮中的園景，費加洛稱呼他主人為小伯爵的抒情調，似乎應想不到是革命性的。但想想他們寫作當時的時空背景。包馬歇寫成該劇於一七八〇年，花費了四年對抗審查人員以及路易十六本人才取得演出權。演出之後成為全歐的醜聞。莫札特把它改成歌劇才在維也納獻演。當時莫氏三十歲；時為一七八六年。三年後就是法國大革命。

路易十六是被費加洛婚禮拖下王位斬首的嗎？當然不是。

9　維朗德里城堡（Château at Villandry），法國文藝復興式之別宮，以幾何花園聞名。

諷刺並不是社會的炸藥。但卻是社會的指標：這說明有新人來敲門了。拿破崙爲什麼把這劇的最後一景稱爲「革命行動」呢？那是因爲包馬歇本人以費加洛的身分，指著伯爵說：「因爲你是貴人，就自以爲是大天才。你除了降生之外，沒遇到任何麻煩。」

包馬歇所代表的是一種貴族，工作天才的貴族：在他的時代的錶匠，過去的石匠，以及印刷匠。莫札特怎麼對這戲發生興趣的？革命的熱誠，對他來說，表達在他所屬的共濟會（Freemasons）運動裡，他曾在《魔笛》（*The Magic Flute*）歌劇中大加讚揚。（共濟會，即美生會，當時爲一發展中祕密結社，其色彩爲反政治現況，反僧侶制度，因爲莫札特之爲會員是大家知道的，一七九一年他死時竟難求一位神父到床邊爲他禱告。）或者想想那個時代的共濟會成員中最偉大的，印刷匠富蘭克林。在費加洛婚禮首演的一七八四年，他是美國人派來路易十六王廷的大使。他比法國任何人都能代表那前瞻、有力、自信、有衝勁、勇往直前創造新時代的人。

富蘭克林與美國革命

當然，富蘭克林的運氣實在好。一七七八年他到法國王廷呈遞國書時，到最後一分鐘發現假髮與禮服太小了。因此他大膽的以眞髮出現，並立即被讚爲來自邊遠林區的自然兒女。

他的一切作爲都可看出他是自知且能用準確語言表達的人。他出版了一本年鑑《窮理查的年鑑》（*Poor Richard's Almanack*），中間充滿了未來諺語的素材：「窮人看不到壞麵包」，「要知金錢的價值，就借借看。」富蘭克林提到這本書：

一七三二年我首次出版這本曆書……是陸續在二十五年寫成……我立意使它既有趣又有用，因此需求這書的人相當多，使我自其中獲利不少；每年賣出近萬本……省內很少有幾處沒有這本書的。我覺得這是對普通人傳達教誨的適當方法，因為一般人很少買別的書。

　　對那些懷疑使用新發明的人（一七八三年巴黎初度施放氫氣球之事件），富蘭克林回答說，「新生的嬰兒有什麼用？」他的個性就濃縮在這個答案中，樂觀、腳踏實地、簡潔有力，令人難忘。下個世紀的大科學家法拉第[10]又說過一次。富蘭克林說到做到。他把透鏡鋸成兩片製成第一架雙焦點眼鏡，因為他若看不到說話者的表情，就跟不上法國王廷的儀式。

　　富蘭克林這種人對理性知識有熱情。我們看看他一生中那麼多乾淨俐落的發明，那些小冊子，那些漫畫，那些印刷商的印花，使我們讚佩他那創造性心靈的廣闊與豐富。當時科學的樂趣是電學。富蘭克林喜歡輕鬆（他是很不正式的人），但對電學卻很認真。他推論閃電就是電，並於一七五二年加以證明。像富蘭克林這樣的人怎麼證明這一點？在暴風雨中的風箏上繫一把鑰匙。富蘭克林是福將，做此實驗沒有受到雷擊，後來模仿的人都倒楣了。自然，他把此實驗改為有用的發明：避雷針；並用它說明電的理論，說明電只有一種，並不是當時所認為的乃兩種不同的液體。

　　在避雷針的發明中有一軼事，再度提醒我們社會史老隱藏

　10 法拉第（Michael Faraday, 1791-1867），英國物理學家、化學家。

富蘭克林當時的避雷針。

在想不到的地方。富蘭克林很正確的推論，避雷針的頂端尖者最佳。有些科學家爭論說圓頭較佳。英國的皇家學會當時非下決定不可。但這爭論卻在較原始與高層次上解決了。英王喬治三世因怒於美國革命，把皇宮的避雷針加上圓頭。政治干預科學的後果通常是悲劇；有這樣一個喜劇式的例子倒好，足可與《格列佛遊記》（*Gulliver's Travels*）裡「小人國」中兩位皇帝爭執吃早餐雞蛋自尖頭或是圓頭敲相媲美。

　　富蘭克林與他的朋友活在科學中；科學無時不在他們的思想中、雙手中。對自然的了解對他們而言是非常實際的樂趣。他們都是上流社會的人：富蘭克林是政治家，不管他印刷紙錢還是活潑有趣的小冊子。他的政治也與實驗一樣實在。他把「獨立宣言」中華麗的開首語改為單純的信心，「我們認為這些真理是不證自明的，即人人生而平等。」在英國與美國革命軍之戰爭開始時，他寫給一位英國政治家的朋友的公開信，語言中充滿了火氣：

你們已開始焚燒我們的市鎮。看看你的手！上面沾了你們親友的血！

新興的鋼鐵工業家

　　紅光成為英國新時代的畫面——在衛斯理 [11] 的演說中，在工業革命的燃燒照耀的天空中；如同約克郡（Yorkshire）的亞比達爾（Abbeydale）的火紅的原野。約克郡是早期鋼鐵業的中心。工業的主人們是鐵工業者，有力，體軀超乎常人，外型醜惡，其政府很正確的猜測他們真正相信人生來是平等的。北方與西方的工人們不再是農人，而是工業社會。他們收取錢幣為薪，不收貨物。在倫敦的政府對此尚無所悉，不肯多鑄小額錢幣，因此鋼鐵工業家像約翰・威爾金森 [12] 者乃自鑄硬幣，上刻他們自己的而非皇室的肖像。倫敦大驚：這是共和國陰謀嗎？不是的，這不是陰謀。但激進的發明來自激進的頭腦。在倫敦展出的第一座鐵橋模型是由湯姆・培恩 [13] 提出的，他也是英、美兩地的煽動者，「人權」運動的首腦人物。

　　當時，鋼鐵已由鋼鐵業者如威爾金森者開始做革命性的用途。在一七八七年他建造了第一艘鐵船，吹牛說他死後可載他的棺材，他於一八〇八年葬在鐵棺裡。自然，鐵船在鐵橋下航行：在一七七九年威爾金森幫助建造了施洛普郡（Shropshire）的一座

---

11 衛斯理（John Wesley, 1703-1791），英國神學家。

12 威爾金森（John Wilkinson, 1728-1808），有名的鐵匠，曾為法國製作第一部蒸汽引擎，同時他做了第一座鐵橋。

13 湯姆・培恩（Tom Paine, 1737-1809），生於英國之美國政治思想家及作家。

像威爾金森這類的鋼鐵工業家自鑄硬幣，上刻他們自己而非皇室的肖像。威爾金森錢幣，一七八八年。

鐵橋，這橋至今仍稱爲鐵橋（Ironbridge）。

　　鐵的建築眞可與大教堂建築相比嗎？眞的。那是一個英雄的時代。泰爾福德[14] 感到英雄的氣概，用鐵跨越風景。他生來是個窮牧羊的，後做石匠工人，自己發憤成爲修路建運河的工程師，並爲詩人們的朋友。他所建的運河，把蘭古侖運河（Llangollen Canal）跨越迪河（River Dee），證明他是大規模鑄鐵的大師。工業革命的紀念碑有羅馬的氣魄，共和國人的氣魄。

新展望：瑋緻活與月社

　　我們通常將造成工業革命的這群人描繪成冰冷面孔的商人，除自私外別無興趣。這著實不確，第一很多人開始是發明家，因發明而經商的。再者，他們大都不是英國國教徒，而多是清教傳

---

14 泰爾福德（Thomas Telford, 1757-1834），英國名土木工程師。

統中的唯一教或類似運動的教友。威爾金森受他親戚普利斯萊的影響，普氏是有名的化學家，也是一名唯一神教的教友，同時可能是「最大多數人的最大幸福」此一原則的創始人。

普利斯萊又是約書亞・瑋緻活[15]的科學顧問。今天我們所知的瑋緻活似乎只是為貴族、皇家製造漂亮餐具的人：確實不錯，當他偶爾得到委託時。比如在一七七四年，他為俄國女皇凱薩琳大帝（Catherine the Great）製造了上千件裝潢繁瑣的用具，價值超過兩千鎊——當時那是一大筆錢。但是那些餐具的基礎是他自己的陶器，乳色皿；事實上那上千件餐具若不加裝飾，不值五十鎊，但看上去，拿起來都像凱薩琳大帝的用具，除了上面手畫的田園風景之外。使瑋緻活成名、發財的乳色皿並不是瓷器，而是一種白色日用的陶器。這是一般人買得起的，大約一先令一具。此即工業革命時，改變了工人階級廚房的東西。

瑋緻活是不平凡的人：在他的本行中是有發明力的，在科學技術上亦有發明力，足使其行業更精確。他發明了一種在爐中度量高溫的辦法，是一種膨脹的滑動規，受驗的黏土可在其中移動。在製造陶器與金屬中，量度高溫是古老而困難的問題，故以當時情形論，瑋氏因此而被選為皇家學會的會員。

瑋氏並不是個例外：有幾十個像他那樣的人。而實際上，他屬於伯明罕一個十多人組成的月社（Lunar Society of Birmingham，伯明罕當時尚是疏落的一組工業村落），因為他們在滿月時集會，原因是如瑋氏一類的人如果要在夜間走一段崎嶇的路而能安全到達伯明罕，就必須依賴月光照耀，黑夜是很危險的。

15 瑋緻活（Josiah Wedgwood, 1730-1795），英國陶瓷製造家。

瑋緻活並不是裡面最重要的工業家，博爾頓（Matthew Boulton）才是，他把瓦特 [16] 帶到伯明罕，計畫在那裡建造一具蒸汽機，博爾頓很喜歡談量度；他說自然要他生爲一個工程師，才讓他降生在一七二八年，因爲這數字是一立方呎中的立方吋數。醫學在那群人中亦很重要，因爲正有重要的進展。威瑟靈博士 [17] 在伯明罕發現了洋地黃的用途。有一位醫生伊拉斯謨斯·達爾文（Erasmus Darwin），直到今日仍聞名於世，也是月社之一員，爲查爾斯·達爾文的祖父。瑋緻活是達爾文的外祖父。

　　如月社之類的結社代表工業革命的創造者們的感覺：（非常英國式的感覺）他們是有社會責任的。我稱它爲英國的感覺雖然並不十分恰切；月社深受富蘭克林及其他有關美國人的影響。貫穿其間的是一個簡單信念：良好的生活比物質的富裕重要，但要以物質的富裕爲基礎。

無情工廠的驅策

　　月社的理想到維多利亞時代的英國成爲事實前，花了一百年的時間。眞正到來了，現實似乎很平凡，甚至可笑，就像維多利亞式的圖畫明信片。想到棉織內衣褲與肥皂會使窮人的生活改變似乎有點好笑。但這些簡單東西——鐵爐中的煤，窗子上的玻璃，食物的選擇——確曾使生活與健康水準大爲提高。用我們的標準看，工業鎭是些貧民窟，但對自鄉下來的人看，在公寓中的

---

16 瓦特（James Watt, 1736-1819），英國工業革命期間發明蒸汽機動力的名家。
17 威瑟靈（William Withering, 1741-1799），英國化學家。

一個住宅，是自飢餓、骯髒、疾病中求得解放；它提供了花樣眾多的新選擇。臥室的牆上寫些字就我們看來滑稽、可悲的，但對工人階級的主婦來說，那是頭一次擁有隱私的良好環境的經驗。也許鐵床架救活的患產褥熱的女人比醫生的黑出診包還多，而出診包也是新發明。

這些好處來自工廠的大量生產。而工廠的系統是可怕的；教科書上說的完全對。但它的可怕處卻是自古已然的。礦場與工廠早在工業革命前就一直是很骯髒、擁擠、專斷的。工廠不過把鄉村工業的劣點帶過來，對在廠內工作的人漠不關心的加以輕視。

工廠的污染也不新鮮，同樣是礦場、工廠的傳統；環境髒亂。我們以為污染是現代現象，其實不然。這是過去幾個世紀來漠視健康與良好環境的表現，使得瘟疫年年都來拜訪。

使工廠可怕的新罪惡則是另一類：是機器的步調支配了人。工人們開始受無情的鐘錶的驅策：先是水的力量，後是蒸汽的力量。我們今天看來，工人們竟被不停止的發自鍋爐的力量的湧流所麻醉，似乎頭腦不清楚（確實不清楚）。一種新的道德被大家傳誦，最重要的罪惡不再是殘酷與邪惡，而是懶惰。即使在主日學裡也教給兒童們。

> 撒旦仍找到些惡作劇
> 讓懶骨頭們做。

工廠中時間尺度的改變既可怕又具破壞性。但動力尺度的改變卻為未來開放了大門。比如月社中的博爾頓建造了一座展示工人技藝的工廠，因為博爾頓那類工業家倚仗匠人的技術。在這

裡，瓦特造了一切動力的太陽神，蒸汽引擎，因為只有在這裡，他可以找到製造不漏氣的引擎的精確標準。

在一七七六年博爾頓對他能與瓦特合夥建造蒸汽引擎是很興奮的。那一年傳記作家包斯威爾[18]往訪博爾頓，後者很驕傲的對他說，「先生，我這裡賣的是全世界都渴望擁有的東西——力量」。這句話說得動聽，也很真實。

新關注：能量

動力是一種新的心神寄託之所，在一個觀點上，是科學上的新想法。工業革命即英國的革命，竟脫穎而成為動力的大發現者。大家在自然中尋找能源：風力、太陽、水、蒸汽、煤。有一個問題忽然具體化了：為什麼這些力源都是一種力呢？它們之間的關係在那裡？這是前所未聞的問題。在那之前，科學全部均在於開拓自然的真相。到此，把自然變形以抽取動力，或自一種動力轉換為另一種動力的新觀念，成為科學的先鋒了。特別是，大家發現熱量是一種能量的形式，可以固定的交換率轉變為其他的形式。一八二四年，一位法國工程師卡諾[19]，注視著蒸汽機，寫出了一篇論文，他所發現的在根本上是熱動力學。能量成為科學的中心課題，而現在在科學中的主要論題是自然的統一，以能量為其核心。

能量不僅是科學的主要課題。在藝術上也是，而使人驚訝

---

18 包斯威爾（James Boswell, 1740-1795），蘇格蘭律師及作家。
19 卡諾（Sadi Carnot, 1796-1832），法國物理學家。

處在此。文學上怎樣呢？在一八〇〇年前後浪漫詩的急遽興起。浪漫詩人怎會對工業有興趣？很簡單：自然乃能量的搬運夫這一新觀念風暴般把他們沖昏頭了。他們喜歡「風暴」這字眼，因其與能量同義，他們有「風暴衝刺」的說法。柯立芝的《老水手之歌》（*Rime of the Ancient Mariner*）一詩中的高潮，是自風暴打破了死樣的靜寂而重新賦予生命開始的。

> 天上的空氣突盛張而為生命
> 如一百面火旗照耀著，
> 來往慌張的奔流著！
> 來來往往，進進出出，
> 蒼白的星星在其間舞蹈。
>
> 呼嘯的颶風未曾到來，
> 但船身已前進！
> 在閃電與月光下，
> 死者也呻吟。

　　一位年輕的德國哲學家，謝林[20]，在一七九九年的此時，開創了一種新形式的哲學，直到今日在德國仍甚有力：那就是自然哲學。柯立芝從他那裡把它帶來英國。湖濱詩人們（The Lake Poets）自柯立芝處得到，而瑋緻活是柯立芝的朋友，後來並提供

20 謝林（Friedrich von Schelling, 1775-1854），德國哲學家，根據自然哲理有系統地說明玄學體系。

他贍養金。詩人與畫家忽然被這一觀念所掌握；即自然是力量的泉源，而各種力量又都是同一中心，即能量的外顯。

不只是自然，浪漫詩人很明確的說，人本身也是神聖的，至少是自然能量的載承。工業革命為人類創造了實際的自由，使人們可以滿足自己內在的願望——這是一百年前所想像不到的概念。但同時，浪漫的思想鼓舞了這些人，使他們給予自由一種新的意義，一種在自然中的人格。這一點表達得最清楚的是最偉大的浪漫詩人布雷克的一句簡單的話：「能量乃永恆的愉悅。」

發明之紛雜

這關鍵的字眼是「愉悅」，關鍵的觀念是「解放」——一種人權帶來的趣味感。自然，當時大步邁進的人在發明中表達這種衝動。因此他們產生了無盡的古怪想法，以取悅禮拜六晚上的工人家庭。（現在看看堆滿專利局的申請案件，多半有點瘋狂，與那些發明人差不多。）我們可以用這些月夜夢遊症的想法自這裡到月球建一條大道，其毫無道理，而又情緒高昂如同到月球去這個想法本身一樣。以迴轉畫筒為例，這種想法，原是一個圓筒機器，用來把維多利亞時代的連續漫畫，用一連串的畫片在眼前閃過，使人得到活動的感覺。很像晚上看電影一樣有趣，只是很快就結束了。另有自動交響樂，有節目單很短的好處。這一切都以家庭手工的趣味製成，也不顧及什麼高尚趣味，而且絕對自製。為家用所發明每一個無意義的東西，如自動切菜器，就會有另一個更高明的發明，如電話，來相配襯。而最後，到了歡樂大道的盡頭，我們勢必把擁有機器本質的機器放在那裡：一無所用的機

器！

那些從事這種狂妄發明與偉大發明的人是出於同一種模樣。想想那完成了工業革命的發明：鐵路。那是由一個來自康瓦爾（Cornish）的鐵匠、角力家、強人、崔維西克[21]辦到的。他把瓦特的引擎改為高壓引擎，就把蒸汽機變成活動的力源。這是一個製造生命的行動，打開了全世界交通的血脈，並使英國成為血脈的心臟。

自然的統一

到此我們仍在工業革命的中期，因為還有很多東西要放在裡面。但已經使我們的世界富有些、縮小些，而且首次屬於我們自己。我是說，成為我們的世界，每個人的世界。

工業革命自其最早的開始，還在依靠水力時，就對它所推翻的那些人的生命與生計表示得極端殘酷。革命在本質上就是這樣。因為依其定義，革命動得太快，打擊力太強。但它及時的演變為社會革命，並建立了社會平等、權利平等及智力平等的觀念，那為我們所依賴。如果我們生在一八○○年前，我這樣的人會在哪裡？你那樣的人會在哪裡？我們仍然生活在工業革命期中，所以很難看出它的含義。但未來的人會說這是人類成長中的一大步，與文藝復興一樣有力。文藝復興建立了人的尊嚴，工業革命建立了自然的一體性。

---

21 崔維西克（Richard Trevithick, 1771-1833），英國的工程師及發明家，發明高壓引擎。

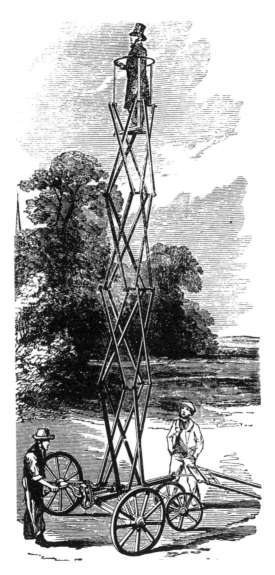

因此他們產生了無盡的古怪想法，以取悅禮拜六晚上的工人家庭。擁有專利的升降平臺。

科學家與浪漫詩人看到風、海、河流、蒸汽、煤炭都是由太陽的熱創造的，而熱乃是能量的一種。很多人想到這一點，但卻是由一個人來確立起來的，那是曼徹斯特的焦耳 [22]。他生於一八一八年，自二十歲起，即盡其一生從事精密的實驗，以決定熱的機械關係——亦即確定機械能變為熱能的精確比率。由於這聽上去太嚴肅、太乏味，我要講一個他有趣的故事。

　　在一八四七年的夏天，年輕的威廉・湯姆生 [23]，即後來英國科學界的官僚，克耳文男爵（Lord Kelvin）步行——一位英國紳士在阿爾卑斯山中何處步行呢？自霞慕尼 [24] 到白朗峰 [25]。一位英國紳士在阿爾卑斯山中遇到了誰？——一位英國怪人：詹姆士・焦耳，帶著一個龐大的溫度計，後面的馬車上坐著他的太太。他的一生一直打算證明水若降落七百七十八呎，溫度當上升華氏一度。他當時正在度蜜月，可以正當的理由到霞慕尼去（頗像一個美國人到尼加拉瀑布），讓大自然為他做實驗。此處的瀑布很理想。高不及七百七十八呎，但他可得到半度之差。作為故事註腳，我要說他不曾成功，當然，瀑布下墜水濺潑得太碎，無法做實驗。

　　這些英國紳士從事古怪的科學的故事並不是無稽之談。就是這種人使自然浪漫化；詩歌上的浪漫運動亦步亦趨的跟上來。我們可自歌德這種詩人（也是科學家），貝多芬那種音樂家的身上

---

22 焦耳（James Prescott Joule, 1818-1889），英國物理學家。

23 威廉・湯姆生（William Thomson, 1824-1907），英國物理學家及數學家。

24 霞慕尼（Chamonix），法、瑞邊境之法國市鎮，在白朗峰之山麓。

25 白朗峰（Mont Blanc），法、瑞交界處阿爾卑斯山之一主峰，高一萬五千七百呎。

看出來。我們最清楚的可自華茲華斯看出來；自然的景色是一種新的情緒的催生劑，因為自然中的一體性非常接近心靈。一七九〇年華茲華斯為法國革命所吸引，來到歐陸，走過阿爾卑斯山，一七九八年他在〈丁騰修道院〉（*Tintern Abbey*）中所說的，不能再明白了。

> 因為當時之自然：
> 對我乃一切之一切 —— 我不能描畫
> 當時之我。震耳的瀑布
> 迷惑我，如一往之深情。

「當時之自然對我乃一切的一切。」焦耳所說的，從沒有這麼適切過。但是他確實說過，「自然顯赫的代表是摧毀不了的」，他所指的原是相同的東西。

九、
創造的梯階

博物學家

　　自然選擇的演化理論是於一八五〇年代由二人分別提出來的。一是查爾斯・達爾文，另一位是阿佛烈德・華萊士[1]。兩人當然都有點科學底子，但在骨子裡，他們都是愛好自然的人。達爾文曾在愛丁堡大學念了兩年醫，那是他那有錢的醫生父親決定讓他做教士，把他送到劍橋以前的事。華萊士出身窮家，十四歲就棄學，曾在倫敦與萊斯特（Leicester）的工人學校讀書，做測量師的學徒，並教過小學。

　　事實上是，有兩大闡釋傳統在人類成長的過程中並肩前進。一是對世界自然結構的分析，另一個則是生命過程的研究：它們的精妙處，多樣性，以及個人、種族自生到死的波動圈。這些傳統在演化論發生以前不曾會合在一起；因為在這之間對生命有些矛盾無法解決，亦無法開始。

　　生命科學的矛盾在於這門學科關注自然中的每一細節，使其

1　華萊士（Alfred Russel Wallace, 1823-1913），英國博物學家。

與物理科學有所不同。我們可在周遭的鳥、樹、草、蝸牛等每一生物身上看到。那就是，生命的外顯，其表現，其形態，有如此之多樣性，其中必然包含了相當大的偶然因素。然而生命之本質如此一致，卻又必然受到很多需求的限制。

因此我們所了解的生物學在十八、九世紀創始於愛好自然的博物學家並不足爲奇事。這些人是鄉村景物的觀察者，賞鳥的人、教士、醫生及鄉間別墅的悠閒紳士。我有意簡單的稱他們爲「維多利亞時代英國的紳士」，因爲兩個人生存在同一時代的同一文化中，構想出同樣的進化論，應該不是偶然的。而這文化乃英格蘭維多利亞女王的文化。

達爾文

達爾文二十來歲時，海軍部派一艘探測艦名叫「小獵犬」者去南美測繪其海岸。他接受了那個無薪給的博物學者的職位。他之被邀請乃因他劍橋大學一位植物學教授朋友之推薦，雖然他對植物並無興趣，只對收集甲蟲有興趣。

> 我要對我的熱狂加以證明：一天，撕開一些老樹皮，我看到兩個少見的甲蟲，我一手抓到一隻，卻又看到第三隻不同的，實捨不得丟棄，因此我把右手的那隻放到嘴裡。

達爾文的父親反對他去海外，而「小獵犬」號的艦長又不喜歡他的鼻子，但他的舅舅瑋緻活幫他說話，才算去成。「小獵犬

兩個人生存在同一時代的同一文化中，構想出同樣的進化論。查爾斯・達爾文。

號」是一八三一年十二月二十七日啓航。

　　五年的船員生活使達爾文改觀。在他的故鄉，他原是很有同情心，很細心的觀察鳥類、花卉的人。現在南美洲爲他破除了這一切，只剩下狂熱。他帶著物種因互相分離乃採取了不同的方向的信念回家來；物種不是不能變的。但當他歸來時，他想不出是什麼機制把牠們驅散的。時在一八三六年。

　　當達爾文於兩年後找到了物種演化的解釋，卻十分不願意發表。他幾乎一生都不公開，若不是遇到了一位完全不同的人，發現他在經驗與思想上順著幾乎完全相同的步驟，達到了同樣的結論。這人已被大家遺忘，有點像是來自波洛克的人[2]的相反版本，但卻是一位重要的人物。

華萊士

　　這人的名字是華萊士，爲一巨人，有一個狄更斯[3]小說式的家庭史，達爾文的家庭有多拘謹無味，他家就有多滑稽有趣。他生於一八二三年，在一八三六年，華萊士只有十來歲，故比達爾文年輕十四歲，當時華萊士的生活仍甚艱苦。

> 　　如果我的父親有中等的財富……我的整個生命就完全不同，雖然我無疑的應當多留心些科學，卻不太會去從

2　〔編註〕來自波洛克的人（man from Porlock），原指打擾柯立芝寫作〈忽必烈汗〉（*Kubala Khan*）長詩的訪客，後比喻破壞創意發展的人。

3　狄更斯（Charles Dickens, 1812-70），英國十九世紀大小說家，作品反映當時英國社會之實際情況。

事那幾乎不為人知的亞馬遜河之旅，以觀察自然，收集標本為生。

華萊士這樣描寫他的早年，當時他必須在倫敦之外的地區設法謀生。他從事測量的職業，因為測量員不需要大學文憑，他哥哥又可以教給他。他哥哥死於一八四六年，由於參加自家調解會，協調相持不下的鐵道公司，回程時在三等敞篷車上著涼而去世。

明顯的，由於這種野外的生活使華萊士對植物、昆蟲發生興趣。當他在萊斯特工作時，他遇到一位志趣相投教育受得多些的人。他這位新朋友使華萊士吃驚的告訴他，在萊斯特附近已收集了幾百種不同的昆蟲，而且還有很多新種可發現。

如果早先有人問我在小鎮附近任何一塊小地帶可能發現多少種甲蟲，我可能回答五十種……我現在知道……在十哩之地內大約有一千種甲蟲。

這對華萊士是很大的啟示，並從而決定了他的一生及他朋友的一生。這位朋友是貝茲（Henry Bates），後來在昆蟲的模擬方面的研究有很著名的成就。

這時候此年輕人要謀一生計。所幸當時是測量員的盛期，一八四○年代鐵路的投資客需要這種人。華萊士受雇去南威爾斯測定一條可能採用的路線。他與他的長兄一樣是有心的技術家，維多利亞時代的人們大都如此。但他的懷疑是正確的，他是權力鬥爭中的一個小卒。大多數的測量不過是建立一個連鎖，以對抗

另外的鐵道土匪頭。華萊士算計著當年只有十分之一的路線是眞正建造的。

　威爾斯的鄉野對這位禮拜天博物學家是一種歡娛的存在，就像業餘畫家在藝術上一樣，他在科學上感到快樂。現在華萊士爲自己觀察、收集，對於自然中的千變萬化，一天比一天興奮，使他在一生之中感念不已。

　　即使我們很忙的時候，我也有禮拜天完全自由，就利用這時間帶著收集箱漫山遍野的走，而帶回我的寶藏……在這段時間中，我體會以愛好自然的人在發現每一新的生命形態的時候所經驗到的歡樂，幾乎等於後來我在亞馬遜河每捉到一隻新蝴蝶時所感到的狂喜。

　華萊士在某一週末發現了一個洞穴，地下有一條河流過，決定就在那裡露營過夜。好像不自覺的，他已爲野外的生活加以準備了。

　　我們希望試一次在野外睡覺，沒有屋頂，沒有床，只有自然所提供的……我想我們有意決定不加準備，就像偶然到一不知何處的地方，非露宿在這裡不可。

　事實上他幾乎沒有睡覺。

南美之行的衝擊

當時他二十五歲，華萊士決定做一個專業博物學家。這是一個很古怪的維多利亞式行業。他要養活自己，必須到外國去收集物種，賣到英國的博物館。而貝茲願與他同行。就此這兩人帶了一百鎊於一八四八年上路。他們航行南美，沿亞馬遜河上溯一千哩到瑪瑙斯城 [4]，是亞馬遜與內格羅河（Rio Negro）之交會口。

華萊士出門很少遠過威爾斯，但他卻不為外地之事物生畏。自到達該地之時刻起，他的看法就很堅定而自信。比如，有關冒險的討論，他在五年後出版的《亞馬遜與內格羅河之旅遊記》（*A Narrative of Travels on the Amazon and Rio Negro*）中，記下了當時的想法。

> 處處都是一片黑暗的冒險，但多是為覓食而冒險的。因為在森林中若找不到東西，只有吃椰棗。
>
> 經過一再的觀察，我相信這種冒險完全靠視覺，在覓食時，嗅覺完全無用。

這兩位友人在瑪瑙斯城分手，華萊士沿內格羅河而上。他要找到不曾被博物家探險過的地方，如果他想依此為生，必須找到前所未知的物種，或至少是稀有的品種。河面因雨而漲滿，故華萊士及其印地安人隨從可直放獨木舟於森林中。樹低垂至水面，華萊士曾為林中陰鬱而心神不安，但他也為林中的萬象所激奮，

4 瑪瑙斯（Manaus），巴西的一港口以及亞馬遜州的省會。

他推想若在天空向下看，其形貌如何。

　　我們可以相當安全的說，熱帶植物在種類的數量
上，在形貌的變化上，遠勝過溫帶植物。

　　也許世界上沒有其他國家包含亞馬遜河谷那麼多的
植物。除了很小的地帶之外，整個河谷布滿了一個濃密、
高大的原始林，在地球上現存的最廣袤最完整的一座。

　　這座壯觀的森林，只能乘一個氣球，慢慢的在森林
上空起伏的表面飛行才能欣賞得到：這一盛景也許要保留
給未來的旅行家享受了。

　　當他第一次走到一座印地安村落中時，既興奮又懼怕；但華
萊士的特點就是到後來總感到愉快。

　　最出乎意外的驚奇、而又愉快的感覺，是我首次與
在自然狀態中的人相會與共住──與完全未經教化的土
番！……他們自得其樂，與白人無涉；他們步履輕快、自
由，是遺世獨立的森林人的姿態……對我們不加注意：我
們不過是些陌生的異種人而已。

　　在每一個細節上，他們都是原始的、自足的，一如
森林中的野獸，完全與文明無涉，以他們自有的方式生
活，一如美洲未發現前無數的年代中那樣生活著。

　　這些印地安人竟不凶惡，而肯幫忙。華萊士把他們帶到收集
物種的生意中。

在我留此的四十天中，我搜求到至少四十種新種蝴蝶，外加相當豐富的他種收集。

有一天我找到一種奇怪的小鱷魚，屬於異種，有很多脊及圓椎形結節。我把它剝皮，填塞，使印地安人大為高興，有半打女人聚精會神的注視著整個製作過程。

物種之豐盛

在森林的快樂與操勞中，那炙人的問題早晚要在華萊士聰敏的頭腦裡閃動的。這些花樣是怎麼來的？在形貌上如此類似？在細節上又那樣多變？像達爾文一樣，華萊士為相近的物種的分別而感驚異，與達爾文一樣，他開始推想那些差異是怎樣發展出來的。

在自然史上沒有一部分比起對動物的地理分布更有趣、更具教育性的了。

相距不足五十或一百哩的兩處，一處所有的昆蟲與禽鳥的品種，另處竟找不到。必然有一種決定每一品種生存範圍的界線；必然有些外在的記號使牠們互不越界。

他一直為地理的問題所吸引。後來他到馬來群島工作，證明了西部島嶼的物種近亞洲，東部島嶼的物種近澳洲；那條分界線至今仍稱之為華萊士線。

華萊士對人類、對自然，都是很精明的觀察家，對其差異間的來源有同樣的興趣。在那個大家尚把亞馬遜人稱為「生番」的

文明的躍昇

維多利亞時代，他對他們的文化抱著稀有的同情。他明白那種語言、那種發明、那種習俗對他們的意義。他也許是第一個人掌握到這個事實：即他們的文明與我們的文明之間的文化差距並不如我們想像的那麼遠。在他想到自然選擇的原則之後，這一點不但是真實的，而且在生物上是很顯然的。

自然選擇只能賦予生番一種比猿猴高明幾度的頭腦，而生番的頭腦與哲學家的相差十分微小。在我們的進化中，有一種東西存在，其巧妙的力量，即我們稱之為心靈者，比身體結構遠為重要。

他對印地安人的看法很堅持，並於一八五一年在哈維塔村落（Javíta）逗留的時候，為他們的生活寫下了抒情的記錄。在這一點上，華萊士的旅程進入詩境了——可以說是散文詩吧！

> 有一座印地安村落，四周
> 黑暗、無盡、無垠的森林伸展著
> 其多種的枝葉。
> 我在此稍留，一白人
> 在大約二百生靈之間。
>
> 每日他們有工作召喚，他們乃去
> 砍伐森林的驕傲，或在獨木舟中
> 用鉤、矛、箭，捕魚；

椰子樹的伸展的葉子為茅屋
以避冬日之風暴與豪雨。

婦人挖掘果根，
辛勤的製成麵包。

每日晨昏在溪水中洗濯，
獵物般的美人魚在粼粼的水波中。
幼小的孩童是赤裸的，
孩子們與男人們只穿一窄條，
我多喜歡看這些赤裸的孩子！
他們好看的肢體，明亮、光滑、紅棕色的皮膚
一切動作都充滿了文雅與健康，
他們奔跑、跳躍、吶喊、
游泳、潛入急流的溪水下。

我可憐英國的孩子們，他們生動的肢體
圍堵在緊身剪裁的衣服裡，
他們的腰肢、胸脯、乳房都被約束著，
被那稱為緊身衣的可惡的酷刑具！

我願為一印地安人，滿足的生活著
漁、獵，並撥動著我的獨木舟。
看我的孩子長大，一如一些年幼的野鹿
在健康的體軀、平靜的心靈中，

無財無富，無金無憂！

　　此種同情與南美印地安人所激起達爾文的感覺完全不同。當達爾文初見火地島[5]土人時，他嚇壞了；在他的書《小獵犬之航程》（*The Voyage of the Beagle*）上用圖、文表達得很清楚。無疑的惡劣的氣候對火地島人的習慣大有影響。但十九世紀的攝影看上去不像達爾文看到的那樣有如禽獸。在回程的路上，達爾文已經與「小獵犬」號的船長合寫了一本小冊子，在開普敦出版，建議傳教士可以為生番易俗的工作。

華萊士喪失收集品

　　華萊士在亞馬遜河谷工作了四年，乃包紮他的收集品啟程回家。

　　　熱病與瘧病又來襲擊我，我很不舒服的過了幾天。雨下個不停，照顧我無數的鳥獸造成很大的困擾，因為獨木舟中的空間很小，而在雨中適當的清洗又是不可能的。幾乎每天都有鳥獸死去，我常希望牠們與我無關，然而一旦到手，我又決心把牠們保存。

　　　在我所購買或受贈的一百活生生的鳥獸中，現在只剩下了三十四隻。

5　火地島（Tierra del Fuego），位於阿根廷東南角。

回家的航程自始即很糟，華萊士一直很不幸。

在六月十日我們離開了瑪瑙斯，開始了這非常不幸的航程。一上船，與朋友們告了別，立刻發現雞鵝不見了，大約在不曾注意時飛離船身，淹死了。

他搭的船也是最不幸的，因為載了些樹膠等易燃物，出海三週，在一八五三年八月六日著了火。

我走下船艙，裡面滿是煙，嗆人的灼熱，想著有什麼可救的。我拿到手錶及一個小錫盒盛了些襯衣及兩本舊筆記本，上面有些禽獸、植物的速寫，帶上了甲板。很多衣物與大本的圖畫及速寫都留在我的床上了；但我不願再下去冒險了，而有一個感覺，不管此時救出什麼東西都沒有什麼大意思了。

船長張羅著使所有人進入救生艇，他自己最後離船。

我曾經以怎樣愉快的心情觀察我收藏中所增添的每一稀有或奇怪的昆蟲！有多少次，我強忍著瘧疾，爬到森林中，搜到一些前所未知的美麗物種！有多少地方，除了我以外，沒有其他歐洲人踏過的土地，會使我永誌不忘，由於它們為我的收集增加了珍禽異蟲！

現在一切都完了。一個品種都不剩，使我再也不能解說那些曾在我步履下的土地，或回想那些我親眼目睹的野景！我知道這種憾意是無用的，我盡量使自己不想那

些，保持我自己忙於現存的情況。

天擇說的構想

華萊士自熱帶回來，與達爾文一樣，相信相關的物種是由一種來源分歧的，但不知爲什麼發生這樣的分歧。而華萊士所不知的正是達爾文在自「小獵犬」號回英以來兩年所想出來的解釋。達爾文回想在一八三八年他在讀馬爾薩斯牧師的《人口論》[6]（達爾文說是「爲了消遣」，表示那不是他認眞閱讀的一部分），而爲馬氏的思想所震撼。馬氏的理論說人口的增加超過食物。如果這說法在動物界是眞的，則牠們必須競爭以求存：因此自然宛如一種選擇的力量，殺除弱者，並自倖存者中，亦即適應其環境者形成新的品種。

達爾文說，「到這裡我總算找到了一個可以說得通的理論。」你可能以爲一個人想到這裡就會努力工作，撰寫報告，外出演講。不然。四年中達爾文不曾把這理論寫在紙上。只有在一八四二年，他用鉛筆潦草的寫了三十五頁；兩年後擴展到二百三十頁，用鋼筆寫出。他把這草稿與一些錢及對他太太的指示存起來，以便在死後出版。

他於一八四四年七月五日，在當恩（Downe），給他太太的一封正式信中寫道：「我剛完成了我的物種論的草稿，」下面說：

6　馬爾薩斯（Thomas Malthus, 1766-1834），《人口論》（*Essay on Population*）之著作者，認爲糧食生產永遠趕不上人口增加。

因此寫下此函以便我突然過世，作為我最嚴肅與最終的請求，相信你會把它當作我合法的遺囑的一部分，你應出資四百鎊以覓求出版，而且，你自己應該，或經由亨斯里‧瑋緻活，設法促進其事。我希望我的草稿送請可勝任的人過目，用這點錢煩他修正或詳釋。

至於編輯人，如里爾（Charles Lyell）先生願意承當最可勝任；我相信他會覺得此工作愉快，他可由此學些新知。

胡克（Joseph Dalton Hooker）博士應該最適當。

我們覺得達爾文可能真正希望在出版前死去，如果死後這發明權屬於他的話。這真是怪性子。它說明這人知道他所說的事實會深刻的震驚了大眾（定然會深刻的驚撼了他太太），而他自己在某種程度上也頗為吃驚，他的憂鬱症（是的，他在熱帶受到些感染可以解釋），他的藥瓶，他的密封的、悶得要死的住宅書房，他的午睡，他一再遲延的寫作，他拒絕當著公眾辯論：這一切都說明他的心智是不願面對大眾的。

年輕的華萊士自然並不受這些困擾的阻隔。他於一八五四年不顧勸告，倉卒的去了遠東，以後的八年在馬來群島旅行，收集野生物的標本以便在英國出售。這時他已相信物種不是不變的；他在一八五五年出版了論文《支配新品種產生的法則》（*On the Law which has regulated the Introduction of New Species*）；自此而後，「品種如何產生改變的問題就一直縈懷不去。」

一八五八年二月，華萊士病倒在香料群島的一個小火山島上，介乎婆羅洲與幾內亞之間，他生了間歇性的熱症，忽冷忽熱，

在病中斷續的思想。在那裡，一個熱病的夜晚，他記起了馬爾薩斯的同一本書，早先震驚了達爾文的同樣解釋豁然向他開朗了。

> 我忽然想到這個問題：為什麼有人死有人活？答案是很明顯的，整個說來，能適應的可以活。自疾病的感染中，最健康的人逃命；自敵人中，最強者、最快者或最聰明者可活，在饑饉中，最好的獵人而消化最佳者可活；等等，不一而足。
>
> 因此我立刻看出，那無處不在的，一切生物的多樣性，可以提示我們，只要自其中抹除那些對實際情況不太適應的，最適合的即可延續種族。
>
> 這豁然使我開竅，想到最適者生存的道理。
>
> 我越想這問題，越覺終於發現了長久以來在尋求的自然律，解決了物種來源的問題……我熱切的期待我的病熱期過去，可以立刻把這題目記在紙上。同天晚上，我把這工作圓滿的完成，又連續花了兩個晚上小心的寫出，以便寄給達爾文，下一郵差大約一、二日內離此。

華萊士知道達爾文對這個題目很感興趣，並建議由達爾文把該文交里爾過目，如果他覺得有道理的話。

四個月後，一八五六年六月十八日，達爾文在他家的書房裡收到華萊士的文件。他完全不知怎麼辦。他花了二十年從事細心、沉寂的工作，以搜求事實，支持此理論，如今擺在他桌子上的自天邊飛來的一個文件。他當日痛苦的寫道：

我從來沒看過如此恰巧的偶合；如果華萊士寫出了一八四二年我留給內人的稿子，他寫不出更好的節文了！

　　但是朋友們把達爾文的困境解決了。里爾與胡克都曾看過達爾文的若干寫作，乃爲他們安排了下月倫敦林奈植物學會的一次集會中，宣讀華萊士的文件與達爾文的一個文件，而兩作者均缺席。

　　論文並沒引起什麼激動。但達爾文的手沒有放開寫。華萊士則如達爾文所描寫的「寬宏、高貴」。因此達爾文乃寫了《物種起源》一書，於次年年底出版，立即洛陽紙貴，人人感情爲之激動。

演化之連續性

　　天擇的演化論無疑是十九世紀最重要的科學發現。當它所激起的一切愚蠢的風暴與機智隨風而去之後，生命的世界忽然面目一新，因爲它以動態的世界之面目出現。創造不是靜態的，而是因時而變的，非物理過程可比。物理的世界千萬年前與今日同，法則亦不變。但生命的世界則在常變中。比如千萬年前，沒有人類討論此一問題。與物理學不同，生物學的每一籠統概說，都不過是時間中的一個片斷；而演化才是宇宙中獨創與新奇的眞正創造者。

　　如此爲眞，則我們每人都可回溯自己的天性，經由演化的程序，到生命的起源。達爾文與華萊士當然注意了行爲，留心骨骼的現狀，留心化石的舊形，勾畫出你我所自來的足跡。但行爲、骨骼、化石已經是生命中複雜的系統，是由更簡單而必然更古老

的單位所組成。什麼是這最簡單的最早單位呢？假定那是有生命力的化學分子。

因此當我們回頭尋找生命的共同來源時，而今天我們甚至看得更深刻些的，找到我們所共有的化學。此時我手指中的血液，是自最古老的分子，經過三十億年數百萬步的一再重生而來。這是演化論在現代的觀念。這演化的過程，一部分靠遺傳（達爾文與華萊士都不太懂），一部分靠化學結構（此又是法國科學家而非英國博物家的園地）。這一解釋是自幾個不同的學域會合而來，但它們有一件是共通的。他們把物種描畫得一再細分，又分為連續的若干階段——這是說演化論已被接受了。自那時起，已不再能相信生命是可以隨時再造的了。

巴斯德：左旋與右旋

當演化論暗示有些動物品種比較遲來時，批評的人常引用聖經來答覆。但大部分人相信創造並沒有因聖經而停止。他們認為太陽自尼羅河的黏泥裡孵出了鱷魚，老鼠據說是自一大堆髒舊衣服裡生出來的。而且似乎很明顯，青蠅的來源是爛肉。蛆是在蘋果裡長出來——不然牠們從那裡來？這一切生物都被認為憑空而來，是沒有先代的。

生物乃自發而來的說法由來很古，仍有人相信，雖然巴斯德[7]在一八六〇年代很俐落的提出了反證。他於他幼年的故鄉完成

7　巴斯德（Louis Pasteur, 1822-95），法國化學家與微生物家，發現細菌及預防針。

這工作的大部分，在法國侏羅山的阿布瓦[8]；他每年必回去一次。在那以前他從事於發酵的工作，特別是牛奶之發酵。（英文中滅菌一字〔pasteurisation〕與巴斯德名字的關係仍提醒我們這一點。）但他於一八六三年四十歲時到達權力的高峰，當時法皇要他查明酒發酵出了什麼毛病。他以兩年時光解決了問題。很滑稽的是，這兩年正是有史以來產酒最好的，直到今天一八六四年的酒仍為大家所懷念，是無與倫比的。

巴斯德說，「酒是有機物的海洋，這些有機物有些使酒鮮活，有些使酒腐壞。」在這思想中有兩件事非常惹人注意。第一巴斯德發現有機體可無氧氣而生存。當時對釀酒的人來說是討厭之至，但自此而後，證明這想法對生命之起源的了解十分要緊，因為生命之始，世上原沒有氧。第二，巴斯德有一種了不起的技術，可以看到液體中生命的痕跡。在他二十來歲時，他就因顯示出有些分子具有某種特別的形體而享有聲譽，自此之後，他又證明了那是已經走完生命歷程的拇指印。這一發現竟如此之深奧，至今仍使人迷茫，所以讓我們看看巴氏本人的實驗室及他自己所說的話。

> 我們怎麼去了解酒桶中葡萄酒的作用：發麵會膨脹，或凝結的牛奶會發酸，或落葉斷枝埋入土中會變為肥土？我一定要承認，我的研究一直著重在物質的結構上，而且自左旋及右旋的（如其他均同）觀點看，這一點在生

---

8 〔編註〕阿布瓦（Arbois），法國東部一小鎮，巴斯德年輕時大部分時間居住此鎮。

物最本質的組織法則上，占有
重要的地位，並進入了它們的
生理上最模糊不清的角落。

右旋、左旋：是巴斯德一生研究
中所追尋的線索。世上滿是一些左旋
樣本右旋樣本不同的東西：一個右旋
的螺絲錐不同於左旋的，右旋的蝸牛
不同於左旋的蝸牛。最要緊的是左右
兩手；等於鏡子中的自己，但怎樣旋
轉也無法使左、右手互換。在巴斯德
的時代，已知有些結晶體，其晶面之
安排有些是右旋的，有些是左旋的。

巴斯德把這類晶體做成木頭模型
（他的手很巧，圖工極美），並進而
做成知性上的模型。他在第一段研究
中，忽發奇想：認為一定有左旋分子
與右旋分子⋯⋯而晶體的屬性一定要
反映分子的性質。這一定要在任何不

右旋、左旋：是巴斯德一生研
究中所追尋的線索。巴斯德的
木製右旋與左旋酒石酸鹽結
晶模型。

對稱的情形下由分子的行為表示出來才成。比如，當你把它們放
在溶液中，用一種（不對稱的）極光照射穿過，一種分子（比如
用傳統的說法，是巴斯德所謂的右旋分子）一定向左旋轉光的偏
極面。一種同一形狀的結晶的溶液會對自偏光儀的不對稱的光線
有不對稱的反應。在旋轉偏光板時，溶液看上去忽暗忽明，又忽
暗忽明。

九、創造的梯階

值得注意的事實是生命細胞的化學溶液正是如此。我們至今不知道為什麼生命有這樣奇怪的化學性質，但這性質確立了生命有一種特有的化學個性，在演化的過程中保持不變。巴斯德是第一次把一切生命的形式與一種化學結構連結起來。自這樣有力的思想上開始，我們必須能把演化與化學連起來才成。

演化中的化學常數

　　演化的理論已不是戰場了。因為其證據比達爾文與華萊士的時代豐富得多又廣泛得多。最有趣的現代證據來自我們身體的化學。讓我舉一個簡單的例子：此刻我能把手活動是因為肌肉中包含一個氧氣庫，是由一種蛋白質名叫肌球蛋白者放在那裡的。這蛋白質乃由一百五十種胺基酸所組成。這數字在我身上與在任何使用肌球蛋白的動物身上沒有兩樣。但胺基酸本身略有不同。在我與非洲人猿之間的一個胺基酸上只有一點不同；在我與嬰猴（低等的靈長類）之間，有好幾個胺基酸的差異；而在我與牛、鼠之間，胺基酸之差異更多。這是度量我與其他獸類之間演化距離的尺度。

　　很明顯我們要從化學分子的累積上看生命演化的進步，這一累積必然是自地球降生時的材料到受煎煮而開始的。要明智的談生命的起源，我們要很實際才成。我們要在歷史上問問題，四十億年前，地球初生，地面上有些什麼？大氣是什麼樣子？

　　我們知道一個粗略的答案。大氣是自地球內部噴出去的，因此是有點近於火山的——一大鍋的蒸氣、氮、甲烷、氨，及其他還原的氣體，還有二氧化碳。有一種氣體缺了，那就是游離氧。

這是很關鍵性的，因為游離氧是來自植物，在生命開始以前並不存在。

這些氣體與它們的產物，溶了些許在海洋裡，形成一還原的大氣，在雷擊、閃電的作用下，特別是紫外線的作用，這些元素的反應如何呢？（紫外線在每一生命理論上都很重要，因為沒有氧，它可穿透氣層。）這一問題在一九五〇年，由美國的米勒[9]在一很漂亮的實驗中找到解答。他把上提的大氣放在一只燒瓶裡夜以繼日的蒸煮，並放電於其中，以模仿電擊或其他劇烈力量。很明顯的這混合體變暗了。為什麼呢？經過實驗，發現胺基酸已在瓶中形成。這是重要的一步，因為胺基酸是生命的基本單元，自此而造成蛋白質，而蛋白質是一切生物的要素。

生命的起源

在數年前，我們還以為生命是這種酷熱、電閃的情況下產生的。然後有幾位科學家發覺有一種極端的情形，同樣有力：那就是冰的存在，這原是一個奇想，但冰有兩種性質，使它很有助於簡單、基本分子之形成。首先，在冰凍的程序中會使材料濃縮，宇宙開始時，材料必然是很稀薄的。第二，冰的晶體結構可能使分子排列起來，這是對每一生命發展的階段都很重要的。

無論如何，奧格爾[10]做了一些很優雅的實驗，我打算說說那最簡單的一個。他取了些在地球早期的大氣必然存在基本的成

9　〔編註〕米勒（Stanley Miller, 1930-2007），美國化學家和生物學家。
10　〔編註〕奧格爾（Leslie Orgel, 1927-2007），英國化學家。

素：氫化氰是一種，氨是另一種。他把這些稀溶在水中，然後把溶液冰凍數日。其結果是，這些集結的材料被推到頂上，形成一些小冰山，上面出現少量的顏色，顯示有機分子已經形成。無疑是有含胺基酸的。更重要的是，奧格爾發現，他造成了引導一切生命發生之初的四大基本成分的一種。他造出了腺嘌呤，是 DNA 的四大基素之一。也許在 DNA 中，生命初始是在這種情況下形成，而不是發源在熱帶的情況下。

四基子

生命起源的問題重心不在複雜的分子，而在最簡單的、可以自我分裂再生的分子。這是一種複製同一具有生命特色的分子的能力，因此生命起源的問題就是：這些由這一代生物學家的努力所找出來的基本分子是否能在自然的過程中形成。我們知道自己要尋找什麼：簡單基本的分子，就像所謂的基素（腺嘌呤、胸腺嘧啶、鳥糞嘌呤、胞嘧啶）一樣，構成 DNA 螺旋，在任一細胞分裂時使自己再生。後面的方向，即有機物怎樣逐漸複雜化是另外一個統計的問題；亦即由統計的程序造成複雜體的演化。

很自然，我們會問，這些自然複製的分子是否在很多地點造成了很多次。這個問題尚無答案，只有自今天的生物中找證據、找解釋。今天的生命是由非常少數的分子所控制的，那就是 DNA 的四基素。這裡告訴我們每種我們已知的生物都由遺傳而來，自細菌到大象，自病原體到玫瑰。自這種生命初始的一致性所導出的一個結論，即只有原子的排列會帶來自我複製的連續。

但是相信這些的生物學家不多。大多數生物學家以為自然可

以發明其他自我複製的安排；其可能性必然會比我們現有的四種為多。如這是正確的，則我們所知的生命為何會由這四種基素所導致，乃因生命「偶然」自它們開始。如這樣解釋，基素就是生命只開始了一次的證據，自是而後，任何新生的排列，就無法與已存在的生命形式連結起來。當然，沒有人以為今天在地球上仍在無中生有的創造生命。

可能有他種生命存在嗎？

生物學有幸在一百年間發現了兩個偉大而有潛力的觀念。一是達爾文與華萊士的天擇演化說，另一個則是我們同代的科學家發現的，怎樣用化學的形式表達生命的週期，而用化學把生命與自然連結起來。

生命開始時地球上的化學物是獨一無二的嗎？我們過去是這樣以為。但最近的證據則否。最近幾年我們在星際太空中發現了些分子的光譜的痕跡，是我們從不曾想到會在那種死寂的地帶發現的：氫化氰、氰化乙炔、甲醛。這些分子從不以為會在地球以外存在。我們也許會發現生命之開始與形態都是多樣的。這表示生命若在他處發生，其演化的途徑不一定與我們的相似。甚至表示我們不一定能認出那是生命，而他們也認不出我們。

十、
世界中的世界

鹽粒

在自然中有七種基本的結晶形態及大量的顏色。這些形態一直使人們發生奇想，以為是空間中的形象，是物質之解說，希臘人以為他們的元素實際上有一般固體的形狀。以現代的說法，自然中的晶體在本質上表達了組成晶體的原子的某些性質是不錯的：這樣可幫忙把原子分門別類。此即我們二十世紀的物理學，而晶體是引入那個世界的第一個開口。

在多種多樣的晶體裡，最普通的是簡單而無色的食鹽；而它卻是最重要的一種。食鹽在古時波蘭首府克拉科夫[1]附近的維利奇卡（Wieliczka）大鹽礦裡開採了已近千年，有些木質的工具與馬拖的機械尚從十七世紀保留到現在。冶金家佩洛塞蘇斯可能於往東方旅行時路過此地。冶金術於一五〇〇年後改變了方向，因他堅持構成人體與自然的基本元素之一是食鹽。鹽是生命所必需，在每個文化中都有象徵的性質。與羅馬兵士一樣，今天英文

1　克拉科夫（Cracow），波蘭古都名，今為近捷克之省名，亦為省都名。

中「薪水」（salary）一字實是「鹽錢」（salt money）的意思。在中東交易仍要用鹽拍板定案，即舊約聖經中所謂「永遠以鹽為約」。

鹽之成分

自一個觀點言之，佩洛塞蘇斯是錯的，鹽從今天的觀念看不是一種元素。鹽是兩種元素的結合：氯與鈉。一種白色嘶嘶響的金屬，鈉，及一種黃色毒氣，氯，居然結合而成為一種穩定的結構，食鹽，已經夠令人稱賞了。但更有趣的是鈉與氯均屬於不同的族類。每一族類中同樣性質有一秩序的等級順序：鈉為鹼金屬，氯為活動性的鹵素。把兩族中任一分子更換，結晶保持不變，呈方形，透明。比如鈉可用鉀來替換：即氯化鉀。同樣在另一族裡，氯可用其姊妹品溴來取代：溴化鈉。我們也可做雙重更換：氟化鋰，其中鈉為鋰取代，氯為氟取代。但它們的結晶用肉眼都分不出來。

同一族的元素近似性的原因何在？在一八六〇年代，每人都為此問題大搔頭皮，有幾位科學家逐漸接近了同樣的答案。最成功的解決了此問題的是一位俄國的年輕人門得列夫[2]，他在一八五九年去波蘭訪問過維利奇卡鹽礦。當時他二十五歲，是一個貧苦、謙虛、勤勞而聰明的青年。是至少十四個孩子的大家庭中最小的一個，受寡母的寵愛，又因母命從事科學。母親對他的期望很高。

2　門得列夫（Dmitri Ivanovich Mendeleev, 1834-1907），俄國物理學家。

使門得列夫出人頭地者不只是天才，而且是對元素的熱狂。
門得列夫。

　　使門得列夫出人頭地者不只是天才，而是對元素的熱狂。
元素是他的密友；他熟悉它們的行為中每一細節與奇癖。元素互
相間之差異只基於一種基本特性，即由道耳頓於一八〇五年提出
的：每一元素有一特定的原子量。只有這樣一個已知的常數或參
數，這種性質怎能在元素中判定同異？這就是門得列夫力求解決
的潛在問題。他把元素寫在卡片上，把卡片攪雜，玩一種他的朋
友們常稱為「耐心」的遊戲。

門得列夫的牌戲

　　門得列夫寫在卡片上的是原子數與原子量，然後依原子量的多寡直行排定起來。最輕的氫，他不知怎麼辦，乃很明智地把它除外。第二重的是氦，但很幸運的是門得列夫尚不知它的存在，因尚不曾發現——如爲已知，則在其姊妹元素更晚之後被發現以前，必構成一種彆扭的不知歸屬的情形。

　　門得列夫因此用鋰開始其第一行，鋰是鹼金屬之一，當時是緊接氫之後第二輕的。然後是鈹、硼，然後是熟悉的碳、氮、氧，接著一行中的第七爲氟。下一個原子量較重的元素是鈉，由於鈉與鋰有同族之近似處，他決定自此另開始一行，因而鈉成爲第二行的首名。第二行是一連串熟悉的名字：錳、鋁、矽、磷、硫，及氯。又是七個一整行。故最後的元素氯與氟站在同一列上。

　　很明顯的，在原子量的序列中有種不是偶然而是有系統的性質存在。我們只要排出第三行即可了然。原子量順序上氯之後是鉀，然後是鈣。到此，第一列包含了鋰、鈉、鉀，都是鹼金屬，第二列計有鈹、錳、鈣，是另一組性質相類的金屬。事實是在這排列上水平列有它的意義：它們是同族的。門得列夫發現了，或至少發現了跡象，可找出元素之間數學關係的鑰匙。如果我們依原子量的順序安排，七階一行，到七則開始新行，結果我們發現同族的元素都水平排列起來了。

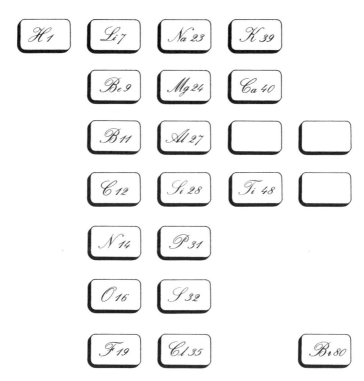

門得列夫的耐心遊戲。卡片依照原子量的順序排列：各元素自行分成好幾族。

週期表

　　到目前為止，我們可以毫無障礙地了解門得列夫於一八七一年安排出的圖表。他是二年前首次構思出來的。到了第三行開始不可避免地碰到了第一個問題，為什麼不可避免？因為自氫的例子可以看出來，門得列夫並沒有掌握每一個元素。九十二種元素中只有六十三種為已知，因此早晚他要遇上空檔的。他遇上的第一個空檔就是我停住的地方。在第三行的第三位。

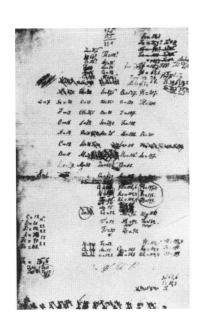

原子量的序列並不是偶然，而是有系統的。

一八六九年門得列夫所製作之「元素週期表」初期草圖。

　　我說門得列夫遇上一個空檔，但這簡略的用語包含著他思想上最疑難的部分。他在第三行第三位遇到困難，他解決的方法是「解釋」它為一空檔。他這樣決定是因為下一個已知的元素鈦的性質並不適於那個位置，與水平列的硼與鋁不同族。因此他說，「這裡有一個缺失的元素，若經發現，其原子量會比鈦輕。留下空檔可使本行內後來的元素置於適當的橫列中；鈦與碳、矽同族。」——這樣就完成了此一基本的圖表。

　　空檔或缺失元素的觀念在科學上是一種靈感。它很實在地表達了很久以前培根所提出的信念，即新的自然律可根據老的自然律加以猜測或演繹。門得列夫的猜測顯示演繹到了科學家手裡，成為比培根或其他哲學家所假想的更精細的程序。在科學的世界，我們不是單純地自已知的例子沿著直線前進，推求未知的

例子，而是像玩填字遊戲一樣，詳查雙向的進程，以求其交點！這才是未知的例子躲藏的所在。門得列夫審視了以原子量為順序的直行的進程，及同族性的橫列進程，以定出交點的缺失元素，這樣做，他完成了合乎實際的推測，同時闡明了（當時尚缺乏了解）科學家如何實際完成演繹的程序。

言歸正傳：最有趣的交點是在第三第四兩行的空檔。我不打算填完這張表──只打算說，若向下計算空檔，必會發現此行應當停在鹵素一族的溴元素上。中間有好幾個空檔，門得列夫指出了三個。第一個是前文中提到的第三行第三列的交點。其他兩個是第四行與第三、四列的交點。門得列夫預言如果發現，不僅合乎原子量的順序，而且合乎第三、第四列族屬元素的性質。

比如，最著名的門氏預測，最後被證實的，是第三個──他稱之為擬矽（eka-silicon）。他推斷這一奇特而重要的元素的性質十分準確，卻幾乎要到二十年後，該元素才會在德國被發現。其命名未依門得列夫，而被稱為鍺（germanium）[3]。自「擬矽的性質介乎矽與錫之間」的原則著手，他預斷其重量五倍半於水；這是正確的。其氧化物約四‧七倍於水；又是對的。以及化學及其他性質。

這一預測使門得列夫名聲遠揚──除了俄國外：他在俄國不算先知，因為沙皇不喜歡他的自由政治立場。後來在英國發現了一整列的元素，自氦開始，有氖、氬，使他的勝利為之擴大。他不曾被選進俄國科學院，但在世界其他各地，他的名字有魔法。

3　原文為紀念其發現地德國。

湯姆遜分解了原子

　　原子內在的模式是以數字表示的，這點很清楚。但卻不是故事的全部；我們必然缺少些什麼。要說元素的一切性質均決定於一個數字，原子量，實在使人難以置信。而原子量所隱藏的是什麼？原子的重量也許是其複雜性的一種尺度。若然，則其中必隱藏著某種內在的結構，原子實質上結合的方式，它的性質由此而來。但是這個觀念在當時自然是找不到的，因爲當時認爲原子是不能再加以分割的。

　　這轉捩點終於一八九七年來臨，是因爲湯姆遜[4]在劍橋發現了電子。對的，原子也有其成分，它不是像它的希臘文名稱一樣是不可分割的。電子是其重量中的一小部分，一個眞實的部分，且帶有單一電荷。每一元素之特點都以其原子中的電子數目而定。其數目恰恰等於門得列夫表上該元素所占有的位置，如把氫與氦排爲第一第二的話。亦即鋰有三個電子，鈹有四個電子，硼有五個等等依此類推，貫穿全表。在表上某元素所占的位置即稱爲原子數者，而現在竟發現在其原子內有實質的眞實性——即有那些數目的電子在。注意力開始自原子量轉移到原子數，亦即在根本上，轉移到原子的結構了。

　　這是現代物理由之開始的知識的突破。自此偉大的時代開場了。在那幾年中，物理學成爲科學中最大的集體作品——不只如此，也是二十世紀偉大的集體藝術品。

4　湯姆遜（Joseph John Thomson, 1856-1940），英國物理學家，獲一九〇六年諾貝爾獎。

新藝術中的結構

　　我說是「藝術品」，是因為那一內在結構的觀念，在原子的世界中有一世界，立刻捕捉了藝術家的想像力。藝術自一九〇〇年以後與以前不同，可以自任何當代獨創性的畫家中看出來。比如薄邱尼[5]在〈一條街的力量〉（The Forces of a Street）或〈騎腳踏車者的動能〉（Dynamism of a Cyclist）中表現的。現代藝術與現代物理之同時開始，因其開始於同一觀念。

　　自牛頓的《光學》以來，畫家們久已為物體表面的色彩所迷惑。二十世紀把這點改變了。如侖琴[6]的 X 光照片，它要在皮下找骨頭，尋找深處的，自物體整個形態的內部建造起來的剛固結構。如格里斯[7]這等畫家乃致力於結構的分析，不論在〈靜物〉（Still Life）中找自然形態，或在〈丑角〉（Pierrot）中找人類的形態。

　　比如說，立體派的畫家很明顯地受到晶體各族的影響。他們在晶體中看到村落在山邊的形貌，如布拉克[8]在〈莊園的住宅〉（Houses at L'Estaque）中所為；或一群女人，如畢卡索在〈亞維農少女〉（Les Demoiselles d'Avignon）中所畫。在畢卡索有名的開天闢地的立體派繪畫——一張臉龐，〈康威勒之肖像〉（Portrait of Daniel-Henry Kohnweiler），趣味即已自表皮轉移到

5　薄邱尼（Umberto Boccioni, 1882-1916），現代義大利未來派的畫家與雕刻家。
6　侖琴（Wilhelm Röntgen, 1845-1923），德國物理學家，發現 X 光，於一九〇一年獲諾貝爾物理獎。
7　格里斯（Juan Gris, 1887-1927），義大利立體派及未來派畫家。
8　布拉克（Georges Braque, 1882-1963），法國立體畫派的創始人。

內在的結構。頭部被分裂爲數學的形狀然後組合重建，再創而爲形，自內而外。

這一對內在結構的覓求在北歐的畫家中是很驚人的。如馬克（Franz Marc）在〈林中之鹿〉（Deer in a Forest）中看自然風光，及科學家們所喜歡的立體派畫家梅辛格[9]，其作品〈馬上的女人〉（Woman on a Horse）爲波耳所擁有；波耳在哥本哈根的家裡收藏些繪畫。

原子的結構：拉塞福與波耳

在藝術作品與科學報告之間有二大顯著的不同。其一，在藝術作品中，畫家在眾目睽睽下把世界解體，並重組於畫布上。另一個不同是你可看他們一邊畫一邊想。（比如秀拉〔Georges Seurat〕在〈少女與粉撲〉〔Young Woman with a Power Puff〕以及〈海景〉〔Le Bec.〕中，把不同顏色的色點放在一起，得到整體的效果。）在這兩方面，科學的報告都自愧不如。科學報告常常是分析的，老是把思想的過程潛藏在非人性的語言中。

我選定了在此談談二十世紀物理學建立人之一，波耳。因爲在這兩個角度上，他都是高水準的藝術家。他沒有預設的答案。他在上課時的開場白常常是：「我在此說的每一句都不應該當作結論，而應該當作問題。」他所問的是世界的結構。他所共事的人，不管爲年輕時或年老時（他在七十幾歲還能深入問題核心），都在把世界拆碎，加以思考，再拼湊起來。

9 梅辛格（Jean Metzinger, 1883-1956），義大利立體派畫家。

在二十幾歲時，他與湯姆遜共事，而他的學生之一拉塞福[10]，與他共事於一九一○年前後，是世上傑出的實驗物理學家。（這兩位科學家都是爲寡母的督促才進入科學界的，跟門得列夫一樣。）拉塞福當時是曼徹斯特大學的教授。他於一九一一年爲原子提出了一個新模型。他曾說原子的重量乃在於原子的核心，電子繞核旋轉如行星繞日。這是很出色的構想——而且是歷史的一美好的諷刺：三百年來，哥白尼、伽利略與牛頓等使公眾激憤的形象，竟成爲每一位科學家最自然的模型。在科學上通常的現象是，前代不能令人相信的理論，成爲後人日常的意象。

然而拉塞福的模型有錯。如果原子是一具小機器，其結構怎能令它永遠不垮呢？這難道是一具永恆運動機，世上僅有的永恆運動機嗎？行星繞日而行，不斷喪失能量，故年復一年，軌道縮小——很輕微，但總有一天它們會跌進太陽裡去。如果電子等於行星，則早晚會跌進核心中去。所以一定要有辦法使電子不會不斷喪失能量。這需要物理學上的新原則，使電子放出的能量限於一定值。只有這樣才能有一準繩，一確定的單位，使電子以一定大小的軌道繞行不止。

波耳自普朗克[11]在一九○○年出版於德國的作品中找到他所要發現的此一單位。是十二年前普朗克所證明的；在一物質成堆出現的世界中，能量亦必成堆出現，亦即呈定量出現。自事後看這說法並不奇怪，但普朗克知道在他當日這想法極具革命性，因

10 拉塞福（Ernest Rutherford, 1871-1937），生於紐西蘭的英國化學家及物理學家，曾獲一九○八年諾貝爾化學獎。
11 普朗克（Max Planck, 1858-1947），德國物理學家。

爲有一天他攜帶小兒子外出做全世界科學家職業習慣性的餐後散步時，對他兒子說：「我今天想出一個觀念，與牛頓的思想同樣有革命性，同樣偉大。」事實確是如此。

現在自一種觀點看，波耳的工作很容易。他有拉塞福的原子，又有了量子論。一九一三年，一個二十七歲的青年把這二者合而爲現代原子的新意象有什麼了不得的呢？不過是那奇妙、可見的思想方法；是那綜合的努力。是那自適當處所覓求支助的想法：他找到了原子的指印，自外部觀察即可看到顯示其行爲的光譜。

這是波耳的神奇想法。原子的內部是看不見的，但有一扇窗，是彩畫窗：原子的光譜。每一元素各有其光譜。不像牛頓自白光中得到的那樣有連續性，但有成線形的亮光爲該元素之特點。比如氫在其可見的色譜中有三根鮮明的色線，一爲藍、一爲藍綠、一爲紅。波耳解釋說，每一光線都是能量的放射，當氫原子的單電子自外圈軌道跳進內圈軌道時放射出來的。

電子在氫原子中停留在一個軌道上時，它不會發出能量。每次它自外圈躍入內圈，兩圈道之間的能差即發散出光量子。無數的原子同樣逸出能量，即我們所看到的氫特有的光線。紅光是電子自第三跳至第二軌道；藍綠線是電子自第四跳至第二軌道。

波耳的論文《原子、分子的結構》（*On the Constitution of Atoms and Molecules*）立刻成爲經典，現在原子的結構與牛頓的宇宙有同樣的數學性。但它包括外加的量子原理。波耳在原子中建造了一個世界，超越了牛頓以後二百年來的物理學定律。他衣錦榮歸哥本哈根，丹麥又成爲他的家，他的新工作場所了。一九二○年，他們在哥本哈根設立了波耳研究院。自歐美、遠東

各地的青年來此討論量子物理。海森堡[12]時常自德國來，被波耳逼著想出幾個要緊的觀念：波耳不允許任何人在觀念不成熟時停止。

一個理論的生命週期

　　回溯波耳的原子模型被肯定的步驟是很有趣的，因為它把每一科學理論中的生命週期扼要地再演一遍。先是論文，在文中用已知的結果來支持此模型，那就是特別把已知的氫之光譜提出，並把氫原子自一軌轉入他軌之量子轉換位置提出。

　　下一步把已肯定的想法擴展，解釋新的現象：在這裡解釋的是能量較高的 X 光譜的光線，肉眼雖看不見，卻同樣是自電子跳躍所形成的。此一工作在拉塞福的實驗室裡，於一九一三年，得到很漂亮、準確的結果，肯定了波耳的推測。二十七歲的莫斯利[13]完成了此一工作，可惜他在一九一五年英人攻擊加里波利[14]之役喪生，未能有更出色的發現。那一戰爭間接地使不少有前途的青年喪生，如詩人布魯克[15]。莫斯利的工作與門得列夫一樣，指出了些缺失的元素，其中之一由波耳的實驗室發現，命名為鉿，由哥本哈根的拉丁名字而來。波耳是在一九二二年接受諾貝爾獎金時以附帶說明方式宣布此一發現的。那次演講的講詞是值

---

12 海森堡（Werner Heisenberg, 1901-76），德國物理學家。
13 莫斯利（Harry Moseley, 1887-1915），英國物理學家，證明 X 光線的存在與其原子量。
14 加里波利（Gallipoli），土耳其之一海港，位於伊斯坦堡西南。

15 布魯克（Rupert Brooke, 1887-1915），英國詩人。

得回味的，因為波耳仔細地描寫了他在另一演講中以詩情摘要的方式講述的內容：量子的觀念怎樣「逐漸自原子中固定的約束一切電子的型類中，導出有系統的分類；對元素的物理與化學性質之間的重要關係提供一種完全的解釋，如同表現在門得列夫有名的週期表中一樣。這樣對物性的解釋，似乎超過了畢達哥拉斯信徒的夢想。實現了古來把自然律的公式縮減為純數字之考慮的理想」。

正當此時，樣樣似很順遂，卻使我們開始覺悟，波耳的理論與其他理論一樣，早晚要達到其極限。它逐漸出現鬆懈的弱點，像關節炎的痛苦。然後終於覺悟我們並沒有破解原子結構的真正疑問，只壓破了外殼而已。但在外殼之內，原子等於有黃之蛋：有一個核；我們還不曾了解那核呢！

核子可以分解

波耳是沉思默想而有閒情逸致的人，他得了諾貝爾獎，乃用獎金在鄉下買了幢房子。他對藝術的鑑賞也及於詩。他對海森堡說，「談到原子，語言只能像詩文一樣用。詩人也一樣不十分關心事實之說明，而著意於創造意象。」這是出乎意料的想法：語言不是用來說明事實，而是創造意象。但這是對的。在可見的世界之下所隱匿著的也永遠是意想之物，確確實實是一齣影像的戲。沒有別的辦法討論不可見的東西，不論在自然中，在藝術中，或在科學裡。

在進入原子的大門後，就到了我們的感官所不能經驗的世界。那裡有新的建築，是我們所不明白的組織方法：我們只能用

類比法描畫，而這又是新的想像的行為。這建築的意象是自具體的感官世界中來，因為只有這個世界可用文字表達。但所有對未知領域的描寫都是比喻，是我們自耳、目、手足的大世界裡攫取的相似處。

一旦我們發現了原子不是構成物質最終極的磚塊，我們只能設法製造模型，表示出這磚塊之間如何連結，並相互作用。模型的用意乃用類比法表示出物質建構的方式。要試驗這些模型，要把物質破開，像鑽石切割師一樣，感覺到晶體的結構。

人類的進展是日漸豐碩的綜合，但每一步都是一種分析的努力：深刻的分析，世界中的世界。我們發現原子可以分割後，似乎其核心是不能分割的。然而在一九三〇年左右，竟發現這模型要再加修正。原子中心的核也不是現實中最終極的單元。

中子：查兌克與費米

希伯來人舊約的註釋家說，上帝創造世界的第六天清晨，為人製造了些工具，並給他創造的天才。如果這些註釋家活到現在，他們會寫「上帝創造了中子」。在田納西州的橡嶺城 16，藍色的微光乃中子的痕跡，乃在米開朗基羅的繪畫中，上帝觸著亞當的那根手指，不是用氣，而是用力。

我不能開始得那麼早，讓我自一九三〇年開始這段故事。當時原子核與若干年以前的原子那樣不可侵犯。麻煩是沒法把它拆成帶電的零件，因為數目就不合。核子帶有一正電（以平衡原子

16 橡嶺（Oak Ridge），美國田納西州東部之一鎮，為一原子能研究中心。

中的電子）與原子數相等，但核子的質量並不是一個常數乘電荷數，自氫之相等於電荷量，到重元素之遠超過二倍於電荷量。只要每人都持續相信一切物質都由電所組成，這一點便不可能說得通。

是查兌克（James Chadwick）推翻了這根深柢固的觀念。一九三二年證明了在原子核中有兩種粒子，不但有帶正電的質子，還有不帶電的中子。兩者在質量上幾乎相等，約略等於氫之原子量，只有最簡單的氫核不含中子，而只含單一質子。

中子乃成為一種新的探針，一種煉金術士的火焰。因為沒有電荷可射入原子的核心改造之，不會造成電的紛擾。這現代的煉金術士，那比任何人善於利用此新工具的人乃羅馬的費米 [17]。

費米是個怪人，我很晚才認識他，因為一九三四年之羅馬在墨索里尼之控制下，柏林在希特勒手裡，像我這樣的人不到那種地方。但後來我在紐約見到他，發現他是我所目睹過最聰明的人──也許只有一個例外。他短小精悍，能深入，有運動家的氣質，清楚自己的舉動如同能洞察事物之底蘊。

他把各元素輪流一一射以中子，變形的神話在他手上成為事實。中子自反應爐中流出來，因為這反應爐被戲稱為「游泳池」，意即中子用水減緩速度。我應報出正確的名字：高流量同位素反應器，是在田納西橡嶺城發展的。

---

17 費米（Enrico Fermi, 1901-54），義大利籍物理學家，原子彈發明人之一。

元素的演化

　　物質變形自然是一個古老的夢想。但對像我這樣的人，心智有理論的傾向，一九三〇年代最令人激動的，是開始打開自然演進的大門。我要對此加以解釋。我開頭是自創世的日子談起，現在要再提一次。要從何開始？阿爾馬的大主教烏雪 [18] 在一六五〇年說宇宙是創始於紀元前四〇〇四年。他以教條與無知爲武器，不忍受任何反對。他或其他的教士知道年月日甚至一週的哪一天，哪一時刻，很幸運的我已忘記了。但世界的年齡這一謎仍存在，一直是個難題，到一九〇〇年代，因爲當時雖已知地球已有很多個百萬年之高齡，我們仍不能想像太陽與星辰的能量自何而來，使它們運轉不停。那時我們已有了愛因斯坦的公式，知道物質的喪失可產生能量，但物質怎樣重加安排的呢？

　　而這實在是查兌克的發現解決了能量的難題及打開了了解的大門。在一九三九年貝特（Hans Bethe）在康乃爾大學，首次以很精確的字眼解釋了在太陽中氫氣變氦，因此質量的損失留給我們這一可貴的能量爲禮物。我提到這些時帶著感情，因爲對我來說，不只是有紀念的性質，而是個人的經驗。貝特的解釋對我來說十分生動，一如我的新婚日，而以後發展的每一步都與我的孩子們的生日一樣。因爲以後幾年所發現的（而最後結尾於一九五七年我所認爲的確定分析）乃一切的星球都在進行一種程序，把原子一一建構爲更複雜的結構。物質本身在演化中。「演

---

18 阿爾馬的大主教烏雪（Archbishop James Ussher of Armagh, 1581-1656），愛爾蘭高級教士及學者。

首次歷史性的石墨反應器。
實驗性的石墨─鈾堆，由費米帶頭的團隊所設計出的，它第一次運轉是在一九四二年十二月二日在芝加哥大學的斯達格運動場西側看臺的回力球場。

化」一字來自達爾文與生物學，但也是在我生命中改變了物理學的一個字。

　　元素演化的第一步在年輕的星星上發生，乃自氫至氦，如同太陽。自氫至氦這一步，需要內部的大熱量，我們在太陽表面上看到的，不過是此一行動所產生的波濤。（氦初次用光譜鑑定出，於一八六八年日蝕時，因得其名。按外文中氦即太陽之義，當時在地球上並未發現此元素。）事實的經過是不斷有一對重氫的核相撞而相融為氦核。

　　早晚太陽大部會成為氦。到那時太陽會更熱些，氦核相撞，融為更重的原子，比如，在星球上當三個氦核撞在一處發生在

一百萬分之一百萬分之一秒內時，即可成碳。一切造成物中的每一碳原子都是在這樣似乎完全不可能的情形下形成的，在碳之後，氧乃形成，矽、硫及較重的元素繼之。最穩定的物質是門得列夫的表上中央部分的元素，在鐵與銀之間。但元素構成的程序早已越過這一限度。

如果元素是一一構成的，自然為什麼會停止？為什麼只有九十二種元素？而最後者是鈾？要答這一問題，很明顯，我們必須創造一些超過鈾的元素，以證明元素太大時即太過複雜，容易瓦解。但是如果我們真做成一些，則我們不僅合成了新元素，而且做成些可能爆炸的東西。鈽元素（plutonium）是費米在其首次歷史性的石墨反應器（在早先的俗話日子裡，我們稱之為「堆」）裡做出來的，是人為的元素，已向全世界表明了這一點。部分的說，它是費米天才的紀念碑。但我把它看成對地獄之神普魯托（Pluto）的奉獻（這元素原以此命名），因為鈽彈在長崎殺死了四萬人。這是在世界歷史上又一次，用紀念碑紀念偉人時，有多人為之喪生。

第二定律與統計學

我要簡短的回到波蘭的維利奇卡鹽礦，因為有一歷史性的矛盾要加以解釋。在星球上元素在不斷地構成，但我們曾以為宇宙要衰頹，為什麼？怎麼會？宇宙在衰頹的觀念是來自對機器的簡單觀察。每一部機器所消耗的能量都多過它所提供的，有些是浪費在摩擦中，有些消耗在磨損上。在一些比鹽礦所用的古老木製絞盤更為精巧的機器，能量也會損失在其他必要的緣故上——比

如，消耗在減震器或散熱器上。這都是能量減弱的原因。有一個我們無法接近的能量庫，吸收了我們放入的部分能量，而無法收回。

一八五〇年克勞修斯[19]把這想法寫成一基本原則。他說，有些是可及的能量，也有不可及的能量。這不可及的能量，他稱之為熵（entropy）。他演成有名的熱力學第二定律：熵一直在增加，在宇宙中，熱量流入一種均等的湖中，再也不為人所用。

在一百年前，這是很美妙的想法，因為當時熱仍被視為一種流體。但熱並不比火更實在，或比生命更實在，熱是原子不經意的運動。是奧國的波茲曼[20]很聰明地掌握了這概念，為機器、蒸汽機，或宇宙的失能現象提出了新解釋。

波茲曼說，當能量減弱時，是原子處於較紊亂的狀態時。而熵為紊亂的度量器，這是一個很深的觀念，來自波茲曼的新解。奇怪的是紊亂也可以度量；是這特殊狀態的可能率──在此的定義是可自其原子相集結的方式數。他很精確地表達為：

$$S = K \log W$$

S 是熵，與 W 之對數成比例；而 W 為某一已知狀態的可能率，K 為比例的常數，現稱為波茲曼常數。

當然，紊亂的狀態遠多過有秩序的狀態，因為幾乎每一種

19 克勞修斯（Rudolf Clausius, 1822-88），德國物理學家。
20 波茲曼（Ludwig Boltzmann, 1844-1906），德國科學家，對氣體運力學之發現很有影響。

隨意的原子集結都是紊亂的；因此大體說來，每一種有秩序的安排都會衰頹。但「大體」並不等於「一定」，若說有秩序的狀態「不斷地」淪為無秩序則不真。那只是統計的定律，即秩序有消失的「傾向」。但統計學沒說「一定」，統計學上認為在宇宙的某些角落，有些在建立秩序中（在此地球上，在你、我中，在一切星球中，在各種場所），亦有些無秩序在取代秩序中。

分層的穩定

這是很美的概念，但仍有一個問題，如果真是可能率把我們帶來這裡，豈不是可能率太低，我們沒有權利在這裡了嗎？

問此問題的人總是這樣看的，想想此時造成我身體的所有原子。它們都來此處，在此刻形成了我，是多不可能的事！而確實的，如果真靠可能性，這不但不可能，我也簡直是不可能的。

當然，自然並不是這樣操作的，自然按步驟操作。原子形成分子，分子形成鹼基，鹼基指導胺基酸的形成，胺基酸構成蛋白質，而蛋白質形成細胞。細胞乃一切簡單生物之始，然後是較複雜的生物，依次步步上升。構成一個階層的穩定單位是偶然遭遇的素材；由偶然的遭遇產生更高級的結構，有些則有機會穩定化。只要仍有穩定的可能性，即使沒有實際上的穩定，也沒有其他轉變的機會。演化是自簡單到複雜按步驟登梯階，每一步本身是穩定的。

因為這是我的本行了，我為之起了個名字，叫作「分層的穩定」（Stratified Stability）。這就是慢慢地、不斷地順著複雜性之梯階把生命步步提升的程序，也就是演化中主體的進步與問題。

現在我們知道這道理在生命與物質中都正確，如果星球要製造鐵元素，或超重的鈾元素，打算於瞬間合成，則是根本辦不到的。不可能，星球由氫造氦，然後在不同的星球上，另一個階段中，由氦合成碳，合成氧，乃至重元素；這樣逐步走完全程，才在自然中製成了九十二種元素。

模仿自然的物理

整個說來，我們不能模仿在星球上的演化程序，因為我們不能掌握極度的高溫以融合大多數元素。但我們開始在梯階上踏第一步：模仿自氫融為氦，在橡嶺實驗室的另一部分在試著融合氫原子。

要再造太陽內的溫度——超過攝氏一千萬度——當然很困難。但要找一個容器把這溫度包住而不熔卻更困難，即使經歷一秒的一小部分。沒有一種材料辦得到；在這樣劇烈的狀態下，氣體的容器只能用磁力圈。這是另一種物理學：電漿物理學。其動人之處亦即其重要處乃因它是自然的物理。終於，人所做的安排，不再與自然唱反調，而是按著自然在太陽與星球中所取的同一步調。

波茲曼：原子是真實的

朽與不朽的對比是我結束此一章的話頭。二十世紀的物理是一個不朽的工作。它在人類的想像力同心合力下所產生，超過了一切的紀念碑，超過了金字塔，超過了《伊利亞德》（*Iliad*），

超過了民謠、大教堂。那些創造了這些概念的人是我們這時代中的探險英雄，門得列夫混洗他的卡片；湯姆遜推翻了希臘人原子不能再分的舊說；拉塞福把它變成一個行星系統；波耳使這模型運轉；查兌克發現了中子；費米用它打開了原子核轉化的大門。在這群人的前面是些偶像清除家，是新觀念的首次建基者：普朗克把能量與物質都歸屬於原子；波茲曼證明原子這一世界中的世界與我們自己的世界一樣真實，其貢獻是無人能及的。

誰還能想像，不過是一九○○年時，大家還拚死拚活地爭執原子是真是假。在維也納的大哲學家馬赫[21]說不是真的。大化學家奧士華[22]說不是真的。但是有一個人在那緊要的世紀之交，在理論的根本基礎上為原子的存在而奮鬥，那就是波茲曼；我要在他的靈前致崇敬之意。

波茲曼是一位暴躁、反常、難處的人，是達爾文的早期追隨者，吵鬧而愉快，人之七情無所不具。而人類之成長就在那個時間點玩那優美的知識均衡的蹺蹺板。因為如果當年反原子的學說勝利，我們的進步至少會被遲延數十年，或許一百年。不但物理學會被掣肘，生物學也一樣，因為生物學亦很緊要地以此為基礎。波茲曼只是與他們做口舌之爭嗎？沒有。他為此熱誠生，為此熱情死。一九○六年，已六十二歲，在原子說即將勝利時，他感到孤單而失敗，以為一切無望，乃自殺身死，留下來紀念他的是他的不朽公式，「$S = K \log W$」，刻在他的墓上。

---

21 馬赫（Ernst Mach, 1838-1916），奧地利物理學家與哲學家，他的工作對二十世紀思想很有影響。

22 奧士華（Wilhelm Ostwald, 1853-1932），德國化學家，獲一九○九年諾貝爾化學獎。

我沒有言辭可形容波茲曼緊湊、深入的美。但是我要引詩人布雷克的句子，他在《無邪的徵兆》（*Auguries of Innocence*）一詩中，是用下面四句開頭的：

> 在砂粒中看世界
> 而天堂在野花之中，
> 握無限於你掌心，
> 集永恆於一刻。

十一、
知識或確信

沒有絕對的知識

　　物理科學的目的之一曾是為物質世界勾畫一確切的面目，二十世紀物理學的成就之一則證明了這目的是達不到的。

　　取一個實在的好例子：人的臉孔。我聽到一位盲婦用指尖摸索一個人的臉孔大聲的想著說：「我要說這是個老人，我想很明顯的，他不是英國人，他的臉比一般英國人為圓。我可以說他大概是歐陸人，若不是東歐人的話。他臉孔上的線條可能是因受罪刻畫成的。開始還以為是疤痕呢，這不是一個愉快的面容。」

　　這是布格拉猶維茲（Stephan Borgrajewicz）的臉孔，他與我一樣，生在波蘭。〈布格拉猶維茲的肖像〉（Portrait of Stephan Borgrajewicz）則是波蘭藝術家托波爾斯基[1]所見的同一面孔，我們知道這種畫像不在固定一個面孔，而在探索；藝術家幾乎是用筆觸來追索細節；所加的每一條線都足以強化此繪畫，卻不予以定稿，我們同意此為畫家的一種手法。

　　1　托波爾斯基（Feliks Topolski, 1907-89），波蘭移民到英國的藝術家。

但物理學家到此所證明的，不過那是唯一求知的方法。並沒有絕對知識存在，那些聲稱有的，不管是科學家或教條主義者，都會敞開悲劇的大門。所有的情報都是不準確的，我們要很謙虛的處理它，這是人類的條件；這就是量子物理的含義，我確實是這個意思。

不可見的輻射光譜

看看電磁情報所提供的整個光譜的表面，我要問的問題是：使用世上最好的儀器，即使我們能想出一套完美的儀器，我們所能看到的有多精微、多細節呢？

看到細節不一定限於用可見的光來看。馬克士威[2]於一八六七年提出光是一種電磁波，他為光所推出的方程式表示還有其他光波。可見光的光譜，自紅至紫，只是在不可見的放射線中的一個八音階左右的範圍。自最長的無線電波的波長（低音）到最短的 X 光以上的波長（最高音）可得到一連串的情報。讓我們輪流把它們照射在人臉上。

最長的不可見波為無線電波，由赫茲[3]在近一百年前證明（一八八八年），肯定了馬克士威的理論。因其最長故亦最粗糙。雷達掃描機的波長有幾米，根本看不見此臉孔，除非把此臉孔後退若干米，看上去像一座墨西哥的石腦袋。只有我們把波長縮短，大腦袋上的細節才可見；縮短到一米之內方見耳朵。到實

2　馬克士威（James Clerk Maxwell, 1831-79），蘇格蘭物理學家。

3　赫茲（Heinrich Hertz, 1857-94），德國物理學家。

用的無線電波範圍內，即數公分，我們開始看到這石像上的一些人的痕跡。

下面我們通過一攝影機來看人的臉孔，此攝影機感應度為輻射線的下一範圍，即少於一毫米的波長，亦即紅外線。為天文學家赫歇耳[4]於一八〇〇年所發現，因為他把望遠鏡焦距定到紅光之外而感到熱度。紅外線是熱線。攝影機的底片把它們用固定的代號轉換為可見的光，使最熱的看上去為藍色，最冷的為紅色或深色。我們可以看到粗略的臉型：眼睛、耳朵及鼻子——我們可看到鼻孔下面的熱流。我們對人增加了新知，對的，但所看到的沒有細節。

用最短的波長，即百分之一毫米以下，紅外線漸減弱而為可見的紅光。我們現在所用的底片對兩者均甚敏感，臉孔立刻就生動了。它不只是一個人，而且是一個我們知道的人：布格拉猶維茲。

白光使我們的眼睛看到他，很細節的；細小的毛髮，皮膚上的毛孔，這裡有缺陷，那裡有一斷裂的脈管。白光是各種波長的混合，自紅到橙到黃到綠到藍最後到紫，紫是波長最短的可見光。照說我們藉短的紫波比長的紅波可看得較仔細，但實際上只差一個八音階也沒有多少分別。

精緻的細節

畫家分析此面孔，把特點找出，把顏色分開，擴大其影像。

4　赫歇耳（William Herschel, 1738-1822），英國天文學家。

這種探索身體的力量使 X 光在侖琴發現以來即很轟動。侖琴的原始圖片；一個穿了鞋子的人，褲袋內放了鑰匙。

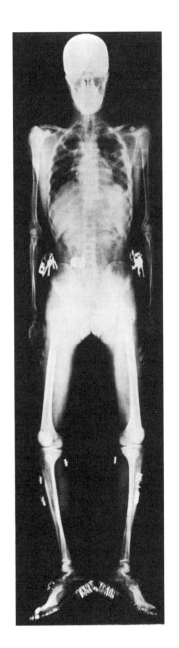

自然我們可以問，科學家不應該用顯微鏡來孤立、分析更細的特點嗎？當然，他應該。但我們要了解顯微鏡可擴大影像卻不能改變影像：細節的精確與否是由波長決定的，事實是在任何波長中，我們所能攫獲的光線只能經由與波長同大小的物體；太小的物體不能造成陰影。

　　在普通白光之下放大二百倍，可看出皮膚上的細胞。若要得到更小的細節則需更短的光波，下一步是紫外光，其波長少於萬分之一公分，比可見光短了十倍以上。如果我們可看到紫外光，則可看到一種鬼怪的螢光景色。紫外光顯微鏡可看穿閃光面而進入細胞內，放大三千五百倍，到染色體的層次。這是極限，沒有可在染色體中看到人類遺傳因子的光線。

　　再進一步，要看得深，我們必

須把波長縮短：短到 X 光。然而 X 光太具穿透性，不能用任何材料加以凝聚為焦點；我們無法造一具 X 光顯微鏡。因此我們只好滿足於直接照射 X 光，所得到的一種陰影，細節則要靠其穿透力。我們看到皮下的頭骨，比如可看到這人掉了牙。這種探索身體的力量使 X 光在一八九五年由侖琴發現以來即很轟動，因為此一物理的發現似為自然設計出來供醫藥所用。這使侖琴得到慈父的形象，並成為贏得第一次諾貝爾獎（一九〇一年）的英雄。

在自然中一時的運氣有時使我們旁敲側擊的所得反而豐厚，那是為了推求一種無法直接看到的安排而得到的。X 光無法表現出原子個體，因為原子太小，即使在這樣的短波中亦無法造成陰影。然而我們可自結晶中勾畫出原子，因為它們之間的空距是有規律的，因此 X 光可形成一種規則的漣漪模式，可由之推出造成障礙的原子的位置。這就是在 DNA 螺旋中的原子模式；這就是遺傳因子的模樣。此法為一九一二年勞厄[5]所創，是雙料的天才作為，因為這是第一次證明了原子是真實的，也是首次證實了 X 光是電磁波。

我們還有一步，即電子顯微鏡，其光線十分緊密，我們不知道要稱之為波還是質點才好。電子射到物體上，把物體之輪廓勾出來，如同市集上的飛刀表演，我們所見到的最小東西是釷的單原子。實在動人。但其模糊的影像說明，如同在市集上朝女孩子丟去的刀子，即使是最硬的電子也無法射出一條清楚的輪廓，故完美無缺的影像仍與天邊的星星一樣遙遠。

5 勞厄（Max von Laue, 1879-1960），德國物理學家。

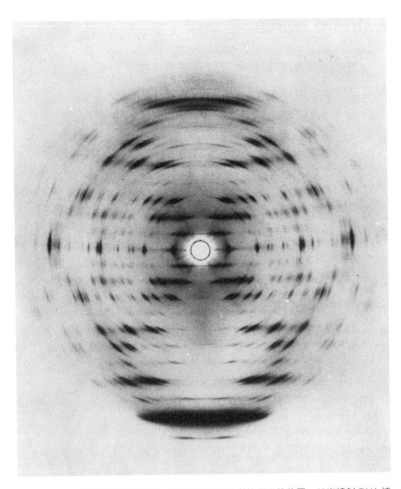

X光可形成一種規則的漣漪模式，由之推出造成障礙的原子的位置。X光繞射 DNA 結晶的模式。

高斯與不確定的觀念

我們在此面對知識中至關重要的矛盾。一年又一年，我們製造更精確的儀器，以便更精細的觀察自然。但當我們看那觀察的結果，便因其仍模糊不清而感到沮喪，覺得如以往一樣的不確定。好像我們在追求一個目標，每當快要接近時，又一溜歪斜的逃到無限去了。

知識的似是而非並不限於小的原子的尺度；相反的，在人的尺度，甚至星球的尺度上亦然。讓我以天文觀測做例子。高斯[6] 在哥廷根[7]的觀測站建造於一八○七年，盡他一生及迄今天文儀器經過不斷改良。我們看一個星球的位置，比較當時與此時的測定，覺得逐漸接近準確位置，但如果我們實際上比較今日個別觀測的結果，我們既驚異又煩悶的發現互相之間差異甚大，一如往日，我們曾希望人的誤差消失，可因而得到上帝的觀點。竟發現在觀測中免不了誤差，這在星球、原子上為真，在看某人的繪畫或聽某人的演講時亦為真。

高斯到逝世前的八十歲，均以其神妙、童稚氣的天才承認這一點。他十八歲到達哥廷根，進入大學，時在一七九五年。是時他已解決了一個問題：找出如何在有內在誤差的一系列觀測中做最佳估計。他當時以統計的推理法推理，使用到今日。

一觀測者看星球，他知道有一大堆產生誤差的理由。由此他把讀數記錄數次，他希望最佳的估計該是平均值——擴散區的中

6　高斯（Karl Friedrich Gauss, 1777-1855），德國數學家及物理學家。
7　哥廷根（Göttingen），德國之大學城，靠近柏林。

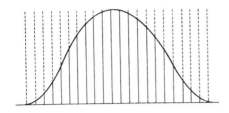

知識的似是而非並不限於小的原子的尺度；相反的，在人的尺度，甚至星球的尺度上亦然。高斯曲線

心。到此很言之成理，但高斯進一步問誤差的擴散的意義何在。他製成高斯曲線，把擴散值總結在曲線的偏差量或延展上。自此，他導出一個影響深遠的觀念：擴散值表示出不確定的範圍。我們不確定真正的中心位置，我們只能說出它在不確定的範圍內，而這範圍可由個別的觀測所得的擴散區中計算出來。

　　對於人類的知識有這樣細緻的認識，高斯對那些聲稱有一條比觀察更準確的求知途徑的哲學家是十分痛恨的，我自很多例子中舉其一。恰好有一位名叫黑格爾[8]的哲學家，我得承認是我最敬而遠之的。我很高興自己這深刻的感覺竟與偉大的高斯相同，在一八〇〇年，黑格爾提出一篇所謂的論文，證明雖然自古以來行星的定義已變，但自哲學上看仍只能有七個。不但高斯知道怎麼答覆，就是許久以前的莎士比亞對此也有答案。在莎氏的《李爾王》（*King Lear*）中有一段，一個笨蛋對王說：「七個星星不比七多的理由是一個很好的理由」。王莊嚴的搖搖頭回答說：「因為七不是八。」笨蛋又說：「對的，您不會是個好笨蛋。」黑格爾是個大笨蛋。一八〇一年一月一日，及時的，在黑格爾的

8　黑格爾（Friedrich Hegel, 1770-1831），德國唯心論哲學家，發明辯證法。

論文墨汁未乾時，發現了第八顆行星——次要的行星「穀神」（Ceres）。

真實的次結構：波恩

歷史有很多諷刺，在高斯曲線上的定時炸彈是在他死後我們發現並沒有上帝的觀點。誤差糾纏在人類知識的本質上，其諷刺乃這一發現是在哥廷根做到的。

古老的大學城都十分近似。哥廷根就像英國的劍橋，美國的耶魯：非常有地方性，不在大道上——若不來找教授，沒人到這些僻遠之處。而教授們又確定這裡是世界的中心。在會堂地下酒館處有一銘刻，文曰：「在哥廷根之外沒有生命。」這一雋語，或可稱為墓誌銘，一般大學生不如教授們認真的相信。

大學的象徵是在會堂外一座赤腳牧鵝女的鐵雕像，每一學生畢業時都要親吻的，大學是那些沒有確定信仰的學生的麥加。學生帶來些與他們的學習無關的無賴漢、赤腳漢，是很重要的；他們來此不是對已知者崇拜，而是懷疑。

與每一大學城相同，哥廷根的景色中穿插了很多長道，供教授們午飯後散步，研究生若被約同行，簡直會得意忘形。也許哥廷根在過去是很慵懶的。這一小德國大學城可回溯到國家統一以前（哥廷根為漢諾威〔Hanover〕之統治者喬治二世〔George II〕所建），因之有一種地方官僚的趣味。即使在軍權崩潰，德皇於一九一八年下位，此處的人比德國以外的大學更為團結一致。

哥廷根與外在世界之聯繫是鐵路，訪客自柏林或海外均由鐵道來，熱心於在物理學上交換意見。在哥廷根，有一句當地話說

科學在去柏林的火車上有了生命，因為大家在火車上討論、爭執而產生了新思想，或者使新觀念受到挑戰。

在第一次大戰期間，哥廷根與別處一樣，科學受相對論的支配。但在一九二一年波恩[9]受聘為物理學講座，開始了一連串的討論會，使大家對原子物理發生興趣。今天回想波恩受命時已近四十歲是很使人驚訝的，一般說來，物理學家的最佳貢獻在三十歲以前（數學家還要早，而生物學家較遲）。但波恩有一種不平常的人際的、蘇格拉底式的天才。他把年輕人引到身邊，把他們的最佳能力抽出來，他與他們交換與研討的觀念也產生了他的最佳成就。在這些年輕一代的名人中舉誰呢？很明顯的是海森堡，他與波恩共事完成了最佳的成績。然後當薛丁格[10]出版了一種不同形式的基本原子物理學時，辯論乃由之開始了，全世界的人都來哥廷根參與這場辯論。

為這個勤奮工作而完成的學科要花些口舌似乎是很奇怪的。物理學在一九二〇年代真有什麼辯論、商討、研習、爭吵的嗎？有，至今還有。在那裡相遇的人，與今天在實驗室相遇的人只有在工作結束時才用數學公式表示出來。他們在開始時只打算解決觀念上的難題。次原子質點的謎──電子等等──是心智的謎。

想想那時正當電子遇到了一些難題。教授們之間的諷刺是（由於大學時間表的安排）禮拜一、三、五，電子為質點，二、四、六電子為波，你怎麼把這兩種觀點相提並論？前者都是從大

9　波恩（Max Born, 1882-1970），德國物理學家，一九五四年獲諾貝爾物理獎。

10　薛丁格（Erwin Schrödinger, 1887-1961），德國物理學家，波動力學之確定者，曾獲一九三三年諾貝爾物理獎。

尺度的世界裡取來，強加於一單數之中，也就是原子內部如《格列佛遊記》小人國的世界。這就是推測與爭論的所在。這裡需要的不是計算，卻是識見，是想像力——甚至是形而上學。我記得波恩於後來到英國曾說過一句話，也載在他的自傳中。他說：「我現在相信理論物理實即哲學。」

波恩的意思是在物理學上的新觀念是對真實的不同看法。世界不是一個由許多物體一成不變的配置起來的，因為它與我們的知覺分不開。它會在我們的注視之下改變，會與我們產生互動，所帶來的知識要由我們來解釋。沒有辦法在交換知識時不需要判斷的行為。電子是質點嗎？在波耳的原子中，其行為似乎是質點。但德布羅意[11]在一九二四年製成一個漂亮的波狀模型，其中的軌道處為正確的整數波道圍繞核心。波恩想到一列電子火車，如同每一電子乘坐一根機軸，因此合起來就構成一連串的高斯曲線，一種可能率的波。在去柏林的火車上，在哥廷根森林中的教授散步道上悟出來了一個新觀念：不論這個世界是由怎樣的基本單元所組成，它們比起我們疏漏的感官所捕捉的要精巧、游移不定、駭人聽聞。

海森堡的不確定原理

這一切散步與交談到一九二七年到達一精彩的高潮，當年年初，海森堡為電子找出一個新特點。他說，電子是質點，但是只提供少量訊息的質點。就是說：你可確定此刻它在那裡，但你無

11 德布羅意（Louis de Broglie, 1892-1987），法國物理學家。

法找出它出發的速度與方向。反過來，如果你堅持要用某一速度在某一方向上射出，則你無法確切的知道它的起點或終點。

這樣的學說聽上去非常潦草。其實不然，海森堡以精確的語言給了它深度。電子所帶來的訊息在整體上是有限的，比如說，其速度與位置互相固定，是由量子的偏差（容忍度）來限制的。這是一個很深奧的想法：是最偉大的科學觀念之一，不只是屬於二十世紀，而是屬於整個科學史。

海森堡把它稱爲「不確定原理」。（或譯爲「測不準定理」。）自一種觀點上，它是日常生活中粗陋的原則，我們知道不能要求這世界精確無誤。如果一個物體（比如一張熟臉孔）在我們認出來之前，一定要完全相同，則我們一日之所見，異日將不復相識。我們能認出來是因爲它大都相同；今日之它不會完全與昨日之它一樣，只是在容忍的限度內一樣。識別的行爲是一種判斷，建立在容忍或不確定的範圍中。故海森堡的原理說明沒有一件事，包括原子的事件，可以確切的描述出來，毫無偏差。此一原理之深奧乃海氏特別指出可以達到的偏差，度量的工具是普朗克的量子，在原子的世界中，不確定的範圍是由量子勾畫出來的。

但「不確定原理」是一種壞名稱。在科學之內外，我們不能確定；我們的知識只能限於某種偏差之內。我們應該稱之爲「偏差原理」，因爲偏差與容忍同義。我提出這名稱有兩個意義，第一，在工程上的意義。科學逐步前進，成爲在人類文明進展中最成功的事業，乃因它了解在人與自然、人與人間交換訊息，只有在某種偏差下發生。但第二個意義，我也深切的願在眞實世界中使用這字眼。一切的知識，在人類之間交換的訊息，只有在偏差

的容忍下方能完成。不論為科學、文學、宗教、政治，甚或各種鼓舞了教條的思想形式，無不皆然。這是你、我一生的悲劇。在哥廷根，科學家們把這「偏差原理」修整得最為精準，不計在他們的四周，偏差的容忍已無復原可能的被摧毀了。

全歐的天際烏雲密布，但有一朵烏雲滯留在哥廷根上空近一百年。早在一八〇〇年代，布魯門巴赫 [12] 收藏了一些全歐洲與他通訊的出色人物的頭骨。在他的研究中並沒有暗示這頭骨用來支持種族主義劃分的意思，雖然使用了解剖學上的尺寸以為人種分類。不管怎麼說，自一八四〇年布氏逝世後，這一收藏逐漸增加，乃成為種族主義，泛日耳曼理論之核心，由納粹黨於掌政之後奉為圭臬。

希特勒於一九三三年上臺時，德國的學統於一夜間被摧毀，到柏林去的火車成為逃亡列車。歐洲對想像力再也不歡迎了，不只是對科學的想像力如此，整個文化的觀念在撤退中：人類的知識原是個人的、責任的，一種向不確定邊緣的無盡的探索的這觀念都被揚棄了。大家啞口無言，如伽利略大審後之情形，偉大人物都逃到受威脅的世界中。波恩、薛丁格、愛因斯坦、佛洛伊德、托瑪斯・曼、布萊希特、托斯卡尼尼、華爾特、夏卡爾、費米。[13] 而西拉德，經過多年的遊蕩，終於到了加州的沙克生物研

---

12 布魯門巴赫（Johann Friedrich Blumenbach, 1752-1840），德國人類學家。

13 佛洛伊德（Sigmund Freud, 1856-1939），奧地利心理學家，為心理分析派創始人。托瑪斯・曼（Thomas Mann, 1875-1955），德國文學家，小說家。托斯卡尼尼（Arturo Toscanini, 1867-1957），義大利交響樂指揮家，後為紐約愛樂交響樂團指揮。華爾特（Bruno Walter, 1876-1962），出生於德國的美國指揮家。夏卡爾（Marc Chagall, 1887-1985），俄國畫家，受立體派影響，對顏色的運用有特殊天才。〔編註〕布萊希特（Bertolt Brecht, 1898-1956），德國劇作家。

歐洲對想像力再也不歡迎了。費米。

究所。

偏差原理：西拉德

　　不確定原理，或是我所謂的偏差原理，一舉而確定了一切知識均屬有限的覺悟。歷史的諷刺是每一次這個道理要研究出來的時候，總有如德國的希特勒或他處的專制暴君者來一個相反的觀

念：一種荒誕的確定的原理。到未來，回視一九三〇年代時，會覺得他們是一個緊要的文化衝突，如我在前文中所解說的。而人類的成長與那些獨夫的絕對確定的落伍信息是相對抗的。

我要把這些抽象的意思用具體的例子說出來，用一個人為證。西拉德是獻身於此種理論的人，在他一生最後一年，在沙克研究院我與他共聚了很多個下午，談論這些。

西拉德是匈牙利人，在德國念大學。一九二九年他出版了一篇很重要的論文，今天可稱為訊息原理，探討在知識、自然、人之間的關係。但當時他知道希特勒一定會上臺的，戰爭將不可避免。他在房間中打包了兩袋行李，於一九三三年，加上鎖帶去了英國。

剛巧在一九三三年九月，拉塞福勳爵在英國國會的會議中，提到原子能永不能成為事實。西拉德是那種科學家，又是那種好脾氣的暴躁人，就是不喜歡包括「永不」一類的說辭，特別是出於一位傑出的同事之口。因此他立志要想想這個問題。他講了一個故事，我們認識他的人都會描寫，當時他住在斯特蘭德宮飯店（Strand Palace Hotel）（因為他喜歡住飯店），每天走到巴特醫院（Bart's Hospital）去工作。走到南安普頓巷（Southampton Row），遇到了紅燈而止步。（這是故事中僅有的我不能相信的地方，因為西拉德從不等紅燈。）就在這當兒，綠燈還沒有亮，他已覺悟如果你用一個中子打擊一個原子，如原子被擊裂而放出兩個中子，則可得到一種連鎖反應。他寫下一個說明書申請專利，其中包括這連鎖反應的字眼，他是一九三四年送去申請的。

現在我們看到西拉德個性的一部分，原是當年科學家通有的，只有他表達得最清楚、最響亮而已。他要把這專利保密，

他要避免使科學被人誤用，因此，他把這專利交給英國海軍部（British Admiralty），故到戰後才出版。

而這時，戰爭之威脅日增。核子物理的前進與希特勒軍的前進步調是一致的，今天我們已經忘記了，早在一九三九年西拉德寫信給約里歐—居禮[14]問他可否禁止出版，他打算使費米也不出版。但最後在一九三九年八月，他寫了一封由愛因斯坦簽字的信給羅斯福總統，大體上說「核子能已在這裡，戰爭又不可避免，只有總統才能決定科學家們應怎麼辦」。

他並不停止，一九四五年歐戰勝利，他知道炸彈大約就要做好用在日本人身上，西拉德到處抗議，他寫了不少的備忘錄。給羅斯福總統的備忘錄之失敗因為信到的那天正是總統逝世的一天。西拉德一直希望這炸彈在日本人與國際人士的面前加以試驗，這樣日本人知道它的威力可在人民犧牲以前投降。

你知道，西拉德失敗了，科學家集團也失敗了。他做了有德行的人應做的事，他放棄了物理，改學生物——這是他來沙克研究所的原因——也勸別人改行。物理學是以往五十年他們的癖好，他們的傑作。但是我們知道現在已到應該了解生命，特別是人類生命的大好時機了，我們要把奉獻給物理的專誠轉奉給人生。

第一枚原子彈於一九四五年八月六日早上八時十五分擲在日本的廣島。在自廣島回來不久，我聽有人當西拉德的面提到科學

14〔編註〕尚‧菲德立克‧約里歐—居禮（Jean Frédéric Joliot-Curie, 1900-58），法國科學家，原姓約里歐，曾任瑪麗亞‧斯克沃多夫斯卡—居禮（Marie Skłodowska-Curie）助手，一九二六年與居禮之女伊蓮（Irène）結婚，兩人遂將姓氏改為「約里歐—居禮」。一九三五年，約里歐—居禮夫妻兩人同獲諾貝爾獎。

Albert Einstein
Old Grove Rd.
Nassau Point
Peconic, Long Island
August 2nd, 1939

F.D. Roosevelt,
President of the United States,
White House
Washington, D.C.

Sir:

Some recent work by E.Fermi and L. Szilard, which has been communicated to me in manuscript, leads me to expect that the element uranium may be turned into a new and important source of energy in the immediate future. Certain aspects of the situation which has arisen seem to call for watchfulness and, if necessary, quick action on the part of the Administration. I believe therefore that it is my duty to bring to your attention the following facts and recommendations:

In the course of the last four months it has been made probable - through the work of Joliot in France as well as Fermi and Szilard in America - that it may become possible to set up a nuclear chain reaction in a large mass of uranium,by which vast amounts of power and large quantities of new radium-like elements would be generated. Now it appears almost certain that this could be achieved in the immediate future.

This new phenomenon would also lead to the construction of bombs, and it is conceivable - though much less certain - that extremely powerful bombs of a new type may thus be constructed. A single bomb of this type, carried by boat and exploded in a port, might very well destroy the whole port together with some of the surrounding territory. However, such bombs might very well prove to be too heavy for transportation by air.

-2-

The United States has only very poor ores of uranium in moderate quantities. There is some good ore in Canada and the former Czechoslovakia while the most important source of uranium is Belgian Congo.

In view of this situation you may think it desirable to have some permanent contact maintained between the Administration and the group of physicists who are working on chain reactions in America. One possible way of achieving this might be for you to entrust with this task a person who has your confidence and who could perhaps serve in an inofficial capacity. His task might comprise the following:

a) to approach Government Departments, keep them informed of the further development, and put forward recommendations for Government action giving particular attention to the problem of securing a supply of uranium ore for the United States;

b) to speed up the experimental work,which is at present being carried on within the limits of the budgets of University laboratories, by providing funds, if such funds be required, through his contacts with private persons who are willing to make contributions for this cause, and perhaps also by obtaining the co-operation of industrial laboratories which have the necessary equipment.

I understand that Germany has actually stopped the sale of uranium from the Czechoslovakian mines which she has taken over. That she should have taken such early action might perhaps be understood on the ground that the son of the German Under-Secretary of State, von Weizsäcker, is attached to the Kaiser-Wilhelm-Institut in Berlin where some of the American work on uranium is now being repeated.

Yours very truly,
(Albert Einstein)

最後西拉德寫了一封由愛因斯坦簽字的信給羅斯福總統。一九三九年八月二日給美國總統的信件內容。

總統閣下：

　　我從費米及西拉德的手稿中得知其最新研究成果，推測「鈾」這個元素在不久的將來，可能會成為人類重要的全新能量來源。而此事態的某些面向，亟需慎重關注，有必要的話，相關當局甚至應立即採取行動。因此，我相信自己有責任讓您了解以下的事實及建議：

　　在過去四個月的努力下，法國的約里歐以及美國的費米和西拉德幾位科學家，已證實有可能以大量的鈾為原料，觸發核連鎖反應，進而產生巨大的能量以及大量放射性物質。如今幾乎可確信這樣的成果在不久的將來就能實現。

　　此新進展也會影響到炸彈的製作，雖然沒有前述推論那麼肯定，但可以想見，殺傷力極強的新型炸彈也可能由此製成。像這樣的炸彈，只要用船隻運一顆到港口引爆，就可以摧毀整個港口以及鄰近的某些區域。不過，若要空運這樣的炸彈，應會過重而難以輸送。

　　美國的鈾礦蘊藏貧瘠，可用的礦產不多；加拿大以及前捷克斯洛伐克也有一些不錯的鈾礦，但鈾礦最重要的產地還是比屬剛果。

　　鑑於上述情況，閣下或許會認為，當局應該和在美國致力研究核連鎖反應的科學家，保持永久穩固的聯繫。有個可行的方法，就是由閣下把這項任務交付給某人，此人應擁有您的充分信任，或許願以非官方身分效力，而他的任務則包含下列幾項：

　　一、和政府單位聯絡，讓政府了解研究的進展，並為政府提供後續行動的建議；同

時也特別注意原料供應的問題，務必確保美國能獲得足夠的鈾礦。

二、提升研究實驗效率，目前相關研究受限於大學實驗室的經費限制，因此必須透過提供資金促進研究發展。如果需要更多經費，可以由此人聯絡願意為該研究投注心力的私人單位。另外，或許也能透過爭取和擁有相關設備的工業實驗室合作來加速進展。

我得知德國目前已經禁止其控制的捷克斯洛伐克出口鈾礦，德國會這麼早採取行動，或許是因為德國外交部副部長的兒子，馮‧魏查克（von Weizsäcker），也已經開始在柏林的威廉皇帝研究院（Kaiser-Wilhelm-Institut），進行美國已做過的部分相關研究。

誠摯的

阿爾伯特‧愛因斯坦

家的悲劇是他們的發明用來破壞，西拉德回答說，這不是科學家的悲劇，而是「人類的悲劇」，他比誰都有資格做此答覆。

科學乃人性

此一人類的困境中有二部分，第一是相信結果可以解釋手段。那種按鈕哲學，有意對苦難充耳不聞，已成為戰爭器具中的怪物。另一點是對人類精神的背叛，對教條的肯定導致心智封閉，把一個國家、一個文明驅為鬼魂，不是唯命是從的鬼魂，就是備嘗暴虐的鬼魂。

有人說科學會把人性消滅，使人成為數目字。你記得奧許維茲集中營（Auschwitz）與火葬場；那才是人們變成數字的地方。在一個水坑中，沖刷了數百萬人的灰燼。不是用煤氣，而是用傲慢、用教條、用無知。當有人相信有絕對的知識，而在現實中又沒有實證時，其行為大都類此。這是他們渴望上帝的絕對知識時的必然作為。

科學是非常具有人性的知識，我們一直在未知的邊緣，我

們一直向所期望的方向摸索前進。每一科學的判斷都靠近錯誤的邊緣，而且是個人的。科學是對於安於失敗的我們，在所能知的範圍內的一種貢物。到頭來，是克倫威爾所說的那句話：「我請你，以基督的慈悲，想想你可能是錯誤的。」

作為一名科學家，我虧欠了我的朋友西拉德；作為一個人，我虧欠了我家中死在這集中營裡的很多人，愧為劫後餘生者與證人。我們一定要醫好這絕對知識及權力的癀病，我們要把按鈕的命令與人間的行為拉近距離，我們一定要接觸其他人。

十二、
一代又一代

反叛的呼聲

十九世紀，維也納城是帝國的首都，治下有不少國家及多種語言。它曾是有名的音樂、文學、藝術的中心。科學在保守的維也納受到懷疑，特別是生物科學。但出人意料之外的，奧地利竟也是一種生物科學觀念成長的溫床，而且是具有革命性的。

在古老的維也納大學，遺傳學的創始人，因此也是一切現代生命科學的創始人，葛瑞格・孟德爾，所受的大學教育很有限。他出現於歷史性的時代裡，是極權與思想自由之間鬥爭的時代。在他來以前不久的一八四八年，有兩個青年，遠在倫敦，在德國，出版了一個宣言，開頭就說：「一個幽靈在歐洲作祟」，即共產黨的幽靈。

當然卡爾・馬克思[1]與弗里德里希・恩格斯[2]在《共產黨宣言》（*The Communist Manifesto*）中並沒有在歐洲創造革命；但

---

1 馬克思（Karl Marx, 1818-83），德國政治經濟學家、哲學家及社會主義者。

2 恩格斯（Friedrich Engels, 1820-95），共產黨之共同創建者，為工業家與作家。

鼓吹了革命。那是鼓吹騷亂的聲音，全歐洲處處是不滿，反對波旁王朝[3]，哈布斯堡王朝[4]，及其他的政府。一八四八年二月巴黎在混亂中，接著是維也納與柏林。因此在一八四八年三月維也納的大學廣場上學生抗議與警察打起來。奧地利帝國為之震動，首相梅特涅[5]辭職流亡到倫敦，皇帝遜位。

皇帝走了，但帝國仍在，新奧地利皇帝是十八歲的年輕人，法蘭茲‧約瑟夫一世[6]。他用中世紀貴族的方式統治，直到一次世界大戰時這一傾頹的帝國完全瓦解。我在童年時曾見過約瑟夫；與其他哈布斯堡族人一樣，他有一個很長的下唇，袋狀的嘴巴，維拉斯奎茲[7]的西班牙王肖像中所畫過的，現已被認為一主要的遺傳特點。

果菜園裡的博物學家孟德爾

法蘭茲‧約瑟夫一世即位時，愛國者的說辭沉寂了；新皇之下全是反動力量。此時人類的成長悄悄的在孟德爾到達維也納大學後，向一個新方向出發。他原名為約翰（Johann），為農夫之子；葛瑞格（Gregor）是做修士時的教名，因為不久以前，他為貧困與缺乏教育等之煩惱而入會成為修士。他的一生在他工作的

3　波旁王朝（Bourbon），法國王系。

4　哈布斯堡王朝（Habsburg），奧匈帝國帝系及西班牙王系之族人。

5　梅特涅（Klemens von Metternich, 1773-1859），奧匈帝國之首相，一度為歐洲政壇領袖。

6　法蘭茲‧約瑟夫一世（Franz Josef I, 1830-1916），奧地利皇帝名。

7　維拉斯奎茲（Diego Velazquez, 1599-1660），西班牙畫家。

人類的成長由孟德爾靜靜的闢了個新方向。孟德爾，
一八六五年。

方式上都是農村的孩子，不是教授，不是同時代英國的紳士博物
學家；他是一個果菜園的博物學家。

　　孟德爾為求學成為修士，他的修道院院長送他到維也納大學
弄張文憑可以教書。但他是緊張而愚笨的學生，他的考試官因他
「缺乏識見，對知識缺乏必要的清晰」使他落第。這鄉下孩子變
成的修士只好回到摩拉維亞[8]布爾諾[9]的修道院，過那與世無爭的

8　摩拉維亞（Moravia），捷克中部之一地方，昔為奧地利之一省。
9　布爾諾（Brno）捷克中部之一城市。

日子。該地現屬捷克斯洛伐克 [10]。

一八五三年孟德爾自維也納回來，他三十一歲，一事無成。送他去的是位於布爾諾、隸屬的奧古斯丁教派 [11] 的聖多默修會（St Thomas），是一個以教書為宗旨的修會。奧國政府希望農民中的聰明孩子由修士來教，他們的圖書館不像修道院所有，倒像教育組織所有。孟德爾沒有得到教員資格，他被迫決定要選擇下半生做一個沒成功的教員，或是做農場男孩漢斯和鄉下人約翰。他決定不做修士葛瑞格，他回頭想想在田野裡學到的東西，自此之後就沉湎在植物學中了。

在維也納時，他曾受一位他所遇到最好的生物學家，法蘭茲·恩格 [12] 的影響；這人對遺傳的看法非常實際，既不談靈魂要素，又不談生命力，只重客觀事實。孟德爾決定致力於生物學的實驗，就在那座修道院裡。這是一件大膽、沉寂而祕密的舉動，我想，因為當地的主教甚至不允許修士們教生物學。

豌豆的遺傳

孟德爾正式開始實驗是自維也納回來後約二、三年，即約為一八五六年。他在報告上說工作了八年，他所小心選用的植物是豌豆。找出七種特點做比較：豆子的形狀、豆子的顏色等等，最

10 〔編註〕捷克斯洛伐克（Czechoslovakia），存在於一九一八至一九九二年間的國家，一九九三年起解體為捷克、斯洛伐克兩個獨立國家。

11 奧古斯丁派（Augustinian），奧古斯丁為早期基督教之領袖，提倡絕對宿命論，其思想之追隨者稱奧古斯丁派。

12 恩格（Franz Unger, 1800-70），奧地利的古生物學家與植物學家。

後是高莖或低莖，我選取最後一個特點，即高、矮，用以在此說明。

我們完全依孟德爾方法重做實驗。第一步把高、矮兩類交配，其母種完全依孟德爾的說明：

> 用這個特點來實驗，乃為求能清楚的辨別；桿長六、七呎的永遠與桿長四分之三到一呎半的交配。

為了保證短莖的植物不會自我交配，就使它失去雄性的繁殖力，完全用高莖的植物人工受孕。

受精的過程循序進行，花粉管向下成長，以接近胚珠，花粉核（相當於動物之精子）沿花粉管下行，到達胚珠，與任何受精豆沒有分別，植物結的豆莢自然尚不能表明出它們的特點。

自豆莢中取豆種植，開始時其發展與任何其他豌豆沒有不同。但雖為第一代混種，其成熟後的外貌已足使當時及以後很多植物遺傳學家所持有的傳統看法受到考驗。傳統看法是混種的特性為先代特性的平均。孟德爾的看法極不相同，他甚至臆測一種理論以解釋之。

孟德爾猜測說，某單一特性是由兩種粒子（我們今天稱之為遺傳因子）構成。每一尊親提供二者之一種粒子。如果這兩種粒子或遺傳因子不同，一種是顯性，另一種是隱性。長莖與短莖豆的交配就是試驗這假想是否正確。令人驚奇的是，這混種的第一代，等長大後，都是高莖。用現代遺傳學的說法，長莖的顯性基因會壓過短莖的隱性基因。混種為雙親高度的平均之舊說是不對的；它們都是高莖豆。

第二步：我們照孟德爾法育成第二代。使混種受精，這次用它們自己的花粉。我們讓豆莢成熟，種其豆，第二代乃長成。這次的結果並不全是一種，其高度不均匀；大都爲長莖，但有相當多的短莖。短莖所占有全部的比例應該可依孟德爾猜測的遺傳律計算出來；如果他的推測正確，則第一代的混種均包含一顯性一隱性因子。因此交配第一代的混種，每四個配對之中有一個是隱性因子相遇，其結果是每四株中有一株爲短莖，而結果正是如此：在第二代中，四分之一爲短莖，四分之三爲高莖。這就是有名的四分之一或一比三比律，孟德爾定律。他的報告說：

> 在一〇六四株中七八七株爲長莖，二七七株爲短莖。故其比例爲二・八四比一……如果把所有實驗的結果總結言之，可發現顯性與隱性形態的比例，平均約爲二・九八比一或三比一。
>
> 現在已經明白混種長成的豆種有不同特性之一者，其中有一半繼續以混種的形態發展，而另一半所長成之植物，形貌不變，接受顯性與隱性特徵者相等。

立即被遺忘

孟德爾於一八六六年出版其結果於《布爾諾自然歷史學會學報》（*Journal of the Brno Natural History Society*）上，立即就被遺忘。沒有人注意，沒有人了解他的研究。即使他寫信給行內一

位聞名而乏味的人物卡爾‧奈格里 [13]，這位仁兄很顯然不明白孟德爾在說什麼。當然，如果他是職業科學家，他當時可能把此結果推動而爲眾人所知，至少可設法在法國或英國的學報上出版，使植物學家、生物學家讀到的機會多些。他確曾把複印本寄給國外的科學家，但對不知名人物不知名的學報上印出的東西很難引起注意。然而在一八六八年，論文出版後二年，最不能預料的事發生在孟德爾身上。他被選爲修道院院長。自此而後的一生，他以值得稱讚的熱狂善盡其責任，帶著一種神經質的拘束。

他告訴奈格里他希望從事育種實驗，但孟德爾當時所能育的是蜜蜂。他一直很希望能把研究工作自植物推至動物。當然孟德爾的一生，一直是混合著知識上的好運與現實中的壞運。他畜養了混種的蜜蜂，可出產最佳的蜂蜜，但不幸的是這種蜜蜂惡毒異常，周圍數英里的人都被螫刺，因而不得不毀掉。

孟德爾似乎在爲修道院收稅方面比充任宗教領袖方面要努力。有一暗示說，他被皇帝的祕密警察認爲不可靠分子。在院長的額下藏了不少的隱密思想。

非有即無的遺傳法則

有關孟德爾的個性之困惑是知識性的，若非在腦中清楚的知道他要得的結果，沒有人會想出從事這樣的實驗。這是很奇怪的一椿事，我應該向讀者據實說明。

第一是現實的觀點，孟德爾選了在不同的豆類間七種特性加

---

13 奈格里（Karl Nägeli, 1817-91），瑞典植物學家。

以試驗，如前文所說的長短莖等。而豌豆確有七對染色體，所以可以以七種不同染色體中的遺傳因子，試驗七種不同的特性。但七是可供選擇的最大數了，若試驗八種特性，則一定有一種遺傳因子與其他一種依賴同一個染色體，因此至少有一部分相連著。當時沒人想過遺傳因子或聽過連鎖。當孟德爾實際在論文上下工夫的時候，沒人聽到過染色體這件事。

你可能有做修道院院長的命，你可能爲神所選取，但你不能在研究上有這樣好的運氣。孟德爾在從事正式研究以前，一定曾經長期的觀察與實驗，才能說服自己只有這七種特性是合乎他的推測的。從這裡我們可以揭開飄浮在外表的成就與論文，在孟氏那神祕、隱藏著的臉孔上窺到這心智大冰山的一角。你可以自他的草稿上的每一頁，窺見此祕密——有代數的符號，有統計學，有詳細的闡述：基本上每一樣都是現代遺傳學在今天所能做到的，而卻在一百多年前，由一位不知名之士完成。

而這不知名之士竟有一關鍵性的靈感：特性之分配不是有就是無，孟德爾設想出這一觀念，乃當生物學家把交配產生雙親特點之平均值看作公理的時代。我們不能假定隱性沒有出現過，只能推想當時那些種植家每在混種中發現有隱性植物出現，就把它扔掉，因爲他們相信遺傳是平均的。

孟德爾從那裡找來這全有或全無的遺傳模子呢？我想我知道，當然我無法看到他腦子裡。但有一個模子（自記不清的時代就已存在了）非常明顯，科學家們也許想不到，而一個孩子或修士可以想得到。這模子即性別。動物互相交配已經幾百萬年了，同種的雄性與雌性竟沒有生出怪物或陰陽動物來。男人與女人上床已近一百萬年，他們生了些什麼？不是男人就是女人。這樣非

男即女的有力模子必然深植於孟德爾的心中，因此這實驗及思想都是為這個信念量身打造的結果，而且自始就適切。

我想那些修士們知道這一點，他們應該不喜歡孟德爾的研究。我想那位查禁了豆類養殖實驗的主教也不喜歡。他們對新生物學完全沒興趣，對孟德爾讀過而深受影響的達爾文的著作不感興趣。當然那些孟德爾用修道院來掩護的有革命思想的捷克同事，對他擁戴到底。他於一八八四年，甫過六十二歲時去世，偉大的捷克作曲家雷奧‧楊納傑克[14]在他的靈前演奏誌哀。但修士們所選出的新院長，燒掉了孟德爾在修道院的一切文件。

魔數「二」：性

孟德爾的偉大實驗被遺忘了超過三十年，直到由幾位科學家分別於一九○○年把它恢復起來。所以他的發明實際上屬於二十世紀，遺傳學之研究突然由之而開花結果。

若從頭說起，生命在地球上已有三十億年的歷史。其中有三分之二的時間，有機物靠細胞分裂延續生命。細胞分裂照例只能生出完全相同的後代，新形態是稀有的，只能來自突變。因此那漫長的時間中，演化是很慢的。用性交來生產後代的最早生物，似乎與綠藻有關。這是大約十億年以內的事；性交生產自此開始，先發生在植物，後發生於動物。自此而後，很成功的成為生物學上的規範，因此，比如說，我們決定兩個物種之不同，視它們互相之間能否交配生育為準。

---

14 楊納傑克（Leoš Janáček, 1854-1928），捷克作曲家。

性產生了多樣性，多樣性是演化的推進器。演化的加速是今日各物種炫人耳目的各樣形、色變化之來源。我們也要把一物種內個性的繁衍歸之於演化的加速，這一切都是因兩性之出現才可能的。實在的，性在生物界之散布本身就證明了物種適於新環境乃由於天擇。因為如果其一物種的分子可以承繼那些必要的改變，以使個體足以自處，則性就沒有必要了。拉馬克（Jean-Baptiste Lamarck）在十八世紀末提出一個單純而且單線的遺傳模式；如果單線遺傳存在，則細胞分裂是最有效的方法了。

二是一個魔數，故在各物種裡，性的選擇與追求都是高度演化了的，其形態有華麗如孔雀者，所以性行為如此準確的配合了動物的環境。如果，銀漢魚不經天然選擇就能自求適應，就不需要在加州海灘上跳舞，以求配合孵卵與月期。對它們及一切善於適應的動物，性就不需要了。性的本身就是自然淘汰、適者生存的方式。雄鹿不為殺戮而戰，只為維護選擇雌鹿的權利而戰。

在個體與物種中形、色、行為上的多樣性乃由基因的偶聯所產生的，孟德爾猜得很對。由於力學上的需要，遺傳因子是沿著染色體串起，而染色體只有當細胞分裂時才看得到。但問題不在遺傳因子怎樣排列，現代的問題是，它怎麼發生作用的？遺傳因子是由核酸所製成，那就是作用之所在。

克里克與華生的 DNA 模型

遺傳的信息怎樣自一代傳到另一代，是一九五三年發現的，為二十世紀科學上的冒險故事。我想這戲劇性的一刻是在一九五一年的秋天，當一個二十來歲的青年詹姆斯·華生（James

Watson）來到劍橋，與三十五歲的法蘭西斯・克里克 [15] 合作，以釋明去氧核糖核酸即簡寫爲 DNA 的結構，DNA 是一種核酸，即在細胞核內的一種酸，自十年前，大家已知道核酸帶有化學的遺傳訊息，自一代傳至一代。在劍橋的以及遠在加利福尼亞的研究員面對兩個問題：其化學成分是什麼？其組織的關係是什麼？

第一個問題是要知道 DNA 組成的部分是什麼，可以攙雜而造成不同形態的部分是什麼。當時已知道得很清楚，DNA 是糖及磷酸鹽（由於結構的理由一定存在），及四個特別小的分子或鹼基。其中的兩個是很小的分子，胸腺嘧啶及胞嘧啶，兩者之中碳、氮、氧、氫之原子呈六角形排列。另外的兩個大得多，即鳥糞嘌呤及腺嘌呤。其中原子的排列爲六角形與五角形相連著。在結構研究中，通常簡單的用一六角形代表小的鹼基，用大的圖形代表大的鹼基，把注意力集中在形狀上，而不是個別的原子上。

第二個問題是要知道鹼基的安排方法如何，使得 DNA 有能力表現很多不同遺傳上的訊息。建築物不是一堆石頭，DNA 的分子不是一堆鹼基。結構的成因是什麼？用意可在？那時候已經知道 DNA 分子是一條長鍊，可是很硬，如同一種有機的結晶。似乎很可能是一種螺旋，有多少螺旋相平行？一個、兩個、三個、四個？在意見上有兩個陣營。一派主張雙螺旋，另一派主張三螺旋。然後在一九五二年尾，結構化學的大天才萊納斯・鮑林 [16] 在加利福尼亞提出了三螺旋的模型。糖與磷酸鹽的骨幹貫穿在中

---

15 〔編註〕克里克（Francis Harry Compton Crick, 1916-2004），英國生物學家、物理學家，與華生一起發現去氧核糖核酸的雙螺旋結構。

16 鮑林（Linus Pauling, 1901-94），美國實用化學家，於一九五四年獲得諾貝爾化學獎。

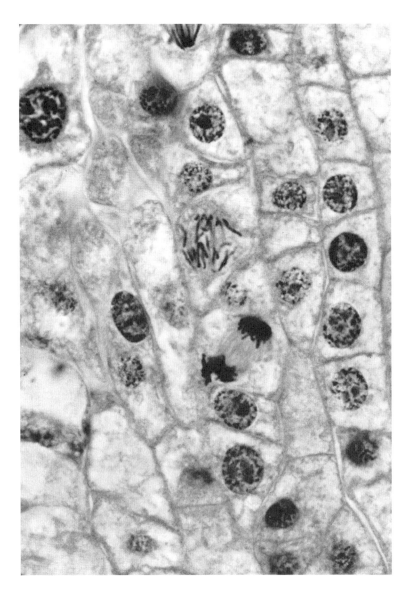

遺傳因子是沿著染色體串起，而染色體只有當細胞分裂時才看得到。
圖為洋蔥表面細胞的染色體

央，鹼基們向各方向突出，鮑林的論文於一九五三年二月到了劍橋，克里克與華生認為這一安置方法有錯。

也許只是一種調劑，也許有一點惡意的倔強使得華生決定於當地建立一個雙螺旋模型。自倫敦之行回來，

> 在我騎腳踏車回到學院，爬過後門時，我已決定建造雙鍊模型。克里克一定會同意，雖然他是物理學家，他知道重要的生物學上的事物成雙出現。

不但如此，他與克里克開始尋找一種結構，其骨幹在外邊者：像一座螺旋樓梯，用糖與磷酸鹽像扶手樣的夾持著。在實驗中，用切成的形狀試驗鹼基能不能安裝在模型的梯階上，吃了些苦頭。然後，在一次特別離譜的錯誤後，竟豁然而開朗了。

> 我向上看，看到那不是克里克，開始把鹼基裡裡外外每個成對的可能性做排列組合。突然我覺悟到一個腺嘌呤—胸腺嘧啶的鹼基對用兩個氫鍵連在一起，在形狀上與一個鳥糞嘌呤—胞嘧啶的鹼基對一樣。

當然每一階梯都有一嘌呤與一嘧啶，但不能隨意組合。胸腺嘧啶一定要與腺嘌呤成對，如是胞嘧啶則必與鳥糞嘌呤成對，這些鹼基對成對出現，互相依賴。

因此 DNA 的模型是一座螺旋梯階。是右旋螺，每階寬相等，間距相等，旋轉率相等——相鄰二階間之角度為三十六度。如胞嘧啶在階梯之一端，則鳥糞嘌呤在另一端，另一對鹼基對亦

同。這是說螺旋的一半帶有全部的訊息,故在某種意義上,另一半是重複的。

讓我們用電腦來建造這模型,在圖形上,──是一個鹼基對,兩端間點線爲氫鍵,把兩個鹼基拉繫在一起。我們把它放在下部的位置,以便依次堆置。我們自電腦圖面左手邊的底端搭起,一步一步的把 DNA 的整個分子建造起來。

第二個鹼基對與第一種或爲同樣或爲相對立的一種,兩者的方向可互換。我們把第二個放在第一個上面,旋轉三十六度。然後是第三對,依例向上搭。

這些階步是一種規準,告訴細胞怎樣一步步製造生命所必需的蛋白質。在這裡我們可以看到怎樣製造遺傳因子,糖與磷酸鹽的扶手在兩邊把螺旋梯拉緊剛固,螺旋的 DNA 分子是遺傳因子,階梯是其行動的依據。

一九五三年四月二日華生與克里克把論文寄去《自然》(*Nature*)期刊,說明他們花了十八個月所完成的 DNA 結構。法國巴斯德研究院(Pasteur Institute)與加州的沙克生物研究所的賈克・莫諾[17]說:

> 基本的生物學上的不變量是 DNA。所以孟德爾把遺傳因子定義爲不變的遺傳特性的負荷者,其化學的成分由

17 〔編註〕莫諾(Jacques Monod, 1910-76),法國生物學家,與賈克柏(François Jacob)共同發現了蛋白質在轉錄作用中所扮演的調節角色。

艾佛里[18]驗定，由赫希[19]證實，而華生與克里克所闡釋的 DNA 的結構基礎及其可重複的不可變性等，無疑是生物學最重要的一連串發現。當然還要加上物競天擇的理論，因它的明確性與全部的含義是上提的後期的發現幫它確立起來的。

複製與生長

DNA 的模型對了解在性別發生前之生命最基本的複製程序具有獨特的意義。細胞分裂，兩螺旋分離，每一鹼基固定了本對中相對立的另一鹼基。這是雙螺旋中重複的原因。因為每一半均帶有全部的訊息或指示，細胞一經分裂，同樣的遺傳因子即可再度產生，魔數「二」在此處是細胞分裂時，傳遞其遺傳性的方法。

DNA 螺旋不是一座紀念碑，它是一個說明書，一種活的動力，告訴細胞怎樣逐步把生命的程序實現。生命依時刻表行動，而 DNA 螺旋的梯步規定了時刻表，並發出行動順序的號令。細胞的機括沿著梯步依次領取號令，三步的連續即告訴細胞要造一胺基酸。待胺基酸製成後，連成一條線，集在細胞中為蛋白質，而蛋白質是細胞中生命的原動力與基本建造單元。

18 〔編註〕艾佛里（Oswald Theodore Avery, 1877-1955），美國醫生、分子生物學家，最大成就是一九四四年與麥克勞德（Colin MacLeod）和麥卡蒂（Maclyn McCarty）共同發現去氧核糖核酸是染色體的主要成分。

19 〔編註〕赫希（Alfred Day Hershey, 1908-97），美國細菌學家與遺傳學家，與蔡斯（Martha Chase）進行實驗，證實DNA才是真正的遺傳物質，非蛋白質。

身體上的每一細胞都有可能造成整個動物，但唯有精子和卵子除外。精子與卵本身不完整，實在只有半個細胞：它們各攜有遺傳因子的半數。當卵受精時，雙方的遺傳因子合為一對，與孟德爾所預期的一樣，全套的指令又結成一體。受精卵是一個完整細胞，是身體所有細胞的模型。因為每一細胞均為受精卵所分裂出來，故其遺傳因子的賦性都完全相同，就像小雞的胚胎，動物一生繼承了受精卵的特徵。

胚胎發展時，細胞開始分化。在胚胎出現原裂時，先把神經系統安裝好。居邊的一堆細胞會形成骨幹。細胞再專門化：神經細胞、肌肉細胞、結締組織（韌帶、筋）、血液細胞、血管等。細胞專業化因為它接受了 DNA 的命令只製造那與該細胞功能有關的蛋白質，這就是 DNA 的行動。

同樣形態的單性生殖

嬰兒生下來就是個體。雙親遺傳因子的偶聯攪動了多樣性的水池，兒童承繼了父母的稟性，乃有機會把這些賦性重新做有獨創性的安排。孩子並不是遺傳的囚徒，其繼承的性向可以是新的創造，其後日的行動會把它顯現出來。

孩子是一個體，蜜蜂不是，因為雄蜂是一大堆同模子的複製品之一。在蜂窩中，女王蜂是僅有的可受精的雌性。當她與一雄蜂在空中相配，就把精子吸藏，而雄蜂卻死去。如果蜂王與她生的蛋一起放出一個精子，則可造成一隻工蜂，是雌性的。如她只生蛋不放精子，則生出一隻雄蜂，近似處女生育。這是一種極權的樂園，永遠忠誠，永恆不變，自我放逐於多樣性冒險之外，而

那種多樣性正是人類與高等動物受到激勵、進而改變的原因。

即使在高等動物與人類中，亦可用單性生殖的手法造成一個封閉的蜜蜂世界。只要使用同一尊親的細胞，畜養完全同樣的動物群。開始時是一群各類的美西螈，我們決定要固定於一種斑點螈。取斑點螈的卵自然育出斑點螈的胚胎，然後把胚胎剔出一些細胞，不論自胚胎的那一部分剔出，其遺傳因子的組合是一致的，每一細胞都能成長一完整的動物，我們的實驗程序就在證明這一點。

我們要育成一些完全相同的動物來，使每一細胞長出一個。這需要一個養育的寄養母體：每一種美西螈都可以，雌螈可以是白色方。我們把寄養母親中的未受精卵取出，破壞其細胞核，把斑點螈的細胞塞進去，這些卵都長成為斑點螈。

此法造成的同樣一組卵均於同時養育，每一卵均在同時分裂，一次次分裂下去，一切正常，與常卵無異。在下一階段，單細胞分裂看不到了。每一卵都長成一種網球的樣子，開始把裡面翻到外面，實際上較接近外面翻到裡面。這些卵都步調分明，每卵均一再重疊，逐步形成動物。宛如一個軍旅的世界，每單位均在同一時間遵從同一命令，除了其中之一遭遇不幸而落後以外。我們終於得到一群選殖的美西螈個體，每一個都是其單親分毫不差的抄本，每一個都像雄蜂一樣是處女生育。

我們應不應該進行人類選殖複製呢？——一位漂亮母親的抄本，一位聰明父親的抄本？當然不成。我的看法是多樣性乃生命之氣息，我們絕不可為了我們對某一單一形態的喜好就放棄了生命的多樣性——即使是遺傳上的喜好也不成。選殖是建立單一形態，是與面的創造之湍流——特別是人類的創造相反的。演化

的基礎是多變性，並創造多樣性；而在一切動物中，人類最具有創造力，乃因他擁有而且表現了最大量的多樣性。使我們在生物上、情感上，或智慧上趨於一致的企圖，都是背叛了使人類高居萬物之靈的演化衝力。

人類多樣性與性選擇

但奇怪的是在人類各文化中，創造的神話似乎都在懷念一種祖先的單親生育。在古代人類起源的故事中有一種很奇怪的壓抑性行為的傾向，夏娃是自亞當的肋骨單親生育而來，而且有一個喜歡處女生育的趨向。

很使人高興的是我們不曾被凍結在一個模子裡，在人類中，性已經高度發展，女性在任何時間都可接納異性，有永久性的乳房，在性選擇中採取主動。夏娃的蘋果，如聖經上說，為人類下了種；或至少刺激了人類，使人類開始了這古老的生育專業。

很明顯的，性對人類有一特別的特性，它有一種很特別的生物學的特性。讓我們舉一個簡單、非常實在的準則：只有人類的女性是有性高潮的。這確是值得一提：一般的說，這表示事實上在男人與女人之間不像其他動物中那樣大的差別，不論在生物學的意義上或性行為上。提到這一點似乎很不尋常，但對那些雄、雌之間差異極大的大猩猩與黑猩猩，就很明顯了，用生物學的話說，人類間兩性異形差別很小。

生物學就說到這裡，但有一點，介乎生物學與文化的界線上，特別令人驚異的反應了性行為的對稱性。這原是很明顯的：我們是動物中唯一面對面交媾的，而在各文化中均然。在我想

夏娃是自亞當的肋骨單親生育而來。〈創造夏娃〉（The Creation of Eve），安德烈亞‧皮薩諾（Andrea Pisano）作。

來，這是一種一般性平等的表示，對人類的演化十分重要，而我想自南猿時代及最早的工具製造者的時代已經開始了。

我為什麼要說這些？有些現象要加以解釋，我們要解釋人類進化至今的速度何以在一、三，最多五百萬年內。這實在太快了，在動物界，自然選擇的程序就絕不能這樣快。我們人種一定提供了自己的一套選擇方式，而最明顯的選擇是性選擇。今天我們都知道女人嫁那些在智力上相近的男人，男人娶女人亦然。如果這樣的選擇標準可回溯一百萬年，則說明對技藝的選擇在兩性

擇偶上都一直是很重要的因素。

我相信一旦人類的前身開始用手敏捷的製造工具，頭腦夠聰明足以籌畫，這敏捷與聰明就是選擇中的優越條件。他們就能比別人得到更多的對象，生育更多的孩子。如果我推想得正確，就可解釋為什麼手指機巧、思考敏捷的人會支配了人類生物性的演化，並把它推進得這樣快。它表現出，即使在他的生物性演化中，人類也為文化的天才所推動、所驅迫，那就是工具的製作與社會的計畫。我認為今天，在一切文化中，家族、社會所小心安排的所謂理想婚配，也是這種程序的表現。

但如果這是僅有的選擇條件，人類彼此就會接近得多了。人類之間的活力與多樣性用什麼維持的？這是一個文化的問題。在每一文化中，都有些特設的防護制度以保證多樣性。最顯著的是各民族都禁止亂倫（為平常人是如此，皇族有時不受此限）。禁止亂倫的意義在於禁止較長的男性控制一群女性，避免像猿猴的群體一樣。

男性、女性在擇偶時的小心翼翼，是我所認為人類演化中主要選擇力量的不斷反響。那些在各民族中都存在的溫情、遲婚、準備、初選等，表達出我們對配偶的內在特質的重視。普遍為各民族所通有的是既寶貴而又具有指示性的。我們人類是文化的物種，我相信我們對性選擇的特別留意，幫忙塑造了人類的形成。

世上大多數的文學與藝術，都專注於男孩遇到女孩的故事。我們總以為那是對性的偏好而不需再加解釋，我認為這是一個錯誤。相反的，它深刻的表示了我們怎樣超乎一般的關心這種選擇，不是為了上床，而是為了後代。性是（大約）由綠藻發明的一種生物學的工具。但當作一種成長的工具，為文化演進的基

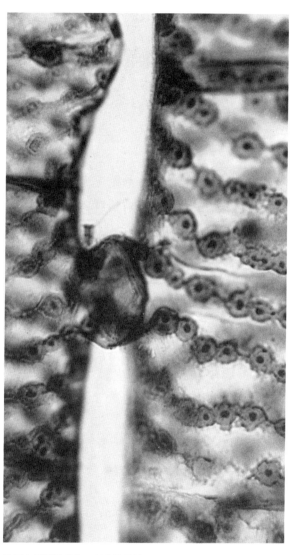

性是由藻類發明的一種生物學的工具。水綿屬類的綠藻，細胞於
融合過程中。這個物種的祖先產生第一個細胞融合而成為受精的
卵細胞的證明。

礎，則是人類自己所發明的。

靈與肉的愛是分不開的。多恩[20] 的一首詩提到這一點，他稱之爲〈狂喜〉（The Extasie）。我引八十句中的八句。

整日，我們的姿態不變
相對無言，整日

然，噢呀，如此長外、如此遙遠
爲什麼我們要禁制自己的軀體？

無疑惑的狂喜
（我們說）告訴我們我們所愛的。

愛的神祕在靈魂中成長，
但軀體是他的書。

20 多恩（John Donne, 1572-1631），英國詩人及教士。

十三、
漫長的童年

人，社會的個體

我把最後一章的序幕展開於冰島，因爲它是北歐最古老的民主國家。辛格韋利爾（Thingvellir）的天然劇場，在尙沒有任何房子的時候，是冰島諾爾斯人（Norsemen）的全族每年來此相聚以制定法律並接受法律的地方。這始於紀元後九百年，在基督教來到之前，當時之中國尙是大帝國，歐洲則是一大堆王爺與土匪諸侯混戰的場面，這眞是值得注意的民主制度的開始。

但在這霧氣籠罩的酷寒地點，發生過比這更有意義的事。選此地相聚的原因是擁有此地的農人被殺，殺人的奴隸則被放逐。在蓄奴的文化中很少這樣公平地執法，但公道是一切文化中通行的。它是人類所走的繩索，一端是自己的欲望，一端是對社會責任的承認。動物不必要面對此一困惑：動物若不是社會的就是個別的。只有人類想並而有之，一種社會的個體。我認爲這是一個獨特的生物性特點，就是這類問題使我發生興趣，從事研究因涉及人類別於禽獸之特徵。我要加以討論。

人之獨特性

想到公理是人類生物性的裝備的一部分，恐怕使很多人大吃一驚。但正是這個想法使我脫離物理學進入生物學，同時它告訴我要研究人類的生物學獨特性，人之生活、人之居處乃最恰當的場所。

在傳統上，生物學在大家心目中自然不是這樣的：他們研究的重點乃人與禽獸的相同處。回溯到紀元二○○年，古典時代偉大的醫學家蓋倫就研究了人類的前肢。他怎麼研究？解剖了一隻巴巴利（Barbary）獼猴的前肢。開始時必然要借用動物身上的證據；在演化論發明，因而證實了這類比的正確性以前，早就是如此了。到今天，像羅倫茲[1]那種對動物行為的優越研究，自然使我們覓求鴨子、老虎與人類之間的共同點；又像施金納[2]的鴿子與老鼠的心理學研究。他們說明了一些人類現象，但他們無法告訴我們一切。人一定要有點為禽獸所不及之處，否則很明顯地，鴨子就會以羅倫茲為題發表演講，老鼠會寫一篇施金納的論文。

讓我們單刀直入正題吧，馬與騎士在解剖上有很多相同之處，但人騎著馬，而不是馬騎著人。騎士是很好的例子，因為人原不是生來就為騎馬的，在我們的腦筋裡沒有一條線使我們成為天生的騎士，騎馬是比較近期的發明，不到五千年。但其影響深遠，及於我們的社會結構。

這是人類行為的彈性造成的。這才是我們的特異點，表現在

1　羅倫茲（Konrad Lorenz, 1903-89），德國生物行為學家。

2　施金納（Burrhus Frederic Skinner, 1904-90），當代心理學家及教育思想家，以獎賞、刑罰之運用為理論，哈佛大學教授。

社會組織上當然是如此，以我看來，表現在書本上所比一切都重要，因爲這是人類心靈整體利益的永久產物。我想到這個就好像回憶自己的父母：想到牛頓，這支配了十八世紀初的皇家學會的大人物。想到布雷克，在十八世紀末期寫那《純眞之歌》（*Songs of Innocence*）。這是一個心靈的兩面，都是行爲生物學家所謂「物種的特殊」。

我怎麼再把這道理說得簡單些？最近我寫了一本書叫作《人類的獨特性》（*The Identity of Man*）。在出版以前我沒看過英文版的封面，但那位藝術家完全了解我的心意，在封面上畫了一個腦子的圖畫加上〈蒙娜麗莎〉（*Mona Lisa*），相互重疊著。他用行動表達了書中所說的，人之獨一無二，並不在於他有科學，或他有藝術，而是因爲科學與藝術同樣地表達了心靈令人驚異的可塑性。〈蒙娜麗莎〉是很好的例子，因爲達文西一生究竟做了些什麼？他畫了些解剖圖，如同溫莎（Windsor）城堡中皇家收藏（Royal Collection）的嬰兒在子宮中的圖解。腦部與嬰兒卻正是人類行爲的可塑性所開始之處。

腦之獨特發展

我曾經珍藏過一個東西，一副二百萬年前的孩童頭骨：塔翁嬰兒。當然這不完全算一個人嬰，然如她 —— 我一直覺得是女孩子 —— 活得久些，她甚至可能是我的祖先。在她的小腦袋與我的之間有什麼分別？簡單的意思是大小不同。她的腦子若成熟了，大約一磅多一點，而我的腦子，即今天平均的腦重量約三磅重。

我不打算談些關於神經系統結構、神經組織的單向傳導，甚

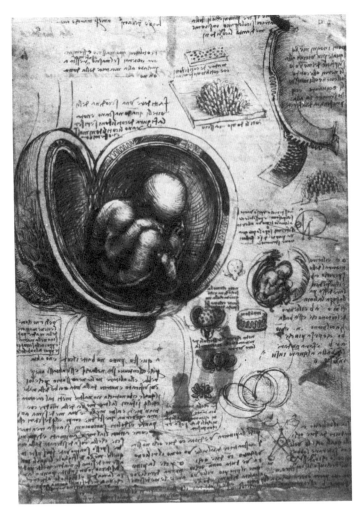

腦部與嬰兒卻正是人類行為的可塑性所開始之處。
達文西對人類胎兒的解剖圖註釋。

或舊腦、新腦等問題，因為這一裝置是我們與獸類都有的，我要談些關於人類獨具的腦的現象。

第一個問題要問的：人腦是不是一具較好的電腦，或較複雜的電腦？當然，藝術家們特別有把人腦當電腦的傾向。德罕[3] 在其〈布羅諾斯基博士的畫像〉（*Portrait of Dr Bronowski*）中用了光譜與電腦為符號，因為這就是藝術家對科學家頭腦的想法。這是絕不正確的。如果腦子是一具電腦，則它只能完成事先連結好的一套行動，是一種全無彈性的連續。

舉例說明，我想到一段最美的動物行為，就是友人勒爾曼[4] 在斑鳩求偶的研究中所描寫的那一段。如果雄鳥叫得對，點頭正確，則雌鳥立刻激動、振奮起來。荷爾蒙灌注全身，經歷一連串行為，其中一部分分為建造完美的窩巢。無人教她砌磚或學著造巢。但若非孩子們學著堆積磚塊，人類不可能建造任何東西。這是帕德嫩神殿與泰姬瑪哈陵[5] 的開始，是蘇丹尼葉圓頂與華茲塔的開始，是馬丘比丘以及五角大廈的開始。

我們並不是在生下時已安排好固定思路的電腦。如果一定說我們是機器，那就是一架學習的機器，而我們重要的學習工作完成於腦中的某一部位。因此可知在演進中，頭腦並不只是放大了兩、三倍。它所成長之部分很特別：比如說，支配手、支配言辭、支配先見與計畫的部位，我請讀者一一審視一番。

3　德罕（Terry Durham, 1936-2013），英國藝術家、詩人。

4　勒爾曼（Daniel Sanford Lehrman, 1919-72）。

5　泰姬瑪哈陵（Taj Mahal），沙賈汗（Shah Jahan）為他的太太在印度阿格拉（Agra）所建之墳墓，號稱最完整的蒙古式陵墓，亦為世上最美之建築物之一。

人之獨一無二，並不在於他有科學，或他有藝術，而是因為為科學與藝術同樣地表達了心靈令人驚異的可塑性。

作者與塔翁嬰兒頭骨和一本他的書《人類的獨特性》。攝於一九七三年加州拉荷雅之寓所。

手之精確化

先想想手，人類近期的演化當然開始於手的進步發展，以及選一具特別熟練於操縱手動作的大腦。我們在行動中可感到此一快意，故藝術家仍把手當作一主要象徵：比如佛的手以安靜的表情予人的以人道的感受，無懼的感受。但對科學家來說，手亦有一特別的姿態，我們可將拇指與其他指頭對立。當然，猿也辦得到，但只有人可以準確地用拇指與指尖相對。我們有此能力，是因在腦中有一區相當大，我們可以這樣來說明其大小：我們腦子的灰質用在操縱拇指上的，比用在支配胸部與小腹上的和還要多。

我記得年輕時初為人父，搖著四、五天大的大女兒的搖籃，一面想著：「這美妙的手指，每一骨節都這樣完美，直到指甲。我花一百萬年也設計不出這樣的細節。」而卻正是花了我一百萬年，人類花了一百萬年，以手驅使腦部演化，腦神經回饋再驅使手演化，而到達今日的階段。而這些發生在腦中的某一部分，手的全部在基本上是由接近頭頂部分的那塊大腦來操作的。

語言控制區

下一步選取更為人類頭腦所特有的一部：即語言的部分，因在獸類中根本不存在。那是在人腦中兩個相連的區域；一區接近聽覺中心，另一區在前方高處的大腦額葉。是事前連結好的嗎？自一角度看是對的。因為如果我們不能保持語言中心完整，我們就不能說話。但說話要學習嗎？當然要。我說英語，是十三歲時

只有人可以準確地用拇指與指尖相對。
杜勒的〈自畫像〉（*Self-portrait*）。

學的；但如果我不曾學過語言，就不會說英語。你了解吧！如果
你讓一個孩子在十三歲前不學說話，則以後就不可能學習說話
了。我能說英語，因為我在兩歲時學說波蘭話。我已把波蘭語忘
光了，但我學了「語言」。這裡與其他人類稟賦一樣，頭腦是設
計妥當以供學習的。

　　語言區在另一方面也特別屬於人類，你知道人的腦子兩半
並不對稱。證據對你很熟悉，人不像其他動物之處，是顯著地側
重右手或左手。語言也是由腦的一邊控制的，但這一邊不變。不

管使用右手或左手，語言幾乎一定在左邊。也有例外，如同有些人的心臟在右邊，這例外是很少的：大多數的語言區是在腦的左邊。右邊的相對區是什麼？目前我們不太確定。即不確知右邊那與左邊語言區的同一部位的腦子有何用處。但看上去似乎是用來接受眼睛所見之資料——在視網膜上出現的二度世界——重組使之成為立體的畫面。如果這是正確的，則以我看來，很明白的，語言也是一種組織世界，先使之分為部分，然後又重組起來的一種方法，如同活動的影像一樣。

決策的遲延

人類對經驗的組織是有遠見的，安置在人類特有稟賦的第三個區域。大腦的主要組織是在額葉與前額葉地帶。我以及每個人，都是高眉毛、鴨蛋頭，因為腦是這樣長的。相反地，塔翁頭骨絕不是最近死去的孩子，我們把她誤認為化石，因為她的前額尚平斜。

這大額葉確切地說有什麼用呢？它們有幾個不同的功能，無疑地負有一個特定而重要的任務，它們使你想到未來的行動，並等待收穫成果。對這遲延的反應有幾個漂亮的實驗，最初在一九一〇年前後由亨特[6]完成，後於一九三〇年代由傑克伯生[7]加以修正。亨特所做之試驗是這樣，他拿些獎品，給一隻獸看，然後藏起來。其結果是自實驗室得來的，用老鼠為例。把獎品給老

6　亨特（Walter Hunter, 1889-1954），美國心理學家，研究人類行為及思想。
7　〔編註〕傑克伯生（Carlyle Ferdinand Jacobsen, 1902-1974），美國心理學家。

鼠看，藏起來，並把老鼠立刻放開，老鼠自然馬上去找那獎品。如果你把老鼠多留幾分鐘，牠就無法記得應該到那裡去找那獎品了。

　　孩子們就完全不同，亨特用同法試驗孩子們。把五、六個孩子留住半小時以上甚至一小時。亨特曾把一個女孩子留住一小時，並在此期間使她開心，同她講話。最後這女孩子說：「你知道嗎？我想你只是想要我忘記。」

　　為長遠的獎勵籌畫行動的能力是有意的遲延的反應，社會學家稱之為「延遲滿足」。這是人類腦部所有的核心稟賦，在動物粗淺的腦部沒有相對應的部分，直到進化得相當高級的腦子，如我們的近親猴、猿等。這一人類特有的發展說明我們對早期教育的關心，實際上即決策的遲延。我現在所說的與社會學家的意思不同。我們為了累積足夠的知識以為將來之準備，不得不把決策的程序延後。這話看上去很不平常，但實則童年者不過如此，青春、年少者不過如此而已。

　　我要我對決策遲延的強調戲劇化地表現出來。我說戲劇化就是戲劇化。英語中最主要的戲劇是什麼？《哈姆雷特》（Hamlet）。《哈姆雷特》是怎麼回事？戲裡這一個青年，一個孩子，面對著一生中第一大決策。這一決定竟非他所能企及：殺掉謀害他父親的凶手。那鬼魂不斷催促他「復仇，復仇」是沒有道理的。事實是哈姆雷特尚年輕，沒有成熟。在知識上、情感上都如此。他還有待成熟，不能完成要求他達到的。整個戲劇就是一種無盡的決策，在自我的掙扎中。

　　高潮在第三幕的中央，哈姆雷特看到國王在祈禱，舞臺的方向很不明確，他甚至可以聽到國王的禱辭，他的懺悔。哈姆雷特

說什麼？「現在我可以報仇，但……」他辦不到；他只是沒有充分準備以從事這樣對一個少年過重的工作。因此在劇末哈姆雷特被謀害了，悲劇並不是哈姆雷特的死，而是他死時正是已準備妥當，可做一個偉大國王的時候。

心靈是準備的工具

在人類發展中，腦部在成為行動之工具前，必須是準備的工具。為此又關係於特定的區域；比如，腦的額葉不能有所損害。但很深刻地依靠人類童年時期的漫長準備。

用科學的話來說，人類是胎外育成的，那就是說，自子宮生出來，我們還是些胚胎。也許這正是我們的文明，我們的科學文明自文藝復興以來，特別崇尚孩童象徵的原因：拉斐爾[8]所畫的聖嬰基督，巴斯卡[9]重新予以制定為通用之意象；年輕的莫札特及高斯；盧梭[10]與狄更斯小說中的孩童。在我自加州出海南行到復活節島以前，沒有想到其他文明中這一點會不同。到那裡，我為這種歷史性的差異所動。

常常有些幻想家發明一些新的理想國：柏拉圖、托瑪士・摩爾[11]爵士，威爾斯[12]等。而且老是有一個想法，即英雄式的意

---

8 拉斐爾（Raphael, 1483-1520），義大利文藝復興時代最偉大的畫家、建築家之一。

9 巴斯卡（Blaise Pascal, 1623-62），法國科學家與宗教理論家。

10 盧梭（Jean-Jacques Rousseau, 1712-78），生於瑞士之法國哲學家及作家。

11 摩爾（Thomas More, 1478-1535），英國政治家及作家。

12 威爾斯（Herbert George Wells, 1866-1946），英國小說家、歷史家及社會學家。

象，如希特勒說過的，會持久一千年。但英雄的意象都像復活節島上的神像的古老面孔一樣，粗陋、死寂 —— 看上去有點像墨索里尼。那不是人類個性中的要素，即使在生物學上，也算不了一種要素。在生物上，人類是可變的、敏感的、可以適應很多環境的，但卻不是靜態的。人類真正的遠見是孩童的奇蹟，聖母與聖嬰，聖家庭。

我還是十來歲的孩子時，常於星期六自倫敦的東區步行到大英博物館，去看自復活節島運來的那個神像。當時不知何故，沒有安置在室內。所以我很喜歡這個古老的祖先的臉孔。但到頭來所有的神像都值不得一張孩童帶著酒窩的臉龐。

若說提到復活節島未免扯得太遠，也是有理由的。只要想想演化在孩童腦部的投資，我的腦重三磅，體重約五十倍於此。但我初生時，身軀不過是腦袋的附屬品，只有五、六倍於腦重。在歷史上，各文明多粗率地忽視了這一重要的潛力。事實上文明世界仍在漫長的兒童期中，學著去了解這一些。

有歷史以來，我們大多數兒童要求仿效成人的模樣。在前文中，我們曾與波斯的巴提雅里人旅行，共歷春季的遷移。他們非常接近於尚存在世上但趨消失的人民，過著一萬年前游牧生活的情形。在這種古老的生活方式中，你處處可以看到孩子眼裡閃耀著成人的影子，女孩子準備做小母親，男孩子是小牧人，孩子們甚至攜帶著自己長大，與他們的父母用的方式一樣。

知識分子的民主

當然歷史在游牧生活與文藝復興之間並沒有靜止，人類的成

長不曾停止過。但青年的成長，天才的成長，想像力的成長，在這期中卻停頓過若干次。

不用說，其間曾有過些偉大的文明。我算什麼人，可以小視埃及、中國、印度，甚至歐洲中世紀的文明？但在一點上他們都失敗了：他們限制了青年人的想像力，他們是靜態的，他們都是少數人的文化。說它靜態，因為兒子們照父親的樣子做，父親依祖父的樣子做。說它是少數，因為人類產生的天才中只有一小部分實際上用過了；只有這一小撮人學著寫、讀，學習他種語言，攀爬著慢得可怕的升遷的梯階。

在中世紀這升遷的梯子乃經由教會；對於聰明的窮孩子，沒有別路子可走。梯子的頂端老是有一個神像，上帝的頭像，說：「你現在已到達最後一個誡條了：你不可發問。」

比如當伊拉斯謨斯在一四八○年失怙時，他一定要準備在教會找自己的事業。當時教會的儀式與現在一樣漂亮，伊氏自己可能參加過動人的十四世紀的彌撒〈Cum Giubilate〉，我在一座還要古老的教堂，葛羅賓那（Gropina）的聖彼得教堂（San Pietro）聽過這種彌撒。但對伊拉斯謨斯而言，教士的生活等於關閉了知識的鐵門。只有在他違反教會的規定讀了古典著作以後，世界之門才為他而開。「一位異教徒寫給異教徒的，」他說，「但其中有公道、神聖、真理。我忍不住要說：『聖蘇格拉底，請為我禱告！』」

伊拉斯謨斯交了兩位終生的朋友，英國的托瑪士·摩爾爵士與瑞士的佛羅本尼斯。他自摩爾得到的就是我初來英國時所得到的：一種與文明心靈相處的歡樂感。自佛羅本尼斯，他得到一種出版界的權力的感覺。佛氏及其家屬在一五○○年代是出版古典

著作的大家，包括醫學的書籍。他們印行的希波克拉底的著作，以我看來，是版本中最漂亮的，其中印刷者的興致與知識一樣有力地表達出來。

這三人及其書籍：希波克拉底，摩爾的《烏托邦》（*Utopia*），伊拉斯謨斯的《愚人頌》（*The Praise of Folly*）的意義何在？以我看來，這是知識分子的民主；這就是這三人在我心中是他們那個時代中的偉大地標的原因。知識分子的民主來自出版的書籍，它所造成的問題自一五○○年直到今天的學生暴動。摩爾爵士為何而死？因為他的國王覺得他在集結權力。摩爾所要做的，伊拉斯謨斯要做的，每一個強有力的智者所要做的，乃為人格完整的衛護者。

道德的想像力

在知識分子領袖與行政主管之間常有衝突存在，多古老多尖銳的衝突？當我自耶利哥取道當年耶穌所走的路徑，看到耶路撒冷的天際線，如同他當年抱著必死的心情所看到的，使我突然覺悟到了。因為耶穌當年是當時人民知識與道德的領袖，而他所面對的社會組織把宗教當作政府的一支。這是領袖們一次又一次地要面對的抉擇危機，蘇格拉底在雅典；斯威夫特在愛爾蘭，在憐憫與野心之間焦躁不安；甘地在印度；愛因斯坦拒絕出任以色列總統。

我有意把愛因斯坦的名字提出來，因為他是科學家，而二十世紀的知識界領袖乃科學家。這造成一嚴重的問題，因為科學也是接近政府的一種權力來源，而政府要加以羈縻。但如果科學自

願上鉤，二十世紀的信仰就可笑地碎為片片了。我們會失掉信仰，因為在二十世紀沒有信仰能不根據科學而建立，不把科學作為對人類的超特性的承認，對他的稟賦與貢獻的一種驕傲。承繼這地球並不是科學的事業，承認道德的想像力則為科學的事業，因為沒有道德的想像力，人類、信仰、科學要一齊趨於瓦解。

腦與電腦：紐曼

我要很具體地把這說法用現代事例為證。把此課題人格化的人是紐曼 [13]。他生於一九〇三年，為匈牙利猶太人之子。他如生在一百年前，我們不會聽到他的。他會繼承他父親、祖父的衣缽，對教條以教士身分加以解說。

他竟然是一個數學神童，到死前都是個孩子。在十幾歲已開始寫數學論文，他在二十五歲以前已因數學上的偉大貢獻而名聞天下。

我要說，他賴以成名的兩大主題都與遊戲有關。你應該了解在某種意義上，一切科學、一切人類思想都是一種遊戲的形式。抽象思維是智者的遊戲，人類經由它才能繼續進行沒有眼前目標的行動（其他動物只有年輕時才遊戲），以便充實自己，應付長遠的謀略與計畫。

我與紐曼在二次大戰時的英國共事，他第一次向我提到《賽局理論》（*Theory of Games*）是在倫敦的計程車上。計程車是他喜歡談論數學的所在。我很自然地問他是不是指下棋那類的遊

---

13 紐曼（John von Neumann, 1903-57），二十世紀出色的數學家與科學家。

長久以來知識領袖與行政主管之間常有衝突存在，多古老的多尖銳衝突？當我自耶利哥取道當年耶穌所走的路徑，看到耶路撒冷的天際線的第一瞥，使我突然覺悟到了。
耶路撒冷老城的全景。

戲，因為我很喜歡下棋。「不，不，」他說，「下棋不是遊戲。下棋是規矩清晰的計算形式，你也許想不出結果來，但理論上一定有一個答案，在任何情形下一定有一正確的步驟。而真正的遊戲完全不是這樣。真正的人生也不是如此。真正的人生包括一些吹噓，一些小欺詐的詭術，自問別人會怎樣想我要怎麼辦，這才是我的理論中的遊戲。」

　　這就是他的書上所寫的，發現一本大部頭而嚴肅的著作，

竟題爲《賽局理論與經濟行爲》（*Theory of Games and Economic Behavior*），其中一章竟是「撲克與吹噓」，眞是匪夷所思。若發現這書竟包含一些看上去非常誇張的方程式又多令人吃驚而可怕呢！數學不是一種誇大的行爲，特別是在不平凡的敏捷而深入的心靈如紐曼者的手裡，更是不會如此。貫穿全書的是一種清晰的知性的思路，像一個曲調，而一切沉重的方程式不過是交響樂團中的低音。

在其下半輩子，紐曼把他的主題帶進他第二個偉大的創作性觀念上。他體會到電腦會在技術上占有重要地位。但他同時開始體會到，我們一定要清楚地了解眞實生命的情況與電子計算機的情況不同，正是因爲眞實生命沒有一個精確的答案，而西洋棋或工程計算則有。

我要用自己的話來解說紐曼的成就，而不用他的技術語言。他把短期的戰術與長期的大戰略分開。戰術可以很精確地計算，戰略卻不成。紐曼在數學與觀念上的成功乃證明了，不管怎樣總有一些形成最佳策略的途徑。

在他最後的歲月中，寫了一本《電腦與人腦》（*The Computer and the Brain*），原是在一九五六年打算發表的一連串演講，後因病重而作罷。在這書中他把腦子看成擁有一種語言，藉以把腦中各部的行動交結起來、配合起來，因此我們可以編造計畫、步驟，而爲一種宏大概括的生活方式——這在人文學上，我們稱之爲價值系統。

紐曼有些親切而屬於個人的性質。他是我所認識的最聰明的人，沒有例外。他是一個天才，如果我們同意，天才者是有兩個偉大想法的人。他之於一九五七年去世是我們大家的悲劇，這

不是因為他謙虛。我在戰時與他共事時，有一次共同遇到一個問題，他立刻對我說：「噢，不對，你沒有看到問題本身。你這種觀察的心智是看不清這類問題的。要抽象地思想。在這張爆炸照片上所發生的，是第一個微分係數的同時消失，所以現在可看到的是第二個微分係數的痕跡。」

像他說的，這不是我思想的方法。但是我讓他去了倫敦，我則到鄉下的實驗室去。我徹夜工作，約到半夜時我得到他的答案。紐曼有遲睡的習慣，但我很體貼，當時沒有打擾他，直到早晨的十時。當我打電話到他的旅館，他在床上接聽，我說：「老兄，你的說法很對。」他回答說：「你這麼早打電話把我吵醒就是告訴我我說對了嗎？下次請你在證明我錯了時打來。」

聽上去好像很自負，實則不然。這是對他自己生活方式的真實聲明，但這話裡面也提醒我他把生命中最後的幾年浪費掉了。他沒有完成那件大計畫，而他死後更有繼續下去的嚴重困難。他沒有做完，是因為他不肯問「別人」怎麼看事情。他逐漸使自己的研究從事於私人團體、工業、政府的工作。那些大企業把他帶進了權力的中心，但不能為他帶來知識上的進步或對人的親切感，以至於並沒有把他一生對人類生命與心智的數學所努力的成果，告訴那一群至今尚不了解的人。

紐曼愛戀著知識分子的貴族思想，這一信仰只能摧毀我們現有的文明。如果我們一定要有信仰，則必須是知識分子的民主。我們不能因人民與政府、人民與權力之間的距離而衰亡。巴比倫、埃及、羅馬都失敗於此。這一距離要予以縮短，予以收合，只有知識流傳人間，或領導人民，沒有控制別人的意圖，不孤立於權力之中時才有可能。

價值的謀略

　　這似乎是很難的一課，我們的世界畢竟是專家負責推動的，豈不正是我們所謂科學的社會嗎？非也。一個科學社會，乃專家在其中負責製造電燈之類。但你我都要知道自然是如何運轉的。比如說，電怎樣是自然的外爍之一，怎樣表現在光裡，以及我們的腦子裡。

　　我們在紐曼所致力的人類生命與心智問題上還沒有得到進步。是不是可能找到理想的基礎，作為我們行動形態的根基，以追求完整的人格與滿足的社會？我們曾討論到人類行為的特色是在準備延緩行動中，有高度的內在的延擱。這種不行動在生物學上的基礎，包括漫長的童年與遲緩的成熟。但人類行動的延擱上其意義尚不止此。我們作為一個成人、決策者，甚至只是人類，行動是要與價值相協調。我對價值的解釋是一般性的策略，以平衡相敵對的衝動。我們靠電腦解決問題的方案來過活是不可能的。在這個意義上，生命是一個解決不了的問題。我們對自己的行為，要自找原則來加以引導。我們製造了倫理的策略或價值的系統，以保證把吸引人的近程滿足用終極的長程滿足加以秤量，加以平衡。

　　在這裡，我們踩上了美妙的知識門檻。人類的成長老是搖搖擺擺。老是有一種不確定性；人舉足邁步，是不是真正在前進？我們的前面是什麼？到頭來，把一切我們所學的集合在一起。物理的、生物的，不過是要了解那根本的問題，人是什麼。

知識是我們的命運所繫

　　知識不是事實的散頁筆記本。不論怎麼說，知識是一種責任，以顯出我們本然的完整性，原本上，我們是倫理的動物。如果你讓別人支配，而你自己則繼繼生活在自陳舊的信念導出來的道德的爛口袋裡，你不可能保持那種靈通的道德完整感。這是今天一大重要問題。很明白，勸人去學微分方程，或念一門電子學或電腦程式都是沒有意義的。然而五十年以後，如果對人類起源、演化、歷史、進步等的了解若不能廣泛地在學校裡講授，則我們就難以存在。未來學校教科書上平凡的東西，就是今天我們所竭力從事的探險活動。

　　舉目四顧，我無盡悲哀地突然發現，西方人竟已聞知識而喪膽，自知識退到 —— 退到哪裡？禪宗佛教；退到虛假的深奧的問題，諸如我們在骨子裡難道不是野獸嗎？退到超感官的知覺與神祕感。這一些都不在我們能求得知識的路線上，即使我們致力於斯，也不能幫助我們了解人的本身。我們是大自然所進行的獨一無二的實驗，製造理性的才智，用以證明自然原勝於反射作用。知識是我們的命運所寄。自我知解，最後把藝術的經驗與科學的解釋合在一起，正在前面等待著我們。

　　談到西方文明竟帶著退縮的感覺，實在很悲觀。我對人類的成長一向是樂觀的；是不是此時就要放棄了呢？當然不是，人類會繼續成長。但不要以為會如以往一樣是由西方所帶動。西方文明此時正受到考驗。如果西方要放棄，則下一步仍有進展卻不是西方的貢獻了。亞述、埃及、羅馬沒有保證，今日的西方國家亦無保證。西方也等著成為某處的過往，且不一定會成為西方的未

來。

　　西方文明是科學的文明，亦即，在文明中知識與其完整性是重要的。科學在拉丁文中就是知識的意思。如果我們在人類的成長中不再邁步，別處的人在非洲、在中國會邁這一步。我會覺得很悲哀嗎？不然，此事之本身並不可悲，人文有變色的權利。但我身受西方文明的教養，會深以為悲。我是英國培育出來的，我學了英國語文，學了英國人在知識的追求上應有的容忍與激動，如果一百年後，莎士比亞與牛頓在人類成長史上，會與荷馬 [14] 與歐幾里得一樣成為歷史上的化石，我應該感到嚴重的迷失。

人類的承諾

　　在本書的開始，亦即電視節目的開始，我來到東非洲的奧莫河谷，在本書結束時我要回頭來，因為當時所發生的事一直在我心中縈繞不去。我要寫第一句話的那天早上，一架輕型飛機自跑道上起飛，攝影師與錄音師在機上，而一經起飛即失事。由於某種奇蹟，駕駛員與兩位乘客均未受傷而脫險。

　　很自然地，這一不幸事件予我很深刻的印象。在這裡我正準備把過去的遺蹟展現出來，而現在卻靜悄悄地把手伸進歷史的書頁，說道：「在這裡，就是現在。」歷史不是事故，而是人群。歷史並不只是人們在記憶過去，而是把他們的過去以行動與生活帶到現在來。歷史是那位駕駛員在瞬間地決定的動作中，凝結了自人類初始以來所學的一切知識、一切科學。

---

14 〔編註〕荷馬（Homer, c. 700 BC），古希臘詩人。

我們坐在帳幕裡兩天，等另一架飛機來。我很體貼地、但不很技巧地對攝影師說，如果他願意讓別人取代自己空中照相的工作。他說：「我想過了，明天起飛時我會害怕，但我要去攝影，那是我應該做的。」

　　我們都害怕——為我們的信心、未來與世界擔心。這是人類想像力的本質，但每一人、每一文明均毅然向前進展，因為對自己所定的方向有所承諾。一個對其技術的承諾：知性的承諾，感情的承諾，加起來是一種承諾，造成了人類不斷地成長。

參考書目

第一章

Campbell, Bernard G., *Human Evolution: An Introduction to Man's Adaptations*, Aldine Publishing Company, Chicago, 1966, and Heinemann Educational, London, 1967; and 'Conceptual Progress in Physical Anthropology: Fossil Man', *Annual Review of Anthropology*, I, pp. 27–54, 1972.

Clark, Wilfrid Edward Le Gros, *The Antecedents of Man*, Edinburgh University Press, 1959.

Howells, William, editor, *Ideas on Human Evolution: Selected Essays, 1949–1961*, Harvard University Press, 1962.

Leakey, Louis S. B., *Olduvai Gorge, 1951–61*, 3 vols, Cambridge University Press, 1965–71.

Leakey, Richard E. R., 'Evidence for an Advanced Plio-Pleistocene Hominid from East Rudolf, Kenya', *Nature*, 242, pp. 447–50, 13 April 1973.

Lee, Richard B., and Irven De Vore, editors, *Man the Hunter*, Aldine Publishing Company, Chicago, 1968.

第二章

Kenyon, Kathleen M., *Digging up Jericho*, Ernest Benn, London, and Frederick A. Praeger, New York, 1957.

Kimber, Gordon, and R. S. Athwal, 'A Reassessment of the Course of Evolution of Wheat', *Proceedings of the National Academy of Sciences*, 69, no. 4, pp. 912–15, April 1972.

Piggott, Stuart, *Ancient Europe: From the Beginnings of Agriculture to Classical Antiquity*, Edinburgh University Press and Aldine Publishing Company, Chicago, 1965.

Scott, J. P, 'Evolution and Domestication of the Dog', pp. 243–75 in *Evolutionary Biology*, 2, edited by Theodosius Dobzhansky, Max K. Hecht, and William C. Steere, Appleton-Century-Crofts, New York, 1968.

Young, J. Z., *An Introduction to the Study of Man*, Oxford University Press, 1971.

第三章

Gimpel, Jean, *Les Bâtisseurs de Cathédrales*, Editions du Seuil, Paris, 1958.

Hemming, John, *The Conquest of the Incas*, Macmillan, London, 1970.

Lorenz, Konrad, *On Aggression*, Methuen, London, 1966.

Mourant, Arthur Ernest, Ada C. Kopeć and Kazimiera Domaniewska-Sobczak, *The ABO Blood Groups; comprehensive tables and maps of world distribution*, Blackwell Scientific Publications, Oxford, 1958.

Robertson, Donald S., *Handbook of Greek and Roman Architecture*, Cambridge University Press, 2nd ed., 1943.

Willey, Gordon R., *An Introduction to American Archaeology*, Vol. I, *North and Middle America*, Prentice-Hall, New Jersey, 1966.

第四章

Dalton, John, *A New System of Chemical Philosophy*, 2 vols, R. Bickerstaff and G. Wilson, London, 1808–27.

Debus, Allen G., 'Alchemy', *Dictionary of the History of Ideas*, Charles

Scribner, New York, 1973.

Needham, Joseph, *Science and Civilization in China*, 1–4, Cambridge University Press, 1954–71.

Pagel, Walter, *Paracelsus. An introduction to Philosophical Medicine in the Era of the Renaissance*, S. Karger, Basel and New York, 1958.

Smith, Cyril Stanley, *A History of Metallography*, University of Chicago Press, 1960.

第五章

Heath, Thomas L., *A Manual of Greek Mathematics*, 7 vols, Clarendon Press, Oxford, 1931; Dover Publications, 1967.

Mieli, Aldo, *La Science Arabe*, E. J. Brill, Leiden, 1966.

Neugebauer, Otto Eduard, *The Exact Sciences in Antiquity*, Brown University Press, 2nd ed., 1957 ; Dover Publications, 1969.

Weyl, Hermann, *Symmetry*, Princeton University Press, 1952.

White, John, *The Birth and Rebirth of Pictorial Space*, Faber, 1967.

第六章

Drake, Stillman, *Galileo Studies*, University of Michigan Press, 1970.

Gebler, Karl von, *Galileo Galilei und die Römische Curie*, Verlag der J. G. Gotta'schen Buchhandlung, Stuttgart, 1876.

Kuhn, Thomas S., *The Copernican Revolution*, Harvard University Press, 1957.

Thompson, John Eric Sidney, *Maya History and Religion*, University of Oklahoma Press, 1970.

第七章

Einstein, Albert, 'Autobiographical Notes' in *Albert Einstein: Philosopher-Scientist*, edited by Paul Arthur Schilpp, Cambridge University Press, 2nd ed., 1952.

Hoffman, Banesh, and Helen Dukas, *Albert Einstein*, Viking Press, 1972.

Leibniz, Gottfried Wilhelm, *Nova Methodus pro Maximis et Minimis*, Leipzig, 1684.

Newton, Isaac, *Isaac Newton's Philosophiae Naturalis Principia Mathematica*, London, 1687, edited by Alexandre Koyré and I. Bernard Cohen, 2 vols, Cambridge University Press, 3rd ed., 1972.

第八章

Ashton, T. S., *The Industrial Revolution 1760–1830*, Oxford University Press, 1948.

Crowther, J. G., *British Scientists of the 19th Century*, 2 vols, Pelican, 1940–1.

Hobsbawm, E. J., *The Age of Revolution: Europe 1789–1848*, Weidenfeld and Nicolson, 1962; New American Library, 1965.

Schofield, Robert E., *The Lunar Society of Birmingham*, Oxford University Press, 1963.

Smiles, Samuel, *Lives of the Engineers*, 1–3, John Murray, 1861; reprint, David and Charles, 1968.

第九章

Darwin, Francis, *The Life and Letters of Charles Darwin*, John Murray, 1887.

Dubos, René Jules, *Louis Pasteur*, Gollancz, 1951.

Malthus, Thomas Robert, *An Essay on the Principle of Population, as it affects the Future Improvement of Society*, J. Johnson, London, 1798.

Sanchez, Robert, James Ferris and Leslie E. Orgel, 'Conditions for purine synthesis: Did prebiotic synthesis occur at low temperatures?', *Science*, 153, pp. 72–3, July 1966.

Wallace, Alfred Russel, *Travels on the Amazon and Rio Negro, With an Account of the Native Tribes, and Observations on the Climate,*

Geology, and Natural History of the Amazon Valley, Ward, Lock, 1853.

第十章

Broda, Engelbert, *Ludwig Boltzmann*, Franz Deuticke, Vienna, 1955.

Bronowski, J., 'New Concepts in the Evolution of Complexity', *Synthese*, 21, no. 2, pp. 228–46, June 1970.

Burbidge, E. Margaret, Geoffrey R. Burbidge, Williarn A. Fowler, and Fred Hoyle, 'Synthesis of the Elements in Stars', *Reviews of Modern Physics*, 29, no. 4, pp. 547–650, October 1957.

Segrè, Emilio, *Enrico Fermi: Physicist*, University of Chicago Press, 1970.

Spronsen, J. W. van, *The Periodic System of Chemical Elements: A History of the First Hundred Years*, Elsevier, Amsterdam, 1969.

第十一章

Blumenbach, Johann Friedrich, *De generis humani varietate nativa*, A. Vandenhoeck, Göttingen, 1775.

Gillispie, Charles C., *The Edge of Objectivity: An Essay in the History of Scientific Ideas*, Princeton University Press, 1960.

Heisenberg, Werner, 'Über den anschaulichen Inhalt der quantentheoretischen Kinematik und Mechanik', *Zeitschrift für Physik*, 43, p. 172, 1927.

Szilard, Leo, 'Reminiscences', edited by Gertrud Weiss Szilard and Kathleen R. Winsor in *Perspectives in American History*, II, 1968.

第十二章

Briggs, Robert W. and Thomas J. King, 'Transplantation of Living Nuclei from Blastula Cells into Enucleated Frogs' Eggs', *Proceedings of the National Academy of Sciences*, 38, pp. 455–63, 1952.

Fisher, Ronald A., *The Genetical Theory of Natural Selection*, Clarendon Press, Oxford, 1930.

Olby, Robert C., *The Origins of Mendelism*, Constable, 1966.

Schrödinger, Erwin, *What is Life?*, Cambridge University Press, 1944; new ed., 1967.

Watson, James D., *The Double Helix*, Atheneum, and Weidenfeld and Nicolson, 1968.

第十三章

Braithwaite, R. B., *Theory of Games as a tool for the Moral Philosopher*, Cambridge University Press, 1955.

Bronowski, J., 'Human and Animal Languages', pp. 374–95, in *To Honor Roman Jakobson*, I. Mouton & Co., The Hague, 1967.

Eccles, John C., editor, *Brain and the Unity of Conscious Experience*, Springer-Verlag, 1965.

Gregory, Richard, *The Intelligent Eye*, Weidenfeld and Nicolson, 1970.

Neumann, John von, and Oskar Morgenstern, *Theory of Games and Economic Behavior*, Princeton University Press, 1943.

Wooldridge, Dean E., *The Machinery of the Brain*, McGraw-Hill, 1963.

圖片來源

謹感謝以下單位授權本書重製圖片印行。截至出版日為止，編輯部已盡力釐清圖片權利歸屬，並取得權利人授權、標記來源及授權資訊；若有疏漏還請見諒，也請不吝賜知。

第 25 頁：Modern and fossil Nyala horns, Musée de L'Homme, Paris (Yves Coppens)；

第 29 頁左：The Taung child's skull, University of Witwatersrand, Johannesburg (Alan R. Hughes, permission of Prof. P. V. Tobias)；

第 29 頁右：Finger and thumb bones of *Australopithecus*, Mary Waldron；

第 31 頁：Computer graphic display of stages in evolution of the head, BBC；

第 40 頁：Rock painting, Erwin O. Christensen, by courtesy of Bonanza Books；

第 43 頁：Recumbent bison, Altamira, Michael Holford；

第 52 頁上：Jericho skull, Ashmolean Museum, University of Oxford；

第 52 頁下：The tower at Jericho tel, Dave Brinicombe；

第 57 頁左上：Carpenter, National Museum, Copenhagen；

第 57 頁右上：Clay treaty nail, The Trustees of the British Museum；

第 57 頁下：Baker's oven, The Trustees of the British Museum；

第 59 頁：Carpenters at work with a bow-lathe, The British Library, Asia, Pacific and Africa Collections；

sion of the Provost and Scholars of King's College Cambridge；

第 184 頁：Computer graphic of the inversion of a sphere, BBC；

第 203 頁：A lightning conductor, from the Historical and Interpretive Collections of The Franklin Institute, Inc., Philadelphia, PA；

第 205 頁：A Wilkinson token, The Trustees of the British Museum；

第 213 頁：An elevator platform, BBC；

第 218 頁：Charles Darwin, akg-images；

第 235 頁：Pasteur's wooden models of right-handed and left-handed tartrate crystals, Ria Novosti / Science Photo Library；

第 242 頁：Dmitri Mendeleev in his last years, Novosti Press Agency；

第 244 頁：Illustration of Mendeleev's Patience, BBC；

第 245 頁：An early draft of Mendeleev's Periodic Table, Interfoto / Alamy；

第 257 頁：Exponential graphite-uranium pile, photo courtesy of Argonne National Laboratory；

第 267 頁：Röntgen's original X-ray plate, Deutsches Museum, Munich；

第 269 頁：X-ray diffraction pattern of a crystal of DNA, King's College London；

第 271 頁：Illustration of the Gaussian curve, BBC；

第 277 頁：Enrico Fermi, photo courtesy of Argonne National Laboratory；

第 280 頁：The scientists' letter to President Roosevelt, Argonne National Laboratory, by courtesy of Franklin D. Roosevelt Library；

第 285 頁：Gregor Mendel in 1865, Science Photo Library；

第 294 頁：Large chromosomes of onion skin cells, Brian Bracegirdle；

第 301 頁：Andrea Pisano, 'The Creation of Eve', akg-images / Orsi Battaglini；

第 303 頁：Cells of spirogyra, Arthur M. Siegelman；

第 308 頁：Leonardo, 'Child in Womb', Dennis Hallinan / Alamy；

第 310 頁：The author at home with Taung cast, D. K. Miller, Salk
　　Institute；

第 312 頁：Dürer, 'Self-Portrait', Lehman Collection, New York；

第 320 頁：The old city of Jerusalem, Jon Arnold Images Ltd /Alamy

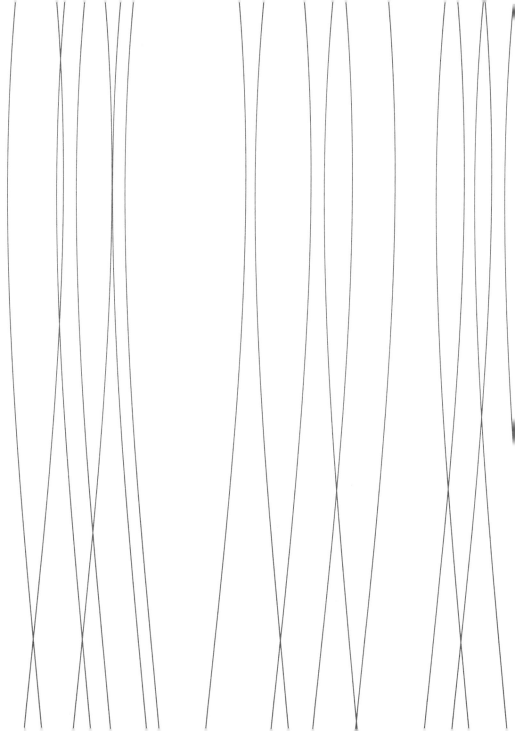

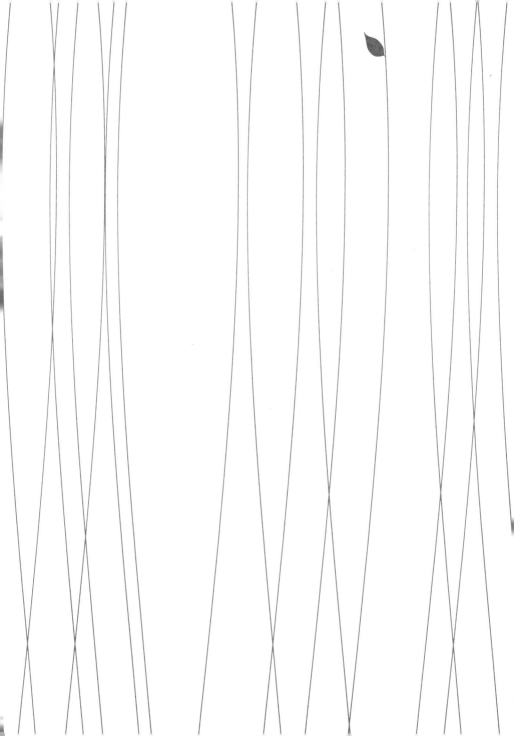